目录

1　　序

001　　第一章　关系、自我与心灵

003　　关系与自我
012　　自我与心灵
019　　媒介与交流
028　　回到关系

031　　第二章　数字家庭关系

032　　案例：码里恋爱
036　　建立亲密关系的交流基础

043 案例:"谍战"亲密

047 维系亲密关系的文化选择

053 案例:权威解体

059 匡复代际权威的认知转换

066 案例:数字重生

071 改造代际关系的技能刷新

077 亲密又疏离的家庭关系重构

093　第三章　数字朋友关系

094 案例:虚拟的我

099 发现更多自己的试演舞台

104 案例:以舞会友

109 跳出缺陷困境的机会赋予

113 案例:故交再启

118 激活僵化资产的场景创设

124 案例:"老漂"触网

130 融入数字生活的实践互助

137 遥远又邻近的朋友关系重构

第四章　数字工作关系

156

157　案例：破壁职场

162　突破科层岗位的关系外溢

167　案例：旧岗新干

173　汇聚岗位工作的任务迭代

179　案例：线上团建

183　逆转轮班时差的职场共情

189　案例：扁平协同

193　叠加工作线程的群体合作

199　熟悉又陌生的工作关系重构

第五章　数字生活关系

219

220　案例：慢速焦虑

225　难舍永远在线的工作成就

232　案例：同侪压力

237　深入日常细节的群体参照

243	案例：残而不缺
248	构筑部分完美的生活世界
254	案例：何以为乡
258	体验身体不在场的社会参与
263	无形又有影的生活关系重构

序

如果以万维网的诞生作为标志,数字技术的社会化创新与应用至今也不过几十年的时间,可它给人类社会带来的改变却是根本的和透彻的。从宏观的国家治理、经济增长、社会结构,到中观的政策演进、产业调整、社会流动,再到微观的意识形态、就业劳动、生活方式等,无一不因数字技术的渗透而发生革命性的改变。在诸多变革中,这本小书选择了个体与社会关系领域的一个主题,我称之为"自我社会"(self-society)。

了解社会学的读者都知道,"个体"是社会学的概念,"自我"是心理学的概念。之所以用自我社会的说法,而不用个体社会,是为了避免误解。个体社会容易被误读为个体化社会。个体化社会(individualized society)是贝克(Ulrich Beck)和吉登斯(Anthony Giddens)等讨论社会个体化(individualization)语境里的社会。观察过去百余年人类社会的发展,我以为,个体化社会是自我社会的前一个阶段。自我社会以个体社会为前提,即个体得先从社会独立出来(individual independence),可自我社会不是个体化社会,而是以独立个体为中心建构起来的、围绕着个体的社会。

说到这儿,了解社会学的人或许会有更大的疑问:不都说个体是社会性的、个体是围绕着社会的吗?怎么会反过来,说社会围绕着个体了?在社会学的理论与实践里,的确,个体与社会的关系是一种基础关系,传统社会学几乎所有的主题都有一个隐含假设:个体是组成社会的基本元素,社会是个体意义的所在。因此,在探讨个体与社会时几乎都在探讨社会对个体的影响,一如涂尔干(Émile Durkheim)指出的:对个体而言,社会具有外在性和强制性。

历史地观察,从农业社会到工业社会,个体是围绕着社会的。在后面的章节里,读者也可以读到在家庭、社区、社会、组织等框架里个体如何才获得其存在的价值和意义。在个体有机会组织自我社会之前,个体的生产和生活都是社会赋予的,个体的价值和意义也是社会定义的。从生到死,个体为了从社会获得存在的价值和意义,始终围绕着社会在转。出生时,社会赋予个体先赋性的社会身份或社会经济地位;成长中,个体必须社会化,学习和接受社会的规则;长大成人了,个体得进入社会谋生、谋发展,工作、生活都是社会的;死了,社会还会给一段祭文或悼词,评价个体一辈子的得失。人的一辈子始终在围绕着社会谋求自我,当下的"卷"可以被理解为"谋求"的最新表现形态。

不过,进入数字时代以来,我们熟悉的传统意义上的个体与社会的关系正在发生根本性的变化。之所以说是根本性的变化,是因为社会已经或正在成为个体建构自我社会的资源,以个体为中心进行资源组织正在成为新的个体与社会关系的特征。如果读者对这样的转变在理论上还转不过弯来,那么,也应该熟悉一个现实的事实,那就是,流量已经成为个体的社会价值和意义的评判标准之一,但流量不是社会赋予的,而是个体主动去组织起来的,"网红"的多样化正是个体组织形式多样化的社会呈现。以个体为中心进行资源组织颠倒了曾经的个体与社会的关系,它让个体而不是社会成为自我的中心,带来的不只是个体化意义上的个体从对社会的依赖中独立出来,而且是个体在围绕自我的理念主张和生命诉求,把世界社会作为资源池去建构自我的生产世界、生活世界、价值世界和意义世界。

必须明确的是,以个体为中心建构自我社会的一个前提是连接泛在。连接泛在意指普遍存在的社会连接或社会关系。通俗地说,如果个体希望围绕自我来建构社会,前提就必须是可以随心所欲地建立自我想要的社会关系,而要实现连接泛在,还需要一个前提,即技术赋能。

在社会发展中,技术始终在赋能人类的社会连接。从自然水路、乡间小路到城际公路、铁路，再到空中通路，人类的社会关系网络因连接技术的发展而不断拓展。从电报时代开始，连接技术开始摆脱物理连接的约束，人类由此进入电子时代，从电报到电话，从有线到无线，都是这一发展的见证。数字技术是人类连接技术的最新形态。

数字技术发展到赋予个体与世界上任意陌生人或对象实现连接的机会是一个历史进程。其中，人们对数字技术带来社会影响的认识也有一个发展过程。从早期对通信工具、数字游戏、在线学习、数字工作等主题的探讨，到如今对人工智能与人类意义的讨论等，不一而足。我对自我社会的思考也经历了从酝酿、零碎思考、图景拼凑到认知整合与逐步系统化的漫长过程，几乎伴随了数字技术在中国的发展进程。其中，学术界的探讨、业界的发展、自己的实践等都给了我刺激、启发和帮助。

卡尼曼（Daniel Kahneman）写过一部畅销书《思考，快与慢》，被《纽约时报》评为 2011 年的年度十大好书。一部严谨的学术著作成为畅销书似乎不是什么稀罕事儿。一个可以顺手拈来的例子是，皮凯蒂（Thomas Piketty）于 2013 年在法国出版了一部厚达 900 多页的图书，名为《21 世纪资本论》，甫一问世，就被译为多种语言在不同国家出版，年销量超过百万册。

我不知道卡尼曼著作的畅销与他 2002 年获得了诺贝尔经济学奖

有没有关系，但至少皮凯蒂著作的畅销是因为人们真的关心21世纪里资本的影响。我相信，卡尼曼著作的畅销，多多少少与他的讨论的确回答了人们的诸多疑问密切相关。不然，为什么其他获诺贝尔经济学奖的专家的著作没那么畅销呢？

当然，我想说的不是获奖与畅销之间的联系，而是想指出，学者们对社会关注的议题理当倾注精力。尽管社会上尤其是学术界对卡尼曼获奖有多种议论，可卡尼曼著作的畅销却说明人们的确关心人类的思考模式。卡尼曼认为，人类的思考模式有两种，他分别称其为"系统一"和"系统二"：系统一就像大脑的自动反应模式，是快速、直觉和情绪化的；系统二则是缓慢、计划性强且依赖逻辑的。卡尼曼用两个系统来解释人们受规避损失、决策信心、框架效应影响的决策行为，以及如何在不同情况下产生不同的决策结果。

这本小书不是快思考的产出，也不是慢思考的后果，而是快慢交叠的点滴记录。触发这些思考与记录的则是诸多机遇。

2002年，第一波互联网泡沫的影响还没有完全过去，春节期间我和我的一位同事去了美国西海岸的硅谷调研。我们访问了旧金山湾区的大学、研究机构、初创中心、科技企业等20多家机构，以及50位左右的专家、学者、CEO、独立作家等。我们看到了人类创造的第一个鼠标，也调研和观摩了直到现在依然火爆的在线学习（当时叫e-learning）。在咨询公司，我们调研了在线学习的不同模式；在大学,我们现场体验了异地同步课堂:在斯坦福大学工程学院的教室里,处于四个不同时区的学生线上线下共上一堂课,彼此可视可听,就像在同一间教室里上课。

我们还访谈了一些在当时颇有影响力的学者或作者。至今我还清晰地记得访问莱茵戈尔德(Howard Rheingold)的场景。即便读者不了解莱茵戈尔德是谁,也一定知道"虚拟社区"的概念。莱茵戈尔德正是虚拟社区概念的提出者。我们访谈莱茵戈尔德时,他风头正劲,我们好不容易才约到了他的时间。我虽然记不得访问他时的具体地理位置,却清晰地记得在离海很近的一个山湾里有一个小镇,在小镇散布的房屋中有一幢不大的房子,在房子的10点钟方向,还有另一幢小木屋,那是他的书房。莱茵戈尔德在家门前迎接我们,却没有把我们带进他的客厅,而是直接把我们让进了他的书房。书房里显眼的不是满墙的书架,而是一台连着网络、至今还被奉为经典的台灯式苹果电脑。言谈中,他对乔布斯(Steve Jobs)作品的欣赏溢于言表。我们围坐在火炉边,除了我们提问之外,都是他在侃侃而谈,谈他对互联网的观察,谈他的写作。他在1993年出版的《虚拟社区:电子疆域的家园》中提出了至今仍在被使用的"虚拟社区"的概念。

或许是在线课堂体验给我了震撼,我进入快思考模式:如果数字连接不受时空约束,那么,还有什么可以约束人类的社会连接呢?作为概念的"连接泛在"可能在那时便播下了种子。或许是虚拟社区现象给了我启发,我也有慢思考的时刻:人们原本比邻而居,为何还对数字社交(那时叫虚拟社交)怀抱浓厚的兴趣?作为分析框架的"自我社会"在那时大概已在酝酿之中。

连接泛在是前提,自我社会是主题。一个是客观事实,一个是关系逻辑。数字技术提供了个体与世界社会进行连接的可能性,个体展开行动、与世界社会实现连接,进而建构自我社会。两者是一个事物的两面,同时汇集着人的行动与行动带来的社会事实。在过去30年里,我偶尔想起自我社会,也间断地思考连接泛在,写了一些零零散散的东西,却始终没有形成可以言说的整体叙事逻辑。让这个主题渐渐清晰起来的是一些别的刺激与推动。其中最重要的一项刺激来自"群体性孤独"引起的社会躁动。

在第一波互联网泡沫快被人遗忘的时候,麻省理工学院的特克尔(Sherry Turkle)用一部专著《群体性孤独:为什么我们对科技期待更多,对彼此却不能更亲密?》向社会发出了灵魂拷问。她的言下之意是,互联网(那时,人们还很少用"数字技术"的概念)不只是给社会带来了经济泡沫,还给人类带来了情感(或许是精神)泡沫。

书甫一出版,即在社会上引起了广泛争议,不仅特克尔随之成为美国各大媒体的嘉宾,其著作也很快被翻译成十多种语言的版本在不同国家出版。中文版于 2014 年由浙江人民出版社出版，是当年的畅销书，"群体性孤独"还成为当时热议的社会话题。如果我记忆准确，某互联网大厂随后还组织了多场专题讨论，聚焦被互联网连接和缠绕的个体的身心感受，并将人们应接不暇的信息轰炸称为"过载"。

特克尔的著作看似应景之作，实则是她学术发展的必然。她在 2021 年出版的自传体著作《移情日记：回忆录》中用自己的视角解释了她关注数字技术发展及其社会影响的心路历程。粗略地说，她 1976 年在哈佛大学获得社会学和人格心理学联合博士学位后曾经在研究主题的选择上有过犹疑。比如，1978 年她出版的《精神分析政治学：雅克·拉康和弗洛伊德的法国大革命》一书，似乎是在追随传统议题。在经历了六年的沉寂之后，1984 年她出版了《第二自我：计算机与人类精神》，似乎找到了自己的研究领域。果然，在这部著作之后，特克尔对研究主题不再犹疑，她聚焦数字技术对人类心灵的影响。立场和观点也越来越清晰，那就是，用批判的眼光审视数字技术带来的负面影响，警醒人们在享受数字技术带来的好处的同时，也要了解其带来的坏处。

关注数字技术对人类心灵的影响，是特克尔后来进行学术深耕的领域。这一方面与特克尔接受的学术训练有关，在社会学与心理学的交集中，主题最为丰富的正是"精神"。《第二自我》讨论人类精神，也为她后来的学术活动铺垫了广阔的主题空间。不过即使在当时，"精神"作为研究主题依然太大，还需要进一步收敛。进入20世纪90年代之后，特克尔才进一步将研究主题收敛到了"心灵"。无论在社会学还是心理学领域，心灵都是人类精神的一个子集。另一方面，特克尔当年的学术敏感性与对主题追寻的执着也让我们不得不佩服。其实，藏在敏感与执着后面的还有巨大的学术风险。假设数字技术像其他工业技术一样没有给人类心灵带来普遍且深刻的影响，便很难在社会层次上引起人类心灵的波动与变化。如果观察不到人类心灵的波动与变化，她根本不会有机会去展开对数字技术与心灵变迁的探讨。凑巧的是，数字技术不是对其他工业技术的简单继替，而是一场比工业革命的影响更广、更深的技术革命，对人类心灵产生了且仍在产生普遍、深刻且多样化的影响。特克尔的敏锐让她抓住了人类心灵波动与变化的历史时机，她的执着又让她对作为研究主题的心灵有了独特的发现。需要说明的是，众多文献包括我之前的著述都认为，在人类漫长的历史中，有三次革命可以被称为技术革命：第一次是农业革命，第二次是工业革命，第三次是信息革命（即数字技术革命）。数字技术不是工业技术的直接延伸和发展，而是另一场技术革命，是一场比前两次技术革命影响更加深远的技术革命。

事实上，特克尔的学术生涯伴随着数字技术对人类社会影响的发展，只是她的关注点集中在心灵主题。1975年1月，美国《大众电子》杂志刊出了一篇 MITS 公司介绍其 Altair 8800 计算机的文章，并把 Altair 8800 的图片刊登在杂志封面上，这标志着个人计算机的问世。不到10年，特克尔出版《第二自我》，在计算机与人类精神之间建立了关联。1969年美国国防部资助建立阿帕网（ARPANET），1983年阿帕网裂变为民用和军用两部分，1991年互联网上第一个浏览器诞生，1993年万花筒（Mosaic）浏览器进入社会化应用，在个人计算机（personal computer）之后，互联网（Internet）成为社会关注的热点议题。1995年，特克尔出版《屏幕上的生活：互联网时代的身份认同》。此后，互联网领域没有大事发生，特克尔虽依旧勤奋，出版了四部著作，且还执着于"心灵""内在"等主题，却没有在社会上甚至没有在学术界引起多少关注，直到移动互联网时代的到来。

移动终端的普及是数字技术创新与应用发展的里程碑，也是数字技术影响社会的飓风口。就社会连接而言，1973年世界上第一部移动电话通话成功，似乎预示着即将开启一个新的时代，遗憾的是，直到21世纪前，移动电话只是渐进式地开发出了通话、游戏、短信等功能，依然没有突破双边通信。可随后的发展不仅是快速的，还是剧烈的，它让移动电话变身为个人终端，把人们的日常生活和工作不断地纳入移动终端，让移动终端变身为人类智能的一部分。移动终端技术创新与应用的大众化给社会连接带来的显见影响是"低头一族"初见端倪,其中蕴含的则是人类交往方式、交往范围、交往逻辑正在发生革命性的变革。人们一面兴奋地体验着移动终端技术与设备带来的新奇与便利,另一方面也急切地希望知道自己投身其中的世界到底发生了什么。《群体性孤独》无疑是一份人们期待已久的答卷。像卡尼曼和皮凯蒂的书一样,特克尔的书出版于人们迫切希望了解数字技术对社会连接影响的时点。

自从以电子媒介为载体的连接技术诞生以来,移动终端才真正为社会交往实现连接泛在提供了技术能力。在每一个节点(人和物)之间实现连接泛在是有理论依据的。从米尔格拉姆(Stanley Milgram)的送信实验到近些年学者们对人际网络自然属性的数理论证,几十年的科学探讨都表明,人与人之间存在建立社会关系的短路径,即俗称的六度分隔。而数字技术为陌生人之间实现连接泛在提供了可实践的技术能力,其实,不只为陌生人之间,也为人与万事万物之间提供了这种能力。在现实生活中,我们很容易发现人们的连接范围的确越来越广泛,连接层次也越来越丰富,越来越多的人有一种世界尽在自我掌握之中的体验与感受。随着人类交往行动的变革,社会交往逻辑也在发生革命性变化,"低头一族"只是连接泛在所带来的交往逻辑变革的一种可见表现形态而已。

在移动互联网到来的初期,《群体性孤独》观察到人们在日常生活中越来越依赖如智能手机、数字媒体和虚拟现实等数字技术，人们对虚拟世界更感兴趣，从而忽视了真实世界的、身体同场的社会关系。特克尔认为，进一步可观察的后果是人们尽管保持着与他人的联系，其交往却是浅层的、缺乏深刻情感的，也鲜有真实的互动。人们从在线联系中感受到的不是关爱和亲近，而是孤独和隔离。还有，一方面，面对面交流的缺乏或缺失降低了人们表达情感的能力；另一方面，虚构身份还可能导致人们与自己的真实感觉和情感分离。

作为有社会责任感的学者，特克尔对数字技术给社会交往带来的负面影响是担忧的。在担忧之外，她还努力为群体性孤独提供解药。特克尔于2015年出版的《重拾交谈：走出永远在线的孤独》便是为群体性孤独提供的一剂解药。她在《重拾交谈》中指出，面对面交谈才是数字时代社会交往的正确方式。在这部著作里，她还第一次运用了"数字时代"的概念。与《群体性孤独》一样，这本书也被翻译成十多种语言的版本（中文版于2017年出版）。与《群体性孤独》出版的境遇不同，这一次，虽然《纽约时报书评周刊》于2015年9月发表了弗兰岑（Jonathan Franzen）为《重拾交谈》写的长篇书评，可它在社会上引起的反响似乎远不如《群体性孤独》时热烈。相似的场景也出现在中国，其中文版的出版也并没有在国内引起多大的议论。

用大量的篇幅叙述特克尔的学术生涯与著述，其实我想说明的是：一方面，连接泛在带来的社会影响的确是社会和学术界广泛关注的主题；另一方面，特克尔归纳的群体性孤独无疑给了我极大的启发，促使我更系统地思考连接泛在影响的本质。之所以说是"促使我"，是因为我对特克尔的解释并不满意。她接受过社会学的训练，理当知道在一个普遍社会现象的背后一定存在着支持社会现象的普遍化的社会逻辑。通俗地说，"低头一族"的存在一定有科学家们没有揭示出来的理由。学者的责任不是直接对现象进行价值判断，而是应该优先揭示现象背后的人们行动的社会逻辑。遗憾的是，特克尔的出发点发生了偏误，她依据人们曾经正常的社会交往模式而把"低头一族"的行为判断为病态，进而直接从群体性孤独作为社会事实出发探讨导致病态的社会原因，而不是优先探讨人们沉浸于数字世界是否带来的是群体性孤独。或许是直觉到了我认为的特克尔对群体性孤独论证的假设谬误，才加快了我对自我社会的系统性思考。之所以说是系统性思考，不只是因为我对数字技术有兴趣，也因为我目睹了数字技术的创新与应用，还因为我一直工作在这一研究领域。

为了让读者更多地了解我的思考，请允许我借用普伦斯基（Marc Prensky）对互联网用户类型的区分。21世纪初，普伦斯基在《数字原住民和数字移民》一文中将当时的数字技术用户划分为两类：一类是从一出生就接触数字技术的用户,另一类是在数字技术迈向大众之后才开始接触数字技术的用户。前者他称之为"数字原住民",后者他称之为"数字移民"。据此,我算是数字移民。

与其他数字移民略有不同的是,从互联网技术引入中国以来,我一直身浸其中,是伴随数字技术发展的数字移民。1993年,中国科学院高能物理研究所开通至美国斯坦福直线加速器中心的高速计算机通信专线,同时开通了150多个电子邮件账户。机缘巧合,我因为参与了一个由洛克菲勒基金会资助的项目(国际环境与发展高级培训项目,即 Leadership for Environment and Development)而代表项目组获取了其中一个电子邮件账户,在中国,我也算是早期接触互联网的人。1997年中国互联网兴起商业热潮,我还申请了一个电话拨入账号。此后,从电话拨号、ADSL、局域网接入到高速光纤接入,从模拟手机、数字手机的2G、2.5G、3G、4G到当前的5G,我一直追踪数字技术的创新与应用,不断反思数字技术与社会变迁之间的关系逻辑。

除了使用数字技术,我也研究数字技术创新与应用给社会带来的影响。2000年前后,企业资源计划(Enterprise Resource Planning,ERP)技术被引入中国,我研究数字技术(当时叫信息技术)与组织变迁的关系。我们先后在青岛啤酒、一汽轿车、长虹电器、马鞍山钢铁等大型企业调研 ERP 与企业组织变迁的关系。随后,当数字技术向社会渗透、平台企业崛起，我又进一步探讨数字技术在更广的范围里给社会带来的影响，研究电商平台和电商卖家、电商技术扩散与乡村社会发展、数字技术平台与社会治理、智慧城市、数字乡村等。尽管研究的对象在变、范围在扩展，主题却始终未变，我关注的一直是数字技术创新与应用给社会带来的影响。

仅就研究对象而言，我关注的与特克尔的不同。她聚焦于人的心灵，我关注的对象和范围则更加广泛，尤其关注数字技术创新与应用对人们生计的影响，即使在研究 ERP 与组织变迁时，我关注的变量也包括数字技术对人力资源的替代和受组织结构变化影响的多主体权利关系变迁。如果说特克尔在心灵层次关注人的福祉，我则是在生计层次关注人的福祉。

群体性孤独主题的出现的确给了我很大的震撼，一方面它让我对自己的关注进行反思，另一方面也让我有机会把与心灵相关的观察串联起来。在我的观察中，数字技术赋能的连接泛在的确给社会带来了可见的变化，世界范围内的"低头一族"现象正是经常被引用的事实。在中国，我们还观察到更加极端的场景：在除夕夜的家庭团年饭饭桌上，除了没有智能手机的老人和小孩以外，其他人几乎都抱着智能手机。一家人的团年饭一年一次，一个人的手机却可随时拾起。即便每个人都知道这一点，可在家庭团年的饭桌上人们还是放不下手机。这似乎证明了生活在手机里比生活在家庭中具有更大的吸引力。

当读到群体性孤独时,凭借学术直觉,我问自己的问题是:一个在世界社会普遍存在的现象,怎么可以被简单地诊断为需要矫正的社会病态呢?我认为,它的背后一定有更加本质的问题。以除夕夜的家庭团午饭为例,我们可以提出的问题是:生活在身体同场的家庭里是人所必需的吗?如果把问题略作推广,把身体同场的家庭推及身体同场的其他群体,假设曾经的身体同场的社会连接或交往是人们常见的,进一步的追问可以是:生活在身体同场的群体里是人所必需的吗?换句话说,假定人是群体性的,那么,群体性是不是只有身体同场一种形态?如果答案为"否",那便意味着还存在其他满足人类群体性需求的形态,群体性孤独不过是把强调身体同场的部分人的自我体验或主张投射为社会关注而已。如果答案为"是",则群体性孤独真切地说出了人们有体验却没有说出来的社会事实,特克尔的判断也言之成理,即的确存在因身体同场缺失而带来的群体性孤独。进一步的问题还可以是:身体同场的群体性是人的自然属性还是社会属性?通俗地问:身体同场的群体性是天生的,还是后天养成的?如果是生物性的,那就是天性,是不可以改变的;如果是社会性的,那就是社会习惯,是可以改变的。

基于这些问题再读《群体性孤独》和《重拾交谈》,我们会有新的发现。如果说人的群体性是一个共识,是学术界和社会的共识,那么，在特克尔那里，身体同场的群体性被设定为人的自然属性、生物性、天性，而不是社会属性、社会性，不是被社会环境形塑的特征。据此展开的逻辑是，脱离身体同场的群体性会让人产生孤独感和隔离感，会制造社会的病态。疗愈的方案自然是让人们回到曾经的正常，回到身体同场的群体性。我的问题是：既然身体同场的群体性是人的天性，人们怎么可能忽视一家人在团年饭饭桌上的群体性而只顾着看手机？日积月累的观察促使我不得不澄清，即使我们接受社会共识而认为人的群体性是人的天性，也同意说人的孤独感和隔离感是一种病态，依然需要弄清楚在这顺畅的逻辑背后似乎还隐藏着的更为本质的疑问，如：人的群体性必须是身体同场的，还是说有其他形态如数字同场的？为什么身体同场的交谈是交谈，而数字交谈如手机里的交谈就不是交谈？只有对这些问题进行正面阐述，才能让我们确认孤独感和隔离感是不是因为缺少身体同场的群体性。

在《群体性孤独》出版后的社会热议之中，一些学者也表达了相似或不同的观点。卡尔（Nicholas Carr）在《浅薄：互联网如何毒化了我们的大脑》中认为互联网改变了人们的思维方式，导致浅层思考和注意力分散。海德特（Jonathan Haidt）和特文格（Jean M. Twenge）在《纽约时报》撰文呼吁让青少年远离智能手机，因为在他们看来，数字社交与抑郁情绪紧密相关，数字社交对年轻人尤其是青少年的心理健康造成了负面影响。在一些人持相似观点的同时，也有人观察到了数字技术与人类精神在社交领域的另外一面。舍基（Clay Shirky）在《人人时代：无组织的组织力量》中认为，连接泛在是一种组织力量，是一种社会参与的网络，还是一种集体智慧。博伊德（danah boyd*）在《这很复杂：联网青少年的社交生活》中认为，如今的青少年正是借助连接泛在进行社交和自我表达，网络为青少年提供了宝贵的社交空间，补充而非替代了现实社会里的互动。针对社会普遍担忧的网络游戏，约翰逊（Steven Johnson）在《极速传染：打造上瘾型产品的 4 种思维》中甚至认为，复杂游戏实际上可以提升人的认知能力，并在某种程度上提高人的社会化水平。福格（Brain J. Fogg）在《有说服力的技术：利用计算机改变我们的想法和行为》中直言，数字技术正在帮助人们建立好习惯、增进健康和提高生活质量。

不断出现的各种讨论当然刺激和启发了我对连接泛在与自我社会的思考，尤其是在双方的争论相持不下的时候，更加激发了我从其他路径去思考更本质的问题，譬如博伊德、约翰逊、福格的讨论让我思考面对面交谈是某些人的习惯，还是整个人类的必需，等等。

---

* danah boyd，美国传播学学者。她本人坚持用姓名首字母小写来宣扬其个人理念和政治理念，故此处尊重其本意。

当然，数字技术带给人类的影响没有终结，甚至尚未告一段落。从个人计算机、计算机网络、人际网络到万物互联，数字技术的一切都还在快速发展中。对此人们有不同的观察、观点，原本正常、无可厚非，但把发展中的现象放在更加长远的历史和更加广泛的事实里，对理解现象的本质是重要的，也是学术之于社会的应有之义。我以为，作为技术的一类，即使人工智能生成内容（AIGC）技术已经可以模拟人类的思考、与人类进行交谈，但数字技术依然还是技术，人工智能技术的发展即使已经触发了社会对技术可能给人类带来威胁的警觉——近期在英国布莱奇利庄园（Bletchley Park）召开的全球首届人工智能安全峰会还发布了《布莱奇利宣言》（Bletchley Declaration），也还是需要理解技术与人类关系的本质。唯如此，我们才不会被纷繁复杂的现象所迷惑，才能认识到在人类身上呈现的不是技术的后果，而是人类创新和运用技术的后果。特克尔的群体性孤独所刻画的，不是数字技术之于人类的必然后果，而可能只是给部分人带来的后果；而给另一部分人带来的，可能还有如凯斯（Amber Case）在《交互的未来：物联网时代设计原则》中阐述的，如增加人类社会的经验，而不是分散我们的注意力。即使我们承认面对面交谈是重要的，一如平克（Susan Pinker）在《村落效应：为什么在线时代，我们必须面对面重新连接?》中明确指出的，连接泛在对人类的健康与快乐而言也具有重要且正向的影响，但我们也不能忽视一个普遍发展着的社会事实：人们花在数字交谈上的时间、精力和其他资源越来越多，人们对自我组织的社会内容和社会关系越来越重视，个体的价值和意义甚至越来越多地体现于自我社会，且通过自我社会在影响大众社会。

汇集日积月累的零散观察与思考，我认为，要探索连接泛在给社会带来的影响，须得选择一个底层且本质的入手点位。特克尔选择人类精神进而聚焦人类心灵无疑是敏锐的。《庄子·田子方》有："仲尼曰：'恶，可不察与！夫哀莫大于心死，而人死亦次之。'"心灵是人类存在的一切理由之所在。孤独感和隔离感的确是人类健康与快乐的对立面，中国和西方的古代哲学里对此早有探讨；熟悉社会学的人都知道，涂尔干的《自杀论》也认为社会联系的缺失可能导致孤独感进而导致自杀；熟悉心理学的人都知道卡乔波（John Cacioppo）等人的心理学著作里将孤独感与心理健康紧密关联。问题是：人类心灵的健康与快乐究竟跟哪些因素有关呢？人类心灵的亚健康或不快乐是否只是因为缺乏深度交谈？如果是，进一步的问题还有：深度交谈是否只能在身体同场的场景实现？

到这里，连接泛在与自我社会涉及的问题逐步变得清晰。如果从底层铺陈开来，我们可以把之前提出的问题捋一捋：群体性是人的自然属性吗？如果是，数字连接是实现群体性的可选路径吗？如果是，人们又如何基于数字社交重构个体与社会的关系呢？由此带来的个体与社会的关系与传统的基于身体同场的个体与社会的关系有怎样的不同？

面对上述四个问题，我相信读者与我有同样的感受：每一个问题都是灵魂拷问。的确，每一个问题都是基础的、理论的。只是，每当我思考这些问题时，都会想起我的老师费孝通先生的教导：学术的目的不是用老百姓的实践说老百姓听不懂的话，而是用老百姓听得懂的话说老百姓不曾明白的道理。这本小书算是对先生教导的再一次实践。

在进入讨论之前，特克尔的问题是不可回避的。我认为，群体性孤独与其说是刻画了数字技术给人类心灵带来的负面影响，还不如说是呈现了一部分人在数字社交中的焦虑。其中，最大的假设谬误可能是把现实世界与虚拟世界完全分割开来、对立起来。我相信，真正身处数字世界与实体世界的人都能体验到，虚拟世界也是人的世界，也已经是实体世界的一部分。实体世界与虚拟世界合璧才是完整的人类世界。

基于对数实一体社会的假定，我接受利伯曼（Matthew D. Lieberman）在《社交天性：人类社交的三大驱动力》中的结论，认同人的群体性具有自然属性。在此基础上，我认为，满足人类群体性需求的路径受社会文化的影响，身体同场只是满足人类群体性需求的一种路径，而不是唯一路径。这本小书聚焦的是上述四个问题中的第三个,即人们如何基于数字社交重构个体与社会的关系。人们正在实践的数字社交或许是满足人类群体性需求的下一条路径。人们运用数字技术围绕自我主张和诉求建构社会关系的后果,正是我所称的自我社会的图景。对第三个问题的讨论也可以被理解为建构自我社会的实践。

必须说明的是,"自我社会"还受到了我老师"差序格局"论述的潜移默化的影响。费孝通先生在《乡土中国》中讨论"差序格局"时有一个比较。他认为在西方社会,人与人的关系好像是一捆柴,每一根都属于一定的把、扎、捆,条理清楚,呈团体状态,他称之为"团体格局"。然而在中国乡土社会,人与人的关系是以自己为中心结成网络,就像把一块石头扔到水里,以这个石头为中心点,在四周形成一圈圈的波纹,波纹的远近可以表示社会关系的亲疏,他称之为"差序格局"。在"差序格局"中,人们运用的规范和伦理并非统一且普遍适用的,而会因关系远近不同,适用不同的标准,使人们更乐于遵从富有弹性的习惯法,而非具有普遍性的法律准则,这对中国社会的各个方面如权力结构、国家职能、礼仪秩序、经济体系、社会稳定等产生了深远影响。差序格局不仅刻画了家庭或小团体的关系,还被扩展到整个社会,影响着社会结构和社会行为的方方面面。而我所谓受"差序格局"的影响是指形式上的,它告诉我,或许人的群体性在本质上就是自我社会的,只是在连接泛在之前，人们没有机会在世界社会范围内实践而已，是数字技术赋能的连接泛在为愿意实践的人们提供了机会，且成了一种必然趋势，进而让"低头一族"成为一种引人注目的社会现象。

第一章讨论关系、自我与心灵。我以为特克尔的焦点是准确的，个体的价值和意义最终都体现为心灵体验与感受。社会之于个体的价值与意义亦如此。从个体与社会的关系入手，在理论层面探讨关系与自我感知、自我感知与心灵体验，进一步推演到心灵体验和人与社会的交流，转而分析影响交流的因素即媒介，希望借此化繁为简地回答上述四个问题中的第二个问题，即数字社交也是满足人类群体性需求的有效路径，这也含蓄地表示，数字社交是一个不可逆的社会过程，是阻挡不住的历史潮流，也是自我社会的逻辑起点。

在接下来的讨论中，我没有因循常见的逻辑树模式，而是把个体与社会的关系类型化为数字家庭关系、数字朋友关系、数字工作关系和数字生活关系。我以为，四类关系覆盖了个体与社会的关系的整体。人的一辈子处理的无非就是这四类关系。在每一类关系的探讨中，我没有采用完备性原则，而是关注了典型性，在每一类关系中选取了四个典型场景。我以为，数字技术对个体与社会关系的影响还在进展中，现在还不是运用完备性原则的有效时机。在数字社会多样化的时代，几个典型场景当然是不够的。不过，我的目标也不是追求典型案例的完备性，而是希望以典型场景分析为例，为读者提供自己可以进行分析的方法。为此，这本小书在叙述上还采用了案例加议论的模式。简单地说，对四类关系的探讨，分别由四个案例加对案例的理论分析构成。为了对每一类关系的重构进行整体性探讨，每一章的最后一节还试图对关系重构带来的本质变革进行把握。

啰啰唆唆写这么长，我想说明的是，对这本小书，我不仅思考的时间缓慢绵长，写作的过程也拖拖拉拉。我记得有一次和微信团队的朋友们闲聊，说起我对自我社会的思考，向他们闲话几句我的观察，朋友们的反应非常热烈，说他们对我聊的现象感同身受，鼓励我把它写出来，那应该是在很多年前一个冬日的聚会上。为了让我写出来，朋友们还专门"派"他们的一名同事帮助我，书中的案例正是她的杰作。虽然受到了朋友们的鼓励，也获得了难得的案例，甚至还有专人督促我，可进展依然不定，我总是写写停停，每次重新拿起笔都意味着一次思维重启。导致磕磕绊绊的原因，我想，除了理想（想写满意了）与现实（总觉得能力不够）的冲突，还有时间的零碎性。教学、课题、管理，总是有意外的事情打断我计划好的写作工作。幸运的是，总算是写出来了。现在回想起来，真诚地说，没有这些朋友的帮助，这本书应该还在快思考与慢思考的交替中徘徊。为此，我不仅要感谢我的这些朋友，还要特别感谢案例的提供者。是他们的支持与帮助,让我零零散散的思考有了系统化的机会,也有了与读者们交流的可能。

我还想解释为什么这本小书没有遵循当下学术著作的"八股"。其中的一个"越轨"是,我没有在涉及过往知识的引用中列出长长的参考文献清单,取代清单的是在文本叙述中明确地给出著作者的姓名和观点。我相信这么处理可以尽量让表述保持连贯,同时也尊重每一位学者的贡献。在人工智能进入学术研究且有了针对学术研究的专用人工智能(如 AI for Science)的时代,感兴趣的人很容易运用与人工智能的"聊天"获得参考文献或检验书中的引用。

当然,我要特别感谢编辑和出版机构。出版《中国人的习惯》是我跟武岳的第一次合作,之前我没有和她合作过。在那次合作中,我感受到了她在严谨之中始终保持着开放的学习心态。我是一个严谨做学问的人,却不是在写作形式上特别守规矩的人。这一方面是因为有老师费孝通先生(在写作形式上,他也不是守规矩的人)的教导,另一方面,我始终认为,书写出来是给人读的,既然是给人读,就得说人话。为了说人话,有时候便不得不突破一些我认为看似严谨本质上却是藩篱的规矩。面对我这样的作者,编辑是头疼的。需要遍查文献不说,还需要把一些"人话"放到学术表述中去比对。我相信,这不是一件容易做好的事儿。可是,在编辑《中国人的习惯》时,武岳尽力做到了。这本小书同样"野性",武岳倾注了最大的心力让成书文字尽量符合规范。谨此，我希望表达对武岳编辑的真诚敬意和感谢。武岳是北京大学出版社的编辑，出版社有她这样的编辑，还能够容忍我这样的作者，让我从心底涌出许多感动，我认为，出版社的出版活动完美地诠释了北京大学的学术精神。请允许我对编辑和出版机构再次表达诚挚的谢意。

  最后，文责自负。写这样一篇长的自序，只是希望让读者更好地理解这本小书的用心。至于是否可以达成目标，只能留给读者去评说了。

邱泽奇

草就于西南之旅途中

2023 年 11 月

01

第一章　关系、自我与心灵

人生活在社会中，也生活在自我里。生活中的人始终面对两重关系：一重是与他人和社会的关系，另一重是与自己内心的关系。两重关系通过自我连接，建构人面向他人和社会的意义及价值，形塑人面向自我的心灵。

说人生活在社会中，是由于每个人的饮食起居和喜怒哀乐都与他人和社会密切相连，形成了与他人和社会的关系（relationship）。尤其在现代社会，没有人可以脱离与他人和社会的关系而独自生活，进而，没有人可以脱离与他人和社会的关系而孤立存在。即使在陶渊明的时代，桃花源也只是人们为逃避与他人和社会的关系而构筑的理想场景。

说人生活在自我里，是由于无论与他人和社会的关系如何，人终究要把与他人和社会的关系带回自我（self），带回自我对他人和社会的体验（experience）。每个人与他人和社会的关系或许有共同之处，可每个人的体验却是独特的。面对同一个生活场景，不同的人对其的体验可能有共鸣，更多的却一定是各不相同。同一个人面对不同场景，体验一定不同；即使面对同一场景，同一个人在不同生命阶段也会有不同体验。对此，一个简单的解释是，人的体验并不局限于一时一事，而是会把对具体场景的体验与之前的体验联系起来，形成体验的综合，上升为感受（perception），且累积性地形成对与他人和社会的关系的态度，即心灵（mind）。尽管每个人面对具体场景的感受始终不同，可人们仍试图将不同的体验统一起来，建构对与他人和社会的关系的认知（cognition），建构与身体和谐的心灵，赋予自我生命以价值和意义。

除了哲学，心灵通常被认为是心理学的研究领域。事实上，社会学家对此也有广泛且深入的探讨，起点是米德（George Herbert Mead）。站在社会学立场上，米德认为人的心理过程始终是社会的。他在《心灵、自我与社会》中认为：人的心灵是人类语言交流塑造的；自我则是心灵统领身体的社会过程和呈现，是在社会互动中不断建构和演化的；而心灵和自我又都来源于人与他人和社会的互动。在米德那里，互动是形塑心灵和自我的机制。因此，米德对心灵和自我的解释又被称为行为主义的解释。

不过，后面的讨论将会证明，对具体的人而言，不存在米德式的抽象社会,只有具体的场景。每个人都存在于场景中,而场景则是人与人、组织、事务、事件等的关系,即人与他人和社会的关系。即使我们承认互动是形塑心灵和自我的机制,由于场景是社会的具象,任何互动还是会基于各自的社会角色,即关系。我们认为,互动是基于关系的,自我和心灵的形塑是基于社会对互动中的角色关系的界定。《论语》有"名不正,则言不顺;言不顺,则事不成"。换句话说,互动是以关系为前提的。为此,我们试图把人与他人和社会的互动放回场景,为心灵和自我的建构与演化提供关系主义的解释。那么,围绕每个人的关系是什么?在人与他人和社会的关系中,人如何认识自我,又如何建设心灵?这是每个人编织自己与他人和社会的关系的基础问题。

关系与自我

在日常生活中,人们感受到的社会是复杂的。生活在现代都市社会的人,且不说一辈子面对诸多事项,如学习、工作、生活、社交、衣食住行、生老病死、冲突合作等都很复杂,就只说成年人的日常,从早晨下床到夜晚上床,只要是醒着,面对的一切都是复杂的:洗漱、早餐、出门、上班、午餐、晚餐、加班、下班,以及父母、孩子、亲戚、朋友……人时刻都在面对着复杂的目标、任务、环境等各种关系。难怪一些人嚷嚷着要逃离都市。遗憾的是，即使真的逃离了都市，去到想象中简单的地方，大多数人也会像第五章案例"慢速焦虑"里的叶欣欣那样，感受到的依然是复杂；哪怕是像案例"何以为乡"里的马卫国那样，去到没有熟人的国外，面对的也一定不是简单，而是另一种复杂。当然，现代社会的复杂不只是人们的感受，也是不争的社会事实。在社会学家看来，社会的结构和动态，影响结构和动态的因素，以及结构和动态的变化演化等，也都是复杂的，以至于很多社会学家花费了毕生的努力，对社会的认识也依然非常有限。即使是已有的共识也很少可以指导人们直接认识自己所面对的社会。

不过，一旦我们换一个思路，将复杂的社会落实为人与他人和社会的关系，从围绕每个人的关系出发，尤其是从结构关系出发，复杂的社会就变得简单了。事实上，人与他人和社会的底层关系结构异常简单，简单到可以化约为两两关系。数字网络科学家巴拉巴西（Albert-László Barabási）在《链接：商业、科学与生活的新思维》里讲过一个例子。在一个有10位客人参与的聚会上，起初，客人之间互不相识，当一位客人与另一位客人相互自我介绍时，便形成了两人之间的社会连接，即两两关系。此时，一对两两关系与其他两两关系之间还是陌生的。随着时间的推移，当有人从一对两两关系加入另外的两两关系时,两两关系之外的更多连接便出现了。顺着同样的逻辑,不需要太长的时间,10个陌生人之间最终会演变为10个个体之间相互连接的人群聚簇。于是,10个个体之间形成了一个复杂的人际关系网络,这便是复杂社会的底层结构机制。

聚会意味着人们汇聚在同一个场景。可是,人们并非总处在同一个场景。如果人们不是在聚会场景,而是在日常生活场景,散落在世界各个角落呢?世界人口总数达到80亿,关系结构还是如此简单吗?一项经久的科学努力证明,复杂社会的底层关系结构还是简单的。1929年,匈牙利作家考林蒂(Frigyes Karinthy)在其短篇小说《链条》中写道:"为了证明如今人们之间的联系比以前更紧密了,有人提出做一个实验。他打赌,从地球上15亿人中随意挑出一个,最多通过五层相识关系,他便能和这个人取得联系。"我们知道,考林蒂的断语并非空穴来风,而是透过人们日常生活感受提出的假设,只是人们之间的关系没有比从前更紧密,而是维持在一个常态,即原本就很紧密。

只不过,人们的印象并非如此。人们的印象是,分布在世界各个角落的几十亿人的两两关系网络是复杂的,以至于人们常常认为一个陌生人要找到另一个陌生人几乎是不可能的。影视剧中寻人不得的场景比比皆是,也强化了人们对"不可能"的认同。

有意思的是,科学家证明,陌生人之间的关系结构也是简单的。为了方便分析,科学家将日常生活场景区分为非自然状态和自然状态。非自然状态指的是,陌生人的特征信息要么不明确,如不知道其姓名、住址,要么明确却不在自然状态,如有意隐藏。自然状态指的是陌生人的特征信息不仅明确且正常可及。给定人们生活在自然状态,20世纪60年代,心理学家米尔格拉姆(Stanley Milgram)用送信实验验证了考林蒂的断语,即一个陌生人平均通过五个中间人便可以找到另一个陌生人。这便是著名的六度分隔理论。此后,不同学科的科学家们利用多个场景如电子邮件和网页链接等进行检验,不仅验证了六度分隔理论,证明世界是小的,还发现了小世界蕴含的数理逻辑,证明复杂社会的关系结构是简单的,简单到可以用通俗语言表达为:是人都有熟人,有发小般的熟人,也有点头之交的熟人,熟人也有自己的熟人,依此类推,即使人类社会总人口有80亿之多,但只要人处在自然状态,就有可能在两个陌生人之间通过熟人来建立联系。这便是科学家说的人与人之间关系的短路径,而短路径的最简形式即两两关系。

可是,结构简单的关系不意味着人的日常生活实践也是简单的,人们之所以感受到复杂,在于人们的日常生活除了是关系结构的,还是自我体验的。每个人都有血有肉,都是独立的个体,也意味着每个人都有自我体验,且每个人的自我体验还是现实的和日常的。没有人无缘无故地与陌生人建立关系,也没有人不与陌生人建立关系。那么,关系结构里的人又如何从日常生活实践里获得体验呢?简单的结构关系又如何给人们带来复杂的日常生活体验呢?直接的回答可以是,关系结构里的人是个体(individual),日常生活里的人是自我,个体与他人和社会的结构关系在日常生活里被转化为自我体验。正是从个体到自我的转化让简单变得复杂了。

为进一步理解关系与自我,我们有必要区分两个概念:自我和个体。自我是一个多学科的概念,却主要是心理学的研究对象。心理学的共识是,自我是人对身体承载的个性、特征、能力和身份的整体认识和理解。人有成长发展,现实也有发展变化。处于现实的自我不是一成不变的,而是随人的经历、社会互动和文化规范的发展变化而不断发展的。个体也是一个多学科的概念,却主要是社会学的研究对象。社会学家的共识是,个体是相对于群体而言的,是社会构成的基本单位,是社会实体。作为实体,个体承载着自我,一些心理学家[如马库斯(Hazel R. Markus)和北山忍(Shinobu Kitayama)]甚至认为个体还因承载着自我而承载着人类文化表征。言下之意是,自我通过个体在具体场景的角色关系而呈现人类的文化。简单地说,在日常生活里所说的人,社会学家将其理解为个体,是身体的,是实体,且承载着有意识的自我;心理学家则将其理解为自我,是承载着个性、特征、能力、身份等社会文化特征的个体。自我与个体是人的内外两面:从外往里看,人是个体;从里往外看，人是自我。既如此，由两两关系建构的复杂社会又如何塑造了人对自己与他人和社会关系的认知，形塑了自我呢？

社会学家认为，人对自我与他人和社会的关系的认知源自社会，且通过两两之间、人与社会之间的关系，由社会向个体传递，经由个体认知转化为自我。不过，这并非社会学家的一致认识。尤其是对关系的社会属性、认知的转化路径，社会学家们有着不同的理解。社会学三祖之一的涂尔干（Émile Durkheim）认为，社会除了是人与人之间的关系，还是独立于个体而存在的文化规范、价值观和制度。社会对个体具有强制性，且因强制性而塑造着个体的行为和自我意识。换句话说，社会是独立的实体，是塑造自我的力量。个体则被动地接受着社会对自我的形塑。帕森斯（Talcott Parsons）把形塑的机制解释为个体在社会中扮演着社会角色，社会制度为社会角色建构了一套变动的角色框架，个体通过接受角色框架而接受角色行为规范，形塑自我。可是，个体又是如何接受社会角色框架而形塑自我的呢？

社会互动是社会学家们共同认可的形塑机制，可针对互动如何形塑自我却有两条解释路径。一条是承接涂尔干、帕森斯传统的社会强制路径。吉登斯（Anthony Giddens）认为，社会结构是外在于个体的强制力量，既可以约束个体行为，也可以促成个体行为。在与社会的互动中，个体并非只有被动，而是也有主动。通过自己的行动，个体也在塑造关系结构，进而形塑自我。另一条则是源自关注与他人和社会互动的自我反思路径。库利（Charles Horton Cooley）认为，在互动中，个体会想象自己与他人和社会的互动以及他人和社会与自己的互动，在互动场景中经由自我反思而形塑自我。米德则认为，社会互动需要借助媒介，语言和其他形式的符号是社会互动的媒介，个体借助媒介来理解与他人和社会的互动，形成对互动的认知，经由认知的改变，构建和改变自我。戈夫曼（Erving Goffman）则把角色扮演理论引入社会互动研究，认为在借助媒介的社会互动中，个体是以角色出现的，而角色并非个体的整体，而是个体呈现在他人面前的部分。在戈夫曼那里，与他人和社会互动即角色扮演，是个体面向他人和社会的表演，个体通过在具体场景扮演具体角色形塑着对台前和台后自我的认知。

在对关系与自我的探索中，强调社会强制性的解释通常被称为社会影响解释，而关系对自我的形塑机制又被称为社会影响机制；强调社会互动的解释尤其是强调个体主动性的解释被称为社会选择解释，而关系对自我的形塑机制又被称为社会选择机制。

无论是社会对个体的强制，还是个体在社会里的主动与被动，社会学家们都将其归纳为一个更加抽象却也十分具体的概念——社会化（socialization）。说抽象，是因为社会化是伴随人成长而潜移默化地形塑自我的社会过程，个体一出生便进入社会化过程，直到逝去，社会化才算是结束。其中，我们很难明确指出什么是或不是社会化。说具体，是因为社会化发生在个体与他人和社会的关系中，而个体又总在与他人和社会进行着互动。我们甚至认为，人生的本质就是社会互动，而社会互动又基于人与他人和社会的关系。通过具体场景的互动，在人与他人和社会的关系中，无论是社会影响还是社会选择，都积累或改变着个体对自我的认知，都积累或改变着个体的个性、特征、能力和身份。

当然，学术界对关系、制度、互动，乃至社会化的探索并没有停止，也发展出了一些新理论与解释。如，拉图尔（Bruno Latour）和卡隆（Michel Callon）等从个体出发、关注个体主体性及其行动自主性而提出行动者网络理论，认为个体、技术和其他实体的关系是发展变化的，且在发展变化中形塑着个体与他人和社会的互动方式，形塑着自我。对社会强制性持批判立场的理论家们把权力引入对关系与自我的分析，如福柯（Michel Foucault）认为，权力是关系形塑自我的强制力量。对社会强制性持中间立场的布迪厄（Pierre Bourdieu）认为，个体积累的关系可以被理解为个体的文化资本，文化资本形塑了个体的品味、偏好和行为，积累和改变着自我。不过，新理论和新解释的发展并没有改变关系与自我的逻辑。个体无论是被动地接受还是主动地回应社会强制，都是以关系为前提，都在与他人和社会的互动中借助媒介进行角色扮演而形塑着自己对自我的认知。

　　这里，我们貌似重复了自米德以来社会学家们对关系与自我的探讨，重复了互动才是形塑自我的力量。实际是，在过往的讨论中，理论家们分割了关系和互动，分割了个体和自我，且过分夸大了互动的影响。后面的章节将会证明，是社会文化和场景规则定义了关系，关系结构又定义了两两的关系属性，关系属性则进一步约束个体行动。换句话说，互动是基于关系的，是以个体对两两关系属性的接受（无论是主动还是被动）为前提的。无论是在家庭（亲密）关系、朋友关系、工作关系，还是在日常生活关系中，从个体出发的每一种关系都有特定的关系属性，是关系属性对个体角色的界定形塑了个体对自我认知的前提，互动则实践了运用角色框架进行自我认知的过程，而不是自我认知本身。重构关系，正是对关系属性的技术性和社会性拓展，是对关系属性的重新理解和界定。

　　进一步的问题是：个体又如何基于关系和关系里的自我，形成对社会的认知呢？换句话说，无论个体与他人和社会的关系是社会影响的还是社会选择的，从个体出发，在基于关系的互动中，人们对个体与他人和社会的关系的基本认知在自我层次是如何形成的呢？如果我们把个体对与他人和社会的关系的基本认知称为自我的心灵，更进一步的问题是：自我与心灵又有什么关系？

自我与心灵

说到自我与心灵，略有哲学基础的读者可能马上会想到心灵哲学，想到笛卡尔（René Descartes）；略有社会学基础的读者可能会马上想到米德的《心灵、自我与社会》。的确，笛卡尔的问题是一个至今仍在的问题，米德的著作是我们认识心灵、自我与社会关系的启蒙读物、经典读物，甚至是枕边读物。我们认为，要理解自我与心灵的关系，还得先从心理学的探讨入手。

承载复杂特征的自我，在不同心理学家那里被分解为不同的自我。美国心理学之父詹姆斯（William James）开创性地提出了自我建构的动态性和流动性，认为不存在一成不变的自我。当然，这也是心理学家和社会学家后来的共识。为解释这一点，他区分了主体我（I, self as knower）和客体我（me, self as known）。詹姆斯认为，主体我是个体获取体验的主体，客体我则是个体体验的承载者和呈现者。通俗地说，自我的建构经历着有内在联系的心理和行动过程。心理过程是对自我的认知，是内在的；行动过程是将认知转化为呈现，是外在的。其中，主体我是认知的自我，是面向自我的自我；客体我是呈现的自我，是面向他人和社会的自我。为了进一步说清楚客体我，依据自我呈现的内容属性，詹姆斯又将客体我划分为物质我（material self）、社会我（social self）和精神我（spiritual self）。

詹姆斯对客体我的三分，意味着个体既是实体性存在的生物体现，又是承载文化与规范的社会体现，还是将社会体验转化为自我感受的心灵体现。简单地说，客体我是物质的，也是精神的，承载着面向他人和社会的三重自我：身体、文化、心灵。关系里的个体其实是三重自我的复合体。

当然，詹姆斯的解释并非对自我多重性的唯一解释，甚至不是人们经常提到的解释。人们经常提到的解释是精神分析之父弗洛伊德（Sigmund Freud）的自我。弗洛伊德强调人内心的欲望和冲突，依据欲望和冲突的力量优势，将自我区分为本我（id）、自我（ego）、超我（super ego）。在弗洛伊德那里，本我指人的本质和本性，如冲动和欲望，是更加生物性的部分，且无意识地影响着人的行为和决策；自我指人的自我认同和自我意识，是人对自己和外部世界的认识，是处于生物性和社会性之间的部分；超我是人内心的道德和伦理标准及其形成的社会过程，如社会和文化因素的内化，是更加社会性的部分。在弗洛伊德那里，个体总是处在三种力量角逐的动态之中，三个自我的互动和平衡形塑着个体的思想、情感和行为。

美国和欧陆的心理学对自我多重性的分析的确具有启发性，可是却不是我们关注和分析的焦点。我们关心的是关系里的自我，关注关系里的自我建构机制及其可能的影响因素。通俗地说，我们更加关注在社会关系里个体对自我的认知和所形成的对社会的态度即心灵。前述讨论已证明，无论汇聚到个体的关系体现的是社会文化和规则的强制性，还是个体对关系的接受是被动的或主动的，自我都是个体在与他人和社会的关系里建构的，并经由对自我的认知而形成。我们知道，每个人都汇聚着复杂的关系，每个人汇聚的关系都会转化为个体对自我的认知，进而形成对社会的认知。我们关心的是，个体如何将汇聚的关系转化为对自我的认知，且进一步形成对社会的认知。

对上述问题没有共识的答案。在哲学领域，自我与心灵被归为身心问题，是哲学家们反复争论的主题。在西方，不仅在纯粹哲学领域没有达成一致，从笛卡尔的身心二元论、莱布尼茨（Gottfried Wilhelm Leibniz）的"预先建立的和谐"，到赖尔（Gilbert Ryle）的行动即心灵，再到丹尼特（Daniel Dennett）的"多重草稿"，哲学家们对身心关系依然争论不休。这个问题在非纯粹哲学领域也没有达成一致。从塞尔（John Searle）的生物自然主义，到查尔默斯（David Chalmers）的泛心论，即使借助脑科学研究和人工智能研究的最新成果，哲学家们不再直接争论身心二元或一体，把哲学问题映射到了具体的过程包括生物过程中，可底层的问题依然是身心二元或一体的辨析，譬如，脑科学的底层逻辑与莱布尼茨的磨坊实验并没有本质区别。有趣的是，在东方，身与心常常被认为是个体面向自己、面向他人和社会的一体两面，孔子的"我欲仁，斯仁至矣"、孟子的"仁者爱人"等便是典型的体现。不仅儒家传统如此,墨道法皆如此。印度哲学也认为,身体是物理容器,心灵是感知主体,身和心是同一个自我的一体两面,冥想和瑜伽则是身心合一的可见社会实践。

社会学家更加世俗,他们不关注自我的本质及其与心灵的关系,而关心个体与他人和社会的关系如何影响对自我的认知,关心个体与他人和社会的关系又如何影响其对社会的态度。一个被普遍接受的机制指出,个体通过对同质性或异质性的处理来进行自我认知,在个体与他人和社会的关系里呈现或改变自我对社会的态度。在这里,关系是抽象的,既指个体与社会文化和规则的关系,也指个体与具体他人或群体的关系。为了简化讨论,我们假设每个人都承载着社会文化和规则(事实上,也的确如此),那么,个体面对的关系(与自己的关系,与他人和社会的关系)便可以简化为与社会文化和规则的关系。进一步,我们可以将上一节探讨的宏观与微观二分的关系具体化为个体对自身汇聚的社会文化和规则的认知,以及由此形成的对社会的态度。可是,自我是如何认知的?自我认知又是如何转化为对社会的态度的呢?

对此,心理学家泰弗尔(Henri Tajfel)和特纳(John Turner)等人提出的社会认同理论认为,在个体对某个社会群体形成认同且将自我归属于其中之后,便会将自我的所属群体与其他群体相比较,并让自我所属群体处于更有优势的地位，且采用符合所属群体的标准进行自我认知，形成对社会的态度，如歧视与自己不同的其他群体。不过，在社会学家看来，社会认同理论可以被理解为社会学家拉扎斯菲尔德（Paul F. Lazarsfeld）和默顿（Robert K. Merton）提出的同质性的一个延展，即前面提到的社会选择。社会学的解释是，每一个处于正常状态的个体的确汇聚了复杂的社会文化和规则，可是，却不会遍历那些复杂的社会文化和规则，而是会选择自己认同的社会文化和规则。而认同的过程则来自个体成长的社会化进程，来自不同的关系（从亲密关系到生活关系）的影响。换句话说，社会学里个体对同质性的处理过程也是心理学里的自我认知过程。在这个框架下，心理学家特纳提出的自我归类理论在社会学里则可以被理解为个体形成社会认同的一种技术路径。不过，弗洛伊德的女儿安娜（Anna Freud）则将自我作为精神分析的对象，提出了自我防御机制，用于解释自我在面向他人和社会时的独立性，埃里克森（Erik H. Erikson）提出的自我同一性则让我们再次看到了自我与心灵之间的缝隙，他的人格发展八阶段理论又再次验证了个体、自我与心灵之间的关系，尤其是他认为，自我意识的形成顺利与否，环境是重要的影响因素，甚至是决定性的影响因素。

在个体汇聚的社会文化和规则里进行选择意味着面对，而不选择并不意味着无须面对和不面对。社会认同理论或自我归类理论只讨论了个体处理同质性关系的机制，可生活实践表明，个体还时刻面对着异质性关系，且必须面对异质性关系，面对与自己不同的社会文化和规则。异质性关系是个体认识自我和面向社会不可回避的关系。对此，在对自我与心灵的探讨中，心理学的探索貌似难以跳出同质性关系，且以个体对同质性关系的处理为参照，将个体对异质性关系的处理归入异常，提出了诸如认知失调之类的理论。费斯廷格（Leon Festinger）指出，当个体遇到新情况、面对异质性关系时，会出现新认知并与旧认知产生冲突，给个体带来紧张和不适。希金斯（Richard Higgins）的自我差异理论则进一步将有冲突的自我区分为理想自我（ideal self）、应然自我（ought self）和现实自我（actual self）。不同的是，社会学家强调，自我认知还是一个社会过程。在遇到异质性关系时，基于关系的社会互动依然是解决自我认知冲突的机制，如沟通。米德认为，互动是运用符号进行交流的过程，自我通过对互动符号的理解和解释进行自我认知、心灵建设。

综合起来，社会学更加倾向于将自我与心灵理解为个体在面向自我、面向他人和社会时的一体两面，更像是东方传统文化对身心关系的处理。自我，可以被理解为对汇聚的关系的消化或对汇聚的社会文化和规则的理解和内化，是面向自身的自我；心灵，则是自我对与他人和社会关系认知的外化，是面向社会文化和规则的态度。

我们引用米德是想再次强调，互动的确是自我建构的过程，也是呈现自我面向社会的态度的过程。不过，无论是建构自我还是呈现态度，互动是以给定的关系结构为前提的，是以既有的社会文化和规则为前提的，尽管个体对既有的社会文化和规则也有自己的偏好和选择。如，父与子是一种关系结构，社会文化和规则定义了双方应然的互动方式，也定义了个体在互动中处理应然关系的自我认知路径和面向社会的态度。个体是否接受应然关系以及如何运用应然关系，既是进行自我认知的结果，也会作为面向社会的态度影响自我认知。而对关系结构的规定又来自社会的文化和规则，如在东方儒家文化中，子代不可以直呼父辈名讳，直呼被定义为忤逆；可在西方基督教文化中，子代可以直呼父辈名讳，直呼被定义为亲密。换句话说，没有统一的自我，也没有统一的心灵，处于具体场景的个体有着各自的自我和各自的心灵。自我和心灵都是给定社会文化和规则环境里的自我和心灵。个体具身于关系的场景，一方面汇聚着个体与他人和社会的关系，依据给定的社会文化和规则，他人和社会评判着个体的场景化互动；另一方面，经由个体体验与社会文化和规则评价，提供自我感知的来源，关联自我体验的历史积累，形成身在具体场景却又不限于具体场景的自我认知，形成此时此刻面向社会的态度——心灵。

自我是场景化的，心灵亦是场景化的。场景则是关联他人和社会的关系汇聚。值得强调的是,关系是自我认知的前提,是心灵面对的对象,也是心灵的参照系。从哲学到生物学,不同学科或许会提供不同的自我与心灵的解释,我们则只关心从自我出发,个体与他人和社会关系里的自我与心灵。值得注意的是,人的生活虽然是日常的,可是人与他人和社会的关系是变动的,进而自我是变动的,心灵是变动的,自我与心灵的关系也是变动的。在诸多变动的背后,影响关系的媒介也是变动的。与之关联的问题是:变动的媒介又如何影响个体与他人和社会的关系呢?换一个方式问:媒介如何影响关系建构呢?

媒介与交流

前文我们提到过米德强调社会互动是借助媒介的。其实,不只是社会互动借助媒介,社会文化和规则的表达、关系范围和关系属性的约定也借助媒介,个体对关系的理解和对自我的建构以及对社会的态度即心灵还借助媒介,自我对关系的认知依然借助媒介。因此,关系、自我、心灵,在本质上是由媒介中介的。

个体借助媒介,运用社会文化和规则,在关系结构里与他人和社会进行互动,便是人们说的社会交流。交流是在具体场景里对关系的践行，也是对关系的拓展。六度分隔理论意味着，每个人都有机会与 80 亿人里任何处于自然状态的陌生人建立关系。问题是：人们借助什么媒介来建立联系？既有研究表明，在个体借助的媒介中，除了符号媒介，如语言、文字、声音、图像等，还有一类是承载符号的媒介，如身体、龟甲、羊皮、纸张、胶片等，我们姑且称之为物质媒介。符号媒介与物质媒介组合成人类相互交流的沟通媒介。符号媒介的通约性和物质媒介的传递性直接影响交流的范围。据此，关系在本质上便可以被理解为以媒介为中介的关系。

以媒介为中介的交流也是一个跨学科的领域。传播学研究媒介，社会学探索交流。只是，人们的日常生活并不区分传播学或社会学，而只区分用什么物质承载让彼此可以相互理解的符号，进而让沟通媒介在理解人类交往中占据了主要位置。以沟通媒介为主体，以格雷克（James Gleick）的《信息简史》为线索，我们可以将符号媒介与物质媒介组合方式的发展划分为三个阶段，即前文字阶段、文字阶段、数字阶段，进而观察不同阶段个体与他人和社会的关系范围。

在前文字阶段，人类运用非文字符号进行交流。非文字的非系统性使得符号媒介的传播范围仅限于具身此在的社会空间。尽管非文字的符号媒介也可以用物质媒介承载，可是，非文字符号的歧义性使得其传播还必须借助以身体为物质载体的语言，也就是人们通常说的口耳相传。没有系统性符号的意义传递，交流就会受限，不仅同一时间内的社会空间受限，在同一空间的时间延续也受限。世界一些地方考古发现的记载在泥板、龟甲、金属、竹简上的符号之谜便是例证。以身体为物质载体的语言运用的社会空间有限性，使得前文字阶段的符号媒介不仅需要借助口耳相传向子代传递符号媒介的意义、延展社会时间，还需要借助人口流动来拓展与他人和社会交流的社会空间。难题在于，人口流动需要借助道路系统和交通工具。最终，道路系统和交通工具的限制，使符号媒介和物质媒介组合的交流被约束在了有限社会空间和时间的有限人群里，让非文字的口头交流成为人们交流的主要形态，进而使得个体与他人和社会的关系也被约束在进行口头交流的人群范围里。翁（Walter J. Ong）对口语文化与书面文化差异的探讨，解释了口语文化对交流的影响。通俗地说，在文字产生之前，人类借助口头语言进行交流，口语是符号媒介，口是物质媒介，口语与口的组合构成了个体与他人和社会的沟通媒介，支撑了人与他人和社会的交流，带来了个体对关系的体验，体验的积累又内化为个体对社会的态度。

道路系统和交通工具的约束让人口的流动性非常受限。考古材料、历史文献以及依然存在的部落社会的现实都证明，在远距离道路系统和交通工具普遍应用之前，人口的流动性通常被局限在步行和畜力短时间内可以往返的范围内，这也使得人类通常以相互隔离的聚落形态聚居，个体与他人的关系也被限制在人口聚居的聚落内部。人口聚居的地理空间便是人们交流的社会空间。人口流动空间的局限性带来的影响是复杂的。一方面与关系相关的，是让个体与他人和社会的关系通常与血缘关系重叠。一个聚落社会，常常是同一血缘的繁衍，也因此形成了以血缘关系为根本的社会关系，以及以血缘关系的维系和发展为前提的社会文化和规则，进一步形成了以血缘关系为基底的自我和自我面对社会的态度。另一方面是劳动分工受限。地理范围的有限性意味着生计资源的同质性，无论是农业、牧业，还是手工业，都意味着生计活动的相似性。血缘关系加上相似的生计定义了个体与他人和社会关系的同质性。换句话说，在前文字阶段，关系是同质的，约束关系的社会文化和规则是同质的，互动也是同质的。如此，自我的建构与心灵的呈现，在理论上也是同质的。20世纪中后期对闽浙赣交界地区的社会调查发现，因道路交通的阻隔，即使是相邻的村庄，人口也少有相互流动，进而形成了不同的方言，甚至人与人之间无法进行交流。人口聚落各自维系与发展的后果是，尽管地理环境相似，生计活动也相似，且早在两千多年前秦始皇已经推行了书同文，可由于识字人口稀少，口头语言仍是人们交流的符号媒介，使得相邻村庄甚至形成了不同的社会文化和规则，进而产生了关系结构的差异。

符号媒介、物质媒介与人类交流之间的关系是复杂的，以至于形成了一些专门的研究领域，如语言接触、文化交流与传播等，如托马森（Sarah G. Thomason）和考夫曼（Terrence Kaufman）、特拉吉尔（Peter Trudgill）的研究。我们无意介入这些领域的探讨，而只希望探索符号媒介和物质媒介组合对人类可交流范围的影响，即聚焦于人类交流面对的同质性与异质性。在这个意义上，文字的发明与使用无异于是对前文字阶段交流的革命。文字交流的一个直接效应是，彻底突破了非文字交流受到的时空约束，为异质性人群之间的交流提供了条件。作为符号媒介的一种，文字借助物质载体，在理论上可以将信息传递的范围拓展至无限时间和空间，即无限触达。当然，触达并非交流，文字也并非影响可交流时空的唯一因素。在文字之外，还有符号媒介的通约性和物质媒介的连通性。符号媒介的通约性约束着文字可被理解的人群范围，物质媒介的连通性约束着文字可被触达的社会空间。

在文字阶段，文字交流的时空范围，在理论上可以是符号媒介通约性和物质媒介触达性的交集。人们花费生命里的宝贵时间去学习另一种语言，无非希望获得与另一种语言的通约性。格尔茨（Clifford Geertz）在其《文化的诠释》中认为，文化是由一系列符号、象征和意义组成的系统，而承载文化的符号和象征不是简单的媒介，而是需要被理解和解释的对象。在实践中，文字不只是符号媒介，还是被解释的对象；在交流中，人们阅读文字，解读问题传递的信息。麦克卢汉（Marshall McLuhan）则干脆认为，"媒介即讯息"，即媒介本身是一种讯息，媒介会影响人们的思考和行为。我们要强调的是，交流不是一厢情愿的，而是基于给定关系的信息递送和信息解读。用格雷克的分析框架说，即使使用相同的语言文字，或更抽象地说，即使使用通约的符号媒介，对递出方而言，还需要运用文字符号对希望传递出的信息进行编码；对接收方而言，也需要对收到的文字符号进行信息解码。编码与解码一致，才是交流双方试图达成的目标。对可由非身体承载的符号媒介与交流的关系，也有一些专门领域的研究，除了语言学、符号学、诠释学等学科之外，社会学的符号互动论把基于符号的互动作为一个社会过程同样进行了专门研究。布鲁默（Herbert Blumer）特别强调了符号互动不是简单的信息传递，而是意义建构。换句话说，文字承载的意义不是固定的，而是在互动中不断被建构的。布鲁默甚至认为，人们理解的社会现实也是基于符号建构的，而对符号的使用和理解又受到场景的影响，场景是使用符号和理解其意义的背景。

如果说符号媒介的通约性影响着对意义的传递和解读，受到个体技能或认知的影响，那么，物质媒介的触达性则影响着符号媒介传递的时空范围，受到社会环境和技术的影响。我们甚至可以认为，物质媒介的触达性是影响文字交流的第一因素，在这个意义上，我们可以更加准确地理解麦克卢汉的"媒介即讯息"，没有物质媒介的触达,便无所谓讯息传递或讯息解读,自然无所谓交流。物质媒介的触达性受社会环境影响,意味着社会文化和规则会约束物质媒介触达的人群,如保密级别限制正式物质媒介触达的人群范围,信息不对称说的物质媒介触达了一部分人而没有触达另一部分人,等等。当然,物质媒介的触达性还受物质传递技术的影响。从理论上说,如果给定社会环境,则物质媒介的触达性是由技术决定的。格雷克的论述证明,信息科学的历史是人类努力提升物质媒介触达范围和效率的奋斗过程。其中,改变物质媒介的物质性是人类持之以恒的努力方向。

从泥板、龟甲、金属、竹简到纸张,物质化的符号承载媒介始终朝着扩大传播范围的方向在发展。泥板、龟甲、金属、竹简上的符号,始终是精英的符号,在精英网络内部传递。由此,识字便成为获得精英地位的唯一通道。纸张的出现,将符号媒介的传播范围进一步扩大至奔向精英的人群。而对纸张的有效使用如印刷术,则让符号媒介的传播彻底突破精英网络,走向世俗。在中国,印刷术的广泛应用带来了蒙学,社会文化和规则得以用世俗语言传递至民间;在西方,印刷术的推广让宗教教义不再只由精英掌握,推动了宗教的世俗化。对此,我们无须更多地论证纸张和印刷术对人类交流的影响,艾森斯坦(Elizabeth L. Eisenstein)、斯奈德(Timothy Snyder)和麦克卢汉的著作都有力地证明了其对知识传播、思想观念变革甚至思维方式变革的影响。

不过，直到数字技术进入社会化应用之前，物质媒介的触达性还都局限在以有组织递送为主的交流范围内。书是机构出版的，报纸是机构发行的，任何以物质载体承载的符号媒介，几乎都是以机构为递出方传递的。因此，准确地说，文字阶段的交流，不是交流，而是传播。尽管英文里交流与传播是同一个词，事实则是机构将自己认可的符号媒介传递给社会。当然，在世俗社会空间，也有运用文字的真正交流，如书信往来、学术探讨等。遗憾的是，基于文字的交流不是社会交流的主要形态。个体面向他人和社会感受到的更多是符号媒介承载的社会强制性，如社会文化与规则，更多的是他人和社会的意志，除非个体有能力用符号媒介表达自我、获得传播机构的认可且进入组织化的传播渠道。

事实上，符号媒介通约性和物质媒介触达性的交集是组织化传播的理论空间，一旦给定社会文化和制度的约束，即便是组织传播的空间，其范围也会大大缩小。再给定获得符号媒介的通约性需要支付时间成本，如人要把自己成长早期约 20 年的时间消耗在制度化的教育中；同时，获得物质媒介的触达性还需要经济成本，如购买书籍、购买报纸或者说购买任何物质媒介都需要用货币进行支付。因此，符号媒介通约性和物质媒介触达性的交集，其传播的社会空间便收敛到了一个极小的范围内。在 20 世纪中期的中国，这个范围甚至不足总人口的20%,其中,在乡村甚至不足5%。

在数字阶段,人类的交流除了依然保留着非文字的和文字的交流之外,数字技术还将两类交流数字化,建立了基于机器中介的复合交流。同时,让个体有了与他人和社会直接交流的通道。当然,前提是教育事业的发展为人类获得符号媒介通约性提供了机会,而数字技术的发展不只是为人类获得物质媒介触达性提供了机会,还在帮助解决符号通约性的难题,让交流回归交流,而不只是单向的传播。

如果说非文字的交流是符号媒介具身化的交流,文字交流是符号媒介物质化的交流,则数字交流是符号媒介数字化的交流。数字化的交流借助数字网络,让个体有机会实践六度分隔理论,从自我出发,建构一个属于自己的社会空间。在这个意义上,数字交流对个体、自我与心灵都是革命性的。对个体而言,个体不再只是家庭的个体、工作场所的个体、生活环境里的个体,还是个体的个体。符号媒介通约性难题的化解和物质媒介触达性堵点的消失,在理论上赋予了个体以自己为中心汇聚关系的机会,进而让个体获得了主动性和自主性。对自我而言,以个体为中心的关系汇聚,意味着任何关系都是可汇聚的。桑斯坦(Cass R. Sunstein)的信息茧房理论说,数字技术赋予人们在具身此在之外的社会空间选择自己喜欢的信息的机会,即建构同质性的机会。我们认为,桑斯坦只强调了关系汇聚的一面，而忽视了另一面。事实上，汇聚带来的同质性与异质性概率是一致的。个体汇聚的与他人和社会的关系不只有同质性，还有不可避免的异质性。不管人们愿意不愿意，都不得不把异质性带回自我的建构之中，使得自我建构不再只是以家庭认知、同质性社会认知等为依据，而必须建立适用于关系汇聚的、自己的依据，且这个依据不可能是一成不变的。对心灵而言，对多维多元复杂关系的处理也会使人们对社会的态度不再具有整体性和一致性。个体面对的异质性的加速度不只是带来了罗萨（Hartmut Rosa）所说的时间结构的改变，更重要的是带来了如斯韦勒（John Sweller）研究的个体认知负担的改变，且个体因认知过载而出现心灵失常甚至心灵激化。

当然，人类对数字交流影响的认识还非常有限。作为理解数字交流影响的一种努力，我们试图把数字交流放在具体的关系场景中观察，探讨数字交流乃至数字连接对人类关系的本质影响。

回到关系

个体借助媒介，面向他人和社会。在与他人和社会的关系中，对内，反观自我、建构自我，感受生命的价值和意义；对外，呈现自我面对他人和社会的心灵。归根到底,人是在关系中的。个体是相对于群体的,自我是相对于他人的,心灵则是相对于行动的,"相对于"意味着站在关系的点位上。从个体指向社会,关系是个体认识社会、理解社会、建设社会的焦点,也是个体认识自我、建构自我、体验自我、感受自我的焦点,还是自我认知他人、认知社会、建构心灵的焦点。正如开篇所言:人生活在社会中,也生活在自我里。

媒介,不仅是影响关系结构和关系属性的关键因素,还是影响关系行动的社会文化和规则的关键因素。符号媒介和物质媒介的关系与变革,从形式上影响着交流的范围,在本质上还隐含着关系结构与属性的变革。以个体与他人和社会的关系为观察窗口,一个总体的趋势是,随着交流媒介从非文字向文字和数字发展,个体对他人和社会的依附性在加速减弱,个体在关系结构和属性中的自主性和独立性在加速增强。这个趋势不只意味着社会学家们宣称的社会的个体化,还意味着人类关系结构和属性的变革。我们认为,其甚至意味着个体在日常生活实践中面对的与他人和社会关系的重构。

聚焦于个体面对的与他人和社会的关系,如果说给定关系是以媒介为中介的,那么,无论是非文字的、文字的还是数字的媒介,汇聚于个体的关系始终维系着一个稳定的集合。如果以个体从生到死的过程为线索,那么,这个集合便是每个人一辈子面对的关系,且只有四类,即家庭关系、朋友关系、工作关系、生活关系。其他的一切关系都是这四类关系的子类。这也意味着,如果我们从四类关系中观察到了重构,则整个个体与他人和社会关系的结构与属性也发生了重构。

在接下来的探讨中,我们将用四章分别探讨家庭关系、朋友关系、工作关系、生活关系因为数字技术带来的连通性拓展而出现的重构,也试图以个体与他人和社会关系为切入口,探索数字社交的本质。

需要说明的是,我们并非纯粹从心理学的关系科学(relationship science)出发研究人际关系,如研究依恋关系、支持关系、亲密关系、沟通关系、合作关系、冲突关系等;我们有兴趣的是其中的一部分,即在数字技术让符号媒介和物质媒介趋于融合的进程中,数字社交如何重构了人类社会的基本关系,以及如何影响个体的福祉。

第二章　数字家庭关系

家庭关系是社会一切初级关系的起点甚至是一切关系的起点，同时也是终点。异性之间的亲密关系，经过社会文化和规则的认可，形成具有社会合法性的社会关系，也形成人类从古至今都在建立和维系的婚姻关系和家庭关系。

不过，社会的发展，尤其是个体的社会空间的延展和拓展在不断地重塑亲密关系和家庭关系。数字技术赋能的连通性为个体的社会空间拓展带来了从未有过的机会，那么，个体的社会空间拓展又如何影响甚至重塑家庭关系呢？我们试图以家庭关系为基本背景，从建立亲密关系、维系亲密关系、认知代际亲密关系，以及改造代际关系等几个维度探讨数字化进程中的家庭关系重构。

案例：码里恋爱

何瑜经常开玩笑形容自己是"网恋专业户"——30 岁以前的每段恋爱都是网恋。

高考结束之后，妈妈给何瑜介绍了一个"电邮友"（mail friend），对方是一个与她同龄的美国男生彼得（Peter），是妈妈硕士同窗的儿子。妈妈鼓励何瑜多跟彼得联系，顺便体验中美文化的差异。

何瑜跟彼得相约每周发一次邮件。邮件往来中，来自大洋彼岸那种完全不一样的生活，很快就让两个人沉浸在这段跨国关系里。在与彼得的邮件往来中，刚刚从高中繁重课业中解脱出来的何瑜感受到了与众不同的活力，彼得经常介绍他在学校棒球队和橄榄球队的见闻，那种在体育运动里飞扬的青春让何瑜向往。

邮件往来几个月之后，彼得从美国寄来一份礼物，是何瑜喜欢的一个棒球明星的签名照，里面还有彼得写的一封信，问何瑜愿不愿意做他的女朋友。看完信，何瑜立马跑到电脑前回了一封邮件，邮件只有一个单词"Yes"（是）。

大学的第一个寒假，爸妈带何瑜去美国玩，这是何瑜和彼得的第一次见面。飞机落地，站在何瑜面前的，是一个看起来有 200 斤的男生。

何瑜试探性地跟彼得聊起邮件里曾经提到的棒球队见闻，彼得吞吞吐吐地表示，那些是他从好朋友史蒂夫（Steve）那里听来的。何瑜没有继续追问。她想，邮件中的彼得，是现实中的彼得想成为却无法成为的人。

回国后，何瑜和彼得偶尔还互发邮件，但内容客气得仿佛《新概念英语》课本的范文，没有人说分手，但也没人再称对方为"亲爱的"。

何瑜的第一段恋爱终结了。

大学时光在新鲜与忙碌中飞速逝去，何瑜的生活被学业和各种校园活动填满，沉浸在各种主线业务里的她，无暇开启恋爱这个支线业务。

大四找到工作之后，何瑜的生活突然闲了下来，她迷上了历史，开始流连于不同的历史主题论坛和贴吧，看得多了就开始主动发帖。何瑜发的第一个帖子是"为何宋朝的军事行动屡屡受挫"。在她的帖子下，一个叫"大侠"的ID（用户）从政治、地理、制度等多个角度详细回答了她的问题。

何瑜和"大侠"在这个帖子下你来我往，很快就"盖起"上百页的"高楼"。每晚回到宿舍后，何瑜都会打开电脑回复几条。讨论持续了大半个月。后来，何瑜跟同学去国外毕业旅行，一个月没有上网。等她再次登录论坛，收到了"大侠"发来的私信。"大侠"注意到她的突然消失，询问她是否一切顺利。

两人的聊天阵地从帖子转移到私信。聊天中，何瑜发现，除了对历史的喜欢，自己跟"大侠"还有很多共同点：两人喜欢同一支摇滚乐队，喜欢同样的运动，喜欢同样的书。

论坛的私信模式不稳定，会延迟、会漏信息，何瑜和"大侠"互相加了QQ好友。"大侠"是何瑜QQ里的第一个陌生人好友，也是唯一"隐身对其可见"的好友。

聊天过程中，何瑜感觉到自己对"大侠"的依赖与日俱增，她甚至想去"大侠"的城市见他。

感情的升温被职场生涯的开启打断，初入职场，何瑜面临着排山倒海般袭来的新问题：如何应对工作，如何应对生活，如何在剧烈的震荡中完成自我的系统升级。

和"大侠"聊天开始变得不那么重要。工作后的一天，何瑜收到"大侠"的留言，问她有没有空，说他要来何瑜的城市，问她要不要见面。看到信息，何瑜突然有点愧疚和恐慌，她不知道怎么在线下面对真实的"大侠"。工作之后，她已经进入了新的时间线，而"大侠"被留在了过去。网络和现实的距离那么近，却又那么远。过了几天，何瑜回了句"抱歉，刚参加工作太忙，没顾得上登录QQ"，然后默默取消了"隐身对其可见"。

很多年后，何瑜才意识到，那是她最后一次跟"大侠"说话。

从那以后，何瑜再没尝试过网恋。迈过30岁的门槛之后，何瑜发现，线下社交圈开始明显收窄，周围异性的同质化程度越来越高。她虽然不着急结婚，但总想突破这个熟悉的圈层，获得更多新鲜感。

朋友给她推荐了几个恋爱交友小程序。点进去，何瑜惊讶地发现，每一款小程序都有超过200个好友正在使用。不同小程序的定位不同，有的主打同一行业内交友，有的主打同等学历交友，有的甚至以一家公司的在职和离职员工交友为特色。

这种交友方式很轻松，不想聊天的时候一键退出，有新消息来的时候能收到通知，把信息随便"划过去"也不会有心理负担。想聊几句，可以随时拿出手机点进去。

遇到聊得不错的网友，何瑜也会跟对方约线下见面。但她很快发现，随着年龄的增长，短暂的聊天不足以完全"认识"一个人。"认识"一个人的过程好似在漫无边际的大海中航行，风平浪静和暗礁风暴总是交替出现。有时，一个小风浪就会让彼此对一段还没有成形的关系丧失信心与勇气。经历过几次失败之后，何瑜突然有点悲观，觉得也许遇不到那个情投意合的人才是人生常态。

又过了一段时间，何瑜的大学母校A大百年校庆，班长转给何瑜一个腾讯文档，里面是校友自发填写的"我和A大的往事"。这些故事里，有人提到自己对当年的一节公共选修课上一个女生的小说作业印象很深刻，甚至还记得那篇小说的人物和情节。

那是自己的作业！何瑜在震惊之余甚至有点感动，那篇小说曾是她的得意之作，没想到竟然还有人记得。

何瑜把截图发在朋友圈里，想要认识故事的讲述者。不到一天，就有热心的校友帮她找到了这个同学。加上微信，何瑜浏览对方朋友圈时，发现对方竟然就在自己公司的隔壁楼工作。不仅如此，两人还喜欢阅读同样的公众号，喜欢周末去爬山。"与君初相识，犹如故人归"，何瑜突然想到这句诗，她觉得自己应该跟这个"网友"见个面。

见面的时间定在一个普通工作日的中午，约在何瑜公司楼下的餐厅。在不约而同点了同一款套餐后，两人都忍不住笑了起来。

何瑜有了新的恋爱，她不知道这算不算网恋修成正果，但答案已不再重要。

建立亲密关系的交流基础

当何瑜与彼得建立电子邮件联系且沉浸在两人的跨国关系中时，她沉浸其中的是一种借由文字生成的想象的关系。这种想象的关系汇聚了何瑜在过去的阅读与观察中积累的、从身边感受的、自我设定的二人关系。

何瑜借由电子邮件拼凑出彼得的样子：一个美国西海岸的阳光大男孩。其实，在游历美国西海岸之前，何瑜的美国西海岸印象也是经由阅读和观察而想象出来的。

当站在何瑜面前的是一个100公斤的男生时，何瑜对彼得的想象破裂了。

客观地说，想象破裂与彼得没有关系，彼得还是他原本的样子。导致想象破裂的直接原因看起来是何瑜想象的彼得与见到的彼得之间的强烈反差，实则是二人关系的特征类型决定的。

为理解关系特征类型的影响，我们可以做一个思想实验。假设何瑜与彼得是工作关系，而不是何瑜设定的恋爱关系，当一个体重100公斤的男生站在何瑜面前时，还会导致何瑜对彼得的想象破裂吗？不会。假设是同学关系呢？不会。假设是同伴关系呢？不会。如果是亲友关系或兄妹关系，也不会。可是，为什么偏偏是何瑜想象的恋爱关系，就会导致想象破裂呢？

库利对初级群体的讨论，启发社会学家把人际关系划分为初级关系和次级关系两个基本类型。初级关系是一种个人的、情感的、不易置换的关系。在这类关系中，个人身上汇聚了多种角色，而不只是一种角色；也汇聚了多种利益，而不只是一种利益。角色和利益纠缠的复杂性使初级关系不得不纳入人的完整人格，卷入更多无拘无束的交往，投入更深的情感。初级关系的人格、交往、情感特征让初级关系在人际关系中具有不可替代性。次级关系则是一种为达成特殊目标而设计的、情感投入不深或缺乏的、人格纳入有限的、容易置换的关系。在这类关系中,个人承担的角色通常是单一的、明确的,而不是多重的;个人关联的利益也是单一的、明确的,而不是多重的。

在社会学家那里,工作关系属于次级关系。在单纯的工作关系中,人与人之间的基础关系是岗位分工。岗位分工建立的关系只涉及岗位的权力、权利与利益,不涉及个人利益,更不涉及个人情感;个体承担岗位工作,投入的是部分人格,如敬业、刻苦等,不涉及完全人格。因此,岗位上的个体是可以被替代的,也容易被替代。同学关系也属于次级关系,与工作关系有许多相同特征,也可以是基于学校安排的、只投入部分人格的、不涉及情感的关系。当然,延续着的同学关系也可能会陪伴人度过成长的最关键阶段,如从幼儿园、小学、中学到大学,会伴随人从家庭走向小群体、大群体,伴随人从幼年、少年走向青年,即伴随人成长的社会化进程。不过,这样的同学关系不再只是同学关系,而是兼备了同伴关系的属性。

同伴关系是初级关系,是个体投入了情感、涉及利益且不易置换的关系,不过,是亲密程度最疏的初级关系,能够延续经年的同伴关系如发小、闺蜜,除了要经历时间的磨砺,还要有特定的约束，即碰巧生活在一个相对有限的空间里，如村寨、牧场、居民楼。从个体的自主性出发，初级关系中的同伴关系具有个体选择性，即人们可以选择某些人作为自己的同伴而忽略另一些人，进而让情感的投入和利益的关联具有选择性。通过邓巴（Robin Dunbar）的邓巴数定律可知，人的认知能力的有限性使得人对同伴的选择异常谨慎和珍视，也使得替换同伴的代价极大。

兄弟姐妹关系或家人关系是亲密程度更近一层的初级关系。如果说同伴关系因其社会性而具有选择性，家人关系则因其生物性而不具有选择性。在家人关系中，血缘的生物性纽带替代了个体偏好建立的社会性纽带而成为关系初级性的基础。生物性里的社会性即家人之间的互助性无可避免地将个体情感、利益带入家人关系，不断经由时间的磨砺，让血缘性初级关系变得根基深厚，形成了人与人之间生物性与社会性融合的初级关系。

在初级关系中，无论是家人关系还是同伴关系，沟通是形塑关系亲疏的唯一路径。在一些场合人们常常会观察到，擦肩而过的人们相互看一眼，然后不再相看，这便是戈夫曼说的有礼貌的不关注。吉登斯认为，有礼貌的不关注意味着每个人都可表明，我意识到了你的存在，同时也是在向对方示意，即没有理由去怀疑你的存在是对我的威胁，或对他人抱有敌意或特别要避开他人。有礼貌的不关注，也是一种人际沟通，是底线层次的社会沟通。

社会学家认为，人际关系是在社会互动中建立的。交流是人类互动的重要形式，而沟通是人类交流的主要形式，符号媒介则是人类进行沟通的重要工具。交流和沟通因为有了共享意义的符号媒介而变得可能。为了方便理解，社会学家将沟通中的符号媒介区分为语言符号和非语言符号，运用不同符号进行的沟通则被称为语言沟通与非语言沟通。沟通可以被理解为两个人之间交换信息和心理感受的过程。

在人类的交流中，正式交流通常采用规范语言。在规范语言交流中，又区分为书面语言和口头语言。书面语言用于传递意义明确、边界清晰的信息，如政策、法律、合同文本、科学论文等，也是次级关系中最常见的交流形式，其中只涉及利益、权力、权利、责任、义务。口头语言则作为书面语言的补充，用于解释书面语言或扩展书面语言。

非正式交流采用非规范形式，也是初级关系中沟通和交流的常见形式，还是情感投入的路径。在非规范交流中，又区分为非规范口头语言交流和非语言交流。非规范口头语言交流指在交流中可能夹带如俚语、方言、行话、术语、概念等。非语言交流则是指运用肢体语言、面部表情和其他视觉符号进行的交流。埃利亚斯（Norbert Elias）指出，人类面部表情的发展与有效沟通系统进化的存在价值密切相关。通俗地说，人类面部表情的丰富性是沟通进化的结果。

霍尔（Edward T. Hall）在研究中聚焦非言语沟通而区分出四种个人空间区域。在1.5英尺（约0.46米）内的称为亲密距离，是一个私密空间，只有极少社会接触，也只允许有经常性身体接触的人如情人、父母和孩子进行活动。1.5—4英尺（约1.22米）内的称为个人距离，允许朋友和熟人正常活动。4—12英尺（约3.66米）内的称为社会距离，也是正式社交场合的人际距离。12英尺以上的称为公共距离，属于面对观众讲话的距离。

尽管大部分沟通主要关注语言内容，但事实上大量（高达80%）人际沟通是非语言的。普雷斯顿（Paul Preston）的研究指出，无论一个人说话的内容是什么，他的面部表情、眼神、肢体语言都在同时诠释着语言的内容，不同的非语言线索会赋予语言完全不同的含义。建立亲密关系是从次级关系转向初级关系的过程，在关系建构中，不仅需要有信息的传递，更需要有情感的投入。获得清晰明确的信息需要语言沟通，进行感情交流则需要非语言沟通，换句话说，需要两人之间交流的完备性，即便不是完备的，也是充分的。

可是，在何瑜建立亲密关系的进程中，第一段只有邮件交流，第二段虽从留言交流过渡到了私信交流，终究只是限于语言交流，尽管何瑜投入了大量的情感，或许彼得、"大侠"也投入了大量的情感，却因为双方的沟通仅限于文字形态，且仅限于书面文字形态，使得可以交流的信息非常有限，也使得情感被沟通媒介过滤，没有达到沟通的充分性，更不用说完备性了。何瑜的修成正果最终还是借助了同学关系的质变，因同学关系积累而成的同伴关系，进一步发展为亲密关系。

如今，数字社交的发展为建立亲密关系提供了充足的工具选择，不只是满足传统社交对沟通充分性和完备性的要求，而且还创造了许多新的促进沟通充分性和完备性的维度，如数字痕迹，或许人们还需要一个过程来突破传统社交的惯性，形成数字社交的新范式。我们认为，何瑜的故事不过是一种过渡形态而已。让我们大胆地做一些假设，如果何瑜与彼得、"大侠"的交往是顺着亲密关系的路径建构的，那么，在与彼得、"大侠"的交往中询问身高、体重，甚至生活习惯等与何瑜偏好选择密切相关的信息，结果又会如何呢？如果何瑜、彼得、"大侠"运用一些数字技术分析和反思彼此的沟通，把凭借直觉的沟通转化为运用数据进行分析的沟通，彼此的关系格局又会如何呢？从电子邮件时代到移动社交时代，可用于交流和沟通的工具是丰富的，并不缺乏把社交距离从 12 英尺拉近到 1.5 英尺的选项，如果加上 VR 和 AR 工具，实现更加亲密的交流也是可能的。

简言之，数字社交不只是运用数字工具的社交，更是数字时代的社交，连接泛在不只是让建构亲密关系获得了更多机会和选择，更重要的是，还为构建亲密关系的沟通方式提供了更多创新的机会和选择，数字时代构建亲密关系的范式尚在形成之中，或许根本就不存在范式，或许每个人的模式就是范式，需要的只是人们构建亲密关系的想象力。

案例："谍战"亲密

施翘经常跟朋友开玩笑，说自己的专业是研究"相夫教子"。施翘读心理学，研究方向是亲密关系，原本更关注夫妻关系和亲子关系，但毕业后留校，在学校的心理咨询中心工作后，施翘接触最多的，反倒是年轻的情侣们。

见多了这群年轻人的分分合合，施翘时常感慨，"95后"的恋爱模式与自己这个"80后"大相径庭。在施翘的印象中，恋爱是要"谈"的，走一走校园里的小路，聊一聊人生和理想。但"95后"的恋爱里，永远有个手机，哪怕是同班同学，谈起恋爱都像是在网恋。他们用情侣头像，在游戏里做情侣任务，在对方的微信朋友圈里积极点赞留言，拥有各式各样的情侣标识，却仍然不怎么"谈"恋爱。

恋爱方式变了，恋爱矛盾也变了。施翘任教的学校里，刚刚发生了一场由恋爱引发的大风波。中文系的女生跟土建系的男生谈恋爱，男生要分手，女生不愿意。好事之徒把男生在哥儿们群里的聊天记录发给了女生，聊天中虽然没有不雅内容，但男生不仅对女友的生活和朋友评头论足，还提及许多相处琐事。

"她又要拉着我去帮她们寝室上分，这群人打得太烂了，根本带不动。"

"跟她谈了两年了，太无聊了，翻来覆去就是那些话题，简直聊不到一块去。"

"为啥女生总有那么多伤春悲秋的情绪，60s语音一发就是10条，烦死了。"

"中文系女生找不到啥好工作，毕业要真在一块，搞不好还得我养家。"

聊天记录很快在学校内传播开来，女生气不过，把她跟男生的聊天记录也公之于众。

"小张，我们宿舍那个，'王者'打得巨烂，上次想追外院的女生，还要拉我当代打。"

"这学期教思修那个老师太蠢了，连话都说不利索，肯定是关系户。"

"王师兄保研了，他那些加分，都是买来的。切！这种人都能保研！"

曾经的恋人，如今的怨侣，在朋友圈里不断发出檄文和聊天记录声讨对方。眼见风波越来越大，还波及其他同学，学校派施翘去调解，劝说两个人注意影响，不要干扰其他同学的正常生活。

看完那些被曝光的聊天记录，施翘觉得聊天内容本身并不严重，不过是些年少轻狂之言。但是，把私人的聊天记录如此公之于众，给当事人和被议论的人都造成了不小的困扰。

施翘先找男生聊，男生觉得很委屈，自己只是跟哥儿们偶尔抱怨吐槽几句，并没有泄露女生的隐私，但女生却把那些因为信任才说的话都发出来，"我现在都不敢跟舍友和那个师兄说话了"。

在女生那里，施翘听到了另一番委屈，"他4月份就在群里说要跟我分手，但7月份还问我暑假要不要去他家玩，我就像个傻子"。

"这些孩子，怎么把恋爱谈成了谍战剧？"施翘想不明白。

很快，施翘就发现，谍战式恋爱并不是"95后"的专属。

施翘跟男朋友虽然在一个城市，但因为工作地点相隔较远，两人分别住在城市的两头。男友的工作有很多应酬，晚出晚归，跟施翘作息不同步，不见面的时候，施翘发一条信息，男友经常第二天才回。

一天，一个共同的朋友给施翘发来一张截图，图上是施翘男朋友跟一个女生的聊天记录。对话很简单，女生说自己生病了，施翘男朋友叮嘱她多喝热水。

施翘发现，在男朋友安慰别的女生多喝热水的时间点，正是自己给男友发信息，对方却没有回复的时间点。施翘很难过，把截图转发给男友，质问他为什么不给自己回信息，却在安慰别的女生。信息发过去，好几个小时都没有得到回复，施翘于是打电话过去，跟男友在电话里大吵一架。

两人冷战了一个多月，施翘逐渐冷静下来，决定找男朋友好好谈谈。两人从大学时代就开始谈恋爱，原本有很好的信任基础，怎么至于因为一张没有前后文的截图就如此"伤筋动骨"。

从男友口中，施翘听到了故事的另一个版本。那晚，男友的部门聚餐，一个女同事喝到不省人事，几个同事一起把女生送回家。男友只是单纯担心同事的身体状况，毕竟女同事喝多了是因为公司聚餐。与此同时，男友负责的项目突然出了问题，几番忙碌，便忘了给施翘回信息。

"你之前也总说又意念回复了。"男友有些委屈。

听完这些解释，施翘很快就释然了。

回想起大学时代每天一同散步、一同自习的恋爱时光，施翘突然觉得，自己的恋爱模式也变成了"95后"的样子，越来越多的沟通在手机上进行，和男友逐渐变成线上情侣。

随时随地都能联系对方，便不再强求每周见面。如此一来，恋爱的感觉反而被稀释了，"对方有没有及时回信息"逐渐成为爱的标志，看似时刻都在恋爱中，却没有一刻真的在"谈"恋爱。

"放下手机，多和朋友见见面。"施翘突然想起几年前在微信启动页看到的一句话。当她习惯于科技带来的交流便利时，却在逐渐遗忘见面畅聊的感受。手机上出现的一条条信息，并不能代替面对面的情感沟通。

施翘跟男友约定，以后不管工作多忙，每周至少要见一次面，哪怕只是见面聊会儿天，吃个午饭。开启每周的见面模式之后，施翘也更了解了男友的工作内容和状态。

她这才发现，之前总在线上沟通，作为聊天发起方，话题总是不自觉地围绕自己的生活展开，男友的生活正在离她远去。施翘很庆幸，在两个人渐行渐远之前就意识到了问题所在。

除了增加线下见面的频率，施翘也开始调整线上的沟通方式，尽量打微信视频，视频时尽量不同时做其他事情，专心跟男友聊天。随着关系重回亲密，她逐渐在这种"当面+线上"的"谈"恋爱方式中找到让彼此都舒适的状态，不再因为男友没有及时回信息而陷入焦虑，也不再轻易因为生活的不同频而产生猜忌。

维系亲密关系的文化选择

施翘的印象是对的。恋爱的确是"谈"出来的。

建立亲密关系的过程是交流充分性和完备性的实现过程，维系亲密关系的过程则是交流充分性和完备性的检验过程。尽管现代科学还不是特别清楚生物性与社会性的连接机制，但是，在人类的社会交往中，家人之间的初级关系携带着生物性是无疑的。除此之外的初级关系和次级关系都是社会性的，即这种社会关系通过社会交往建立和维系。任何通过社交建立的社会关系，都需要维系。中国有句俗语：亲戚越走越亲，朋友越走越近，友情越聚越浓。这些通过时间和实践积累的经验，从科学方法的视角可以理解为一种历时实验的结论。结论背后潜藏的理论是，社会关系的亲疏与彼此之间的交流频度呈正相关。从理论出发，在亲密关系的维系中，任何一方都可能会设置检验交流充分性和完备性的陷阱，一旦充分性和完备性检验失败，即使是单方认为失败，也会让亲密关系受到损害甚至导致破裂。在亲密关系的维系中，一方设置场景或局来检验是不是真爱的理论逻辑正在于此。

社会学家布鲁默认为，人际交流的特征在于不只是对彼此的行为做出反应，而且是在解释或定义他人的行为。通俗地说，人们不仅对他人的行为做出反应，还会试图理解他人的行为，且以此为依据做出回应。因此，人的行为是在他人的理解中获得意义的，费孝通先生称之为"我看人看我"。在建立亲密关系的过程中，彼此对对方行为的定义会在不知不觉中建立一些双方默认的规则。这些规则既是交流充分性和完备性的一部分，也是进一步交流的基础。"身无彩凤双飞翼，心有灵犀一点通。"说的是已经融入双方非语言交流的默认规则。默认交流符号和规则的存在，不仅让交流变得简洁、透彻，也在双方之间建立了局外人不易参透的交流密码，如交流的时间间隔、语言风格、语音语调、面部表情、肢体动作等，一方的一颦一笑对另一方都有着具体的、外人不易理解的含义。交流双方对对方符号系统的理解让交流得以顺利进行，也让交流的充分性和完备性得以增强。如果一方在交流中改变了之前的默契，便可能被视为不合作，甚至被理解为破坏双方建立的默契或交流规则，故意制造紧张关系，也让已经获得的交流充分性和完备性打了折扣。

社会学家加芬克尔（Harold Garfinkel）的实验表明，破坏交流规则会制造紧张。一项在纽约市街头进行的有关黑人男性与白人女性游客之间的交流的实验也表明，交流的时机是一个非常精确的指示器，哪怕推迟几分之一秒时间做出回应，也足以被理解为某种信号，如改变交流进程。忽视已经建立的默认规则，会造成一种"技术性无礼"。无论有意还是无意，技术性无礼通常是交流障碍扩大的开始，如果是一方有意的，便会迈向交流的蓄意破坏。

在施翘的男友没有按照双方认可的默认规则回复信息时，施翘感受到了技术性无礼。还好，施翘没有直接将其当作对默认规则的蓄意破坏。为了检验男友的行为是技术性无礼还是蓄意破坏，施翘将朋友给自己的截图发给了男友。遗憾的是，检验的结果似乎朝着蓄意破坏的方向在偏移，施翘的男友再次忽略了施翘的信息。施翘笃定自己的判断有了依据，于是打电话给男友，在电话里和对方大吵了一架。施翘找男友吵架的依据是充分的。这是因为，按照双方的默认规则，任何一方不回复信息都意味着在传递一种信号，即要么是以技术性无礼方式试图改变既有的关系或既有的规则，要么是以蓄意破坏的方式试图改变既有的关系。施翘男友的事后解释可能是事实，可是没有提前约定就不可以改变规则，如果不是有意的，就需要按照之前的规则发出信号，即回复施翘的信息。将自己不回复施翘信息的行为解释为信息太多导致她的信息被淹没了，实际是对自己破坏默认规则的开脱。

当然，另一种理解也是成立的，即施翘与自己的男友已经习惯了之前的当面交流模式，尚未适应以数字终端为中介的新交流模式。生成这一解释的观察是，任何社交中介都有一个功能，即"未读"提醒。如果使用微信，还有置顶功能。施翘怎么能相信自己男友的解释说因为信息太多而忽略了呢？除非施翘的男友计划着将施翘忘记。随后，在施翘的努力下，施翘的男友又回到了她身边。好了，我们不去猜度施翘与她男友的状态了，需要理解的是，每一对亲密关系都有独特的、检验交流充分性和完备性的模式，其基础是双方在亲密关系中建立的默认交流规则。任何一方不经事前约定而不遵守默认规则，不是技术性无礼便是蓄意破坏。对施翘和她的男友而言，他们的默认规则建立在面对面交流中，回到面对面交流或许是维系亲密关系的现实选择，却不一定是可持续的选择。因为，数字技术发展对面对面交流的冲击已经存在且会越来越强烈，适应新的交流环境，重构维系亲密关系的数字交流规则或许值得一试。

施翘的印象也不对。一代人有一代人的文化，"谈"的方式始终在随技术的变革而改变，亲密关系的建构与维系也在不断生成新的默认规则，形成一代人的亲密文化。施翘工作的对象——大学里的学生们没有把恋爱谈成"谍战"剧。在学生们看来，用手机谈恋爱、在游戏里做情侣任务再正常不过了。

无论是亲密关系的建立，还是亲密关系的维系，交流是唯一的路径。可是，交流可以借助的工具和工具赋予的机会与方式却不只有面对面一种。其实，交流的机会与方式还受物质媒介中介性的影响，物质媒介又受到技术的影响。施翘认为面对面谈才是谈恋爱，那是因为在施翘建立亲密关系的年代，还没有出现普遍可以借用的个人化的物质媒介。没有手机，便没有个人性；没有个人性，便没有私密性。没有私密性的中介性物质媒介是不适于用来谈恋爱的。"施翘们"只有一个选择，即面对面。从见面开始，"施翘们"建立了面对面交流的符号体系，语言的和非语言的，都是自己熟悉的。面对面建立的是没有中介性物质媒介介入的、建立和维系亲密关系的默认规则。交流的默认规则如果扩大到某个范围，便形成了文化的社会规则。施翘与她男友面对面建立的不只是他俩的规则，而且是一代人的义化，是没有中介性物质媒介的普遍性文化。

当一代人出生时面对的便是中介性物质媒介环境，从牙牙学语开始就伴随着中介性物质媒介的存在与运用，中介性物质媒介因其个体性不再只具有中介性，而是在人们的交流习得中成了交流活动与交流内容的一部分，中介性物质媒介的属性便随着交流新规则的形成而成为人们必须考量的因素。数字媒介不仅让中介性物质媒介具有个体性进而具有私密性，还因技术创新为交流带来许多新的符号媒介。如果说符号媒介依然可以划分为语言和非语言，且传统语言只限于口头语言和书面语言，传统非语言只限于肢体语言的话，那么，数字媒介的语言和非语言表达更加丰富多样，且正在模糊语言与非语言表达的界限（如表情包），也正在融汇语言与非语言的交流（如AR和VR技术的介入）。不仅如此，数字媒介的中介性也让交流的时空特征发生了巨大的变化，形成了时空交错的复杂性，由此，给建立和维系亲密关系带来的影响还在发展之中：人们在亲密关系建立过程中出现的冲突不过是规则形成过程中的试错和纠偏而已；施翘工作对象出现的冲突，又只是试错的一个时点现象而已；

发生在施翘身上的冲突也不过是维系亲密关系的默认规则变革的试错而已；对一般性关系的重构，更难有相对稳定的规律可循。

尽管如此，毫无疑问的是，数字社交正在建立既融合传统社交规则，又运用数字技术创新交流场景与交流方式的新规则，数字社会给亲密文化带来的影响不过是运用数字技术重构亲密关系，进而重构人类社会关系的一个小小进程而已。

案例：权威解体

母亲周英正式退休那年，佳楠30多年顺风顺水的人生，遭遇了第一个大挫折。

小时候，周英是佳楠心中的超人。周英在家里是温柔贤惠的母亲，不仅烧得一手好菜，还能织出花样繁复的毛衣，每次佳楠穿着母亲织的毛衣去学校，都会引来同学们的艳羡。

周英在单位也是工作骨干，她退休前在电力系统工作，虽然只是普通工人，但技术过硬，外加勤奋苦干，各种表彰拿到"手软"。家里的奖状和奖杯，大半都是她的。

因为技术好，周英退休后还在私企工作了几年，给企业当顾问，工作强度适中，收入也不错。给女儿攒够买房的首付之后，周英彻底退休回家。

周英闲下来了，佳楠的麻烦却开始了。周英习惯了家里家外两手抓，以前没有智能手机，女儿几个月才回来一次，电话沟通也不是很方便，想管也使不上力。自从给手机装了微信，还组建了家族群，周英终于找回忙碌的感觉。

每天做完家务，周英就开始浏览各种信息和资讯，看到有用的就发到家族群里@女儿。刚开始，如果佳楠好几个小时都没回信息，周英甚至会直接打电话，几经磨合，两人终于达成默契，佳楠晚上7点到10点会统一回复家族群里的信息，其他时间不回复。

这个规定显然不适用于周末。

周六早上8点，还在睡梦中的佳楠突然听到一阵熟悉的铃声，是母亲的专属铃声。

"你快看看我发在群里的文章，吓死了，最近荔枝上市，你们肯定没少给宝宝吃吧……都几点了，别睡了，赶紧起床。"

佳楠迷迷糊糊地"嗯"了两声，等母亲挂了电话，把手机扔到一旁，翻个身却再也睡不着。只好干脆起床，打开家族群。

1个小时前，母亲在群里转发了一篇文章——《空腹吃荔枝，10个孩子死亡！医生的呼吁为所有人敲响警钟》。

"又来了!"佳楠叹了口气，再次把家族群的消息设置成了免打扰。

自从有了家族群，佳楠好像重新认识了母亲。

"单从在群里@我的次数来看，能跟我妈一决高下的只有我老板了，但我老板都不会周六早上8点打电话。"佳楠跟老公徐磊吐槽道。

"知足吧，至少你妈没有天天替拜登操心。"徐磊一边翻家族群历史信息，一边说道。

替拜登操心的人是老徐，徐磊的爸爸。老徐和周英有着共同的爱好，给子女当"通讯员"，只不过两人的赛道不太一样，老徐专注于国内外的时政新闻，周英则更关注生活养生类资讯。虽说术业有专攻，但两人都有点瞧不上对方，老徐觉得周英没有格局，只关注鸡毛蒜皮的小事，周英觉得老徐夸夸其谈，总想着指点江山。结了儿女亲家，两人虽然也加了微信，但自从学会了使用屏蔽功能，心照不宣地屏蔽了对方的朋友圈。鉴于这种微妙的关系，两人自然也不可能在一个家族群里。

刚开始，佳楠和徐磊还有些头疼，觉得两个老人没必要为了这些小事伤了两家的和气，他们甚至还试图组建一个大的家族群，把两个老人都拉进去。

疫情暴发后，两人同时感慨："幸好没有把他们拉进一个群。"疫情让两个原本处于不同赛道的资讯爱好者产生了共鸣，跟疫情和疫苗有关的信息，既符合老徐的格局标准，也符合周英的生活标准。

于是，佳楠和徐磊过上了被谣言轰炸的日子。

"不打疫苗不让上飞机、高铁。"

"6月9日后，接种新冠疫苗不再免费。"

"全国各地摘口罩时间表。"

"新冠疫苗保护期只有半年。"

老徐和周英的信息分辨能力差不是新毛病，以前，佳楠和徐磊大多睁一只眼闭一只眼。老徐退休前是部门领导，周英也曾是技术骨干，两人习惯了独当一面，每次被子女指出错误，总要反驳很久，聊天往往不欢而散。

但是，当两个老人开始频繁在家族群和朋友圈转发疫情相关的消息，佳楠和徐磊坐不住了，有些消息乍看之下实在真假难辨，他们很担心父母的错误转发会给周围的亲戚朋友带来不便。亲戚们不止一次委婉地表达过，老徐和周英在群里"过于活跃"。

谣言大多附带着焦虑，因为一篇《新冠疫苗保护期只有半年》的谣言文章，周英和老徐焦虑到好几天晚上睡不着觉，一会儿担心已经恢复上班的女儿和儿子会感染，一会儿又担心小（外）孙女在幼儿园不安全，非得让佳楠和徐磊把孩子送回老家，不要出门。

佳楠和徐磊不忍心看到父母终日陷入听信谣言的焦虑中，他们希望父母能拥有一个闲适的晚年。

佳楠感觉自己得做点事情，她花了一个周末的时间筛选出一批正规媒体的公众号，还挑了几个定期针对各类假消息做辟谣的权威公众号，写了个长长的列表发给母亲，还主动提出帮母亲"取关"一些劣质公众号，再关闭一些总是推假消息的 App 的推送。

建议一提出来，就遭到了周英的反对。"你就是觉得我老了，没有判断力，不应该指导你们的生活，以后你们的事我不管了，你也别管我。"周英对女儿说。

周英觉得很委屈，她知道女儿女婿工作都忙，没时间看这么多资讯，但自己每天辛辛苦苦替他们筛选信息，竟然被嫌弃没能力分辨真伪。想到自己每天戴着老花镜，抱着手机"吭哧吭哧"地看那些密密麻麻的字，一片苦心却不被理解，周英顿时红了眼眶，赌气之下，一个月没在群里发过任何信息，甚至也没再给女儿打电话。

看到妻子的碰壁，徐磊放弃了正面进攻的想法。他很了解父亲，微信这种沟通方式已经让父亲感觉不佳，如果自己再去指出父亲的错误，摆出老师的样子，父亲只会更不开心。

在老徐眼中，面对面才是最好的交流方式。老徐最喜欢徐磊刚上小学时的日子，那时候每天的晚饭时间都是最温馨的家庭时刻，父子俩一边吃饭一边分享白天的见闻，有时说到兴头上，一顿饭能吃 2 个小时。后来家里有了电脑，徐磊总是匆匆吃完饭以便多玩会儿电脑。再后来有了手机，发展成连吃饭的时候，徐磊也时不时要看几眼手机。

大学毕业后，徐磊在外地工作，虽然每周都会和父亲打视频电话，但老徐再也找不回多年前在饭桌上享受儿子崇拜的目光的感觉。

理解父亲的失落，徐磊选择了迂回战术，他找到父亲的老朋友李叔，跟对方说了自己的困扰，希望对方帮忙去跟父亲沟通。李叔退休前在报社工作，既了解谣言的产生和传播机制，又能理解父亲想要发挥余热和不愿丧失权威的心情。

"我有那么没用吗？这小子小时候认战斗机的型号还是我手把手教的呢！"老徐有些愤愤不平。

"不是你没用，是现在变化太快了，全是新东西，咱们得承认自己学习能力变差了。承认不如孩子也没啥丢人的，你当年不也嫌弃过你老子不如你。"李叔安慰道。

相比于儿子的"教导"，来自老朋友的劝慰显然更加悦耳。

几顿饭下来，老徐欣然接受了对方的建议，不仅给自己的订阅号列表换了换"血"，关掉了几个 App 的推送功能，还下载了几家权威媒体的客户端，只打开这些客户端的推送功能。

佳楠不愿意母亲因为这件事产生心结，她请了几天年假，回了趟老家，坐下来，跟母亲面对面解释自己的想法。

那天两人聊了整整一个下午，大部分时候都是佳楠在说。她仿佛回到了很多年前，那时，她还是个会跟母亲分享各种生活烦恼的小女孩。佳楠跟母亲说了很多工作上的困扰，公司里的年轻人越来越多，作为 36 岁的老员工，她经常感到焦虑，担心自己作为前浪，被后浪拍死在沙滩上。如今的世界变化太快了，不仅是老年人，连中年人都有经验积累赶不上知识革新的困扰。以前，佳楠总觉得母亲不了解她的工作内容，为了不让她担心，从不过多解释。但那个下午，佳楠突然觉得母亲又能懂自己了。

自始至终，佳楠都没有提起帮母亲清理手机的要求。

第二天，周英主动把手机递给佳楠，"你帮我清理一下手机里那些假消息吧。一块跳广场舞的那些阿姨，好多还不知道网上那些消息是假的呢！下次我去给她们科普科普"。

匡复代际权威的认知转换

母亲周英退休带来的不仅仅是佳楠的挫折，更是周英自己的不幸。她的不幸在于，退休时遇到了两个根本性转变的叠加：从工作到退休是生命历程的根本性转变，从工业时代到数字时代是生活环境的根本性转变。

社会学家认为，退休具有双重意义。第一重意义在于，在人的生命历程里，周英迈入了带来本质改变的另一个阶段：老年。作为生物体的人，每一个人都要经历幼年、童年、少年、青年、壮年，最后进入老年。随着医学的进步和健康保障条件的改善，人类的预期寿命比从前有了巨大的改变，1949 年中国人口的平均预期寿命为

35 岁，2021 年上升到 78.2 岁。尽管如此，人会变老依然是一个自然规律。进入老年，人的感知能力会下降。巴特勒（Robert Butler）和卡尔特（Gary S. Kart）对美国老年人的研究表明，到 65 岁时，50%的男性和 30% 的女性都会体验到由于听力衰退而产生的社会交往困难。随着感知等生物性机能的衰退，人的智力也在衰退，接受体感刺激和心理刺激的心理反应时间也会变长，学习新事物要比年轻人花更多的时间，记忆力也会明显衰退，等等。孔子讲"五十而知天命，六十而耳顺，七十而从心所欲，不逾矩"，不只是在讲自己的生命体验，也是在讲人类生命历程的一般规律。

　　第二重意义在于，在人的社会历程中，周英也迈入了带来本质改变的另一个阶段：永远离职。卡明（Elaine Cumming）和亨利（William Henry）将其称为从社会的撤离。如果我们以为退休只是不上班了，那是过于轻视退休对人的社会性的影响了。社会学家认为，退休是人从职场永远退出的社会过程。阿奇利（Robert Atchley）把退休的心理和社会过程归纳为七个阶段：（1）退休前，人们准备退休的预期社会化阶段。（2）临近期，人们会确定一个特定的离职日期。（3）蜜月期，人们可以从事他们以前没时间进行的令人兴奋的活动。（4）醒悟期，人们在应对疾病或贫困等新生活时，感到失望甚至忧郁。（5）重组期，人们形成对退休后可进行活动的更现实的看法。（6）稳定期，人们学会了在退休后以一种更合理和更自如的方式应对生活。(7)终结期,不再从事诸如自我保健和家务等日常活动。

周英遇到的只是其中一个阶段而已。人类劳动的职业化是非常近代的现象,既不是与人类伴生的,也不一定会与人类伴随下去,只是工业化带来的后果之一。一些社会学家认为,夏尔巴人(Sherpa)对老人的尊重,中国人对老人的尊重,是文化和习俗的产物。其实不然。尽管不是所有的前工业化社会都尊重老人,如非洲的伊克(Ik)部族,老人会被当成无用的寄生虫;再如非洲的富拉尼(Fulani)部族,人在老了之后便不得不搬到家宅边缘,即死后被埋葬的地方;可是与工业化同行的劳动职业化的确带来了对年龄意义的社会性重构,即将人的年龄划分为劳动年龄和非劳动年龄。几乎所有工业化国家都有合法劳动年龄和退休年龄的相关法律或社会性规则。这些规则不是自然的和生物性的,而是社会性的。韦伯(Max Weber)对科层制的阐述指出,工业社会的特征之一是依据岗位对人的技能需求去寻找符合资质的劳动力。工业社会的岗位对劳动力的技能稳定性和学习性要求,与60岁之后人生理机能衰退的事实相左,老人自然被排斥在劳动岗位的选择之外。退休,其实是社会排斥的一类礼貌用语而已。

社会学家还认为,劳动职业化带来的社会后果不只是劳动岗位和技能的专门化,还有权威性的场景化。在一个场景树立的权威性难以完整地迁移到另一个场景。在退休之前，周英是岗位体系里的技术骨干。在工作场景中，她树立了自己的技术权威性。受技术权威性之惠，在退休之后，她还受聘到有相似场景的私企工作了几年。现实是，任何人都难以逃离生物性自然规律的支配，总是要离开职场的，周英也不例外。离开职场，意味着周英曾经拥有的技术权威性失去了存在的场景，周英引以为傲的权威感也随之丧失了。

好在周英不仅在职场拥有权威性，在家里也拥有权威性。在职场之外，周英也是家里的超人。持家能力和料理家务的能力让周英在家里、在孩子面前树立了自己的家庭权威性和代际权威性。离开职场进而也失去了职场权威性的周英急切地希望找回自己在家里的权威性。遗憾的是，树立周英家庭权威性的场景同样不存在了。服装市场发达了，孩子们不再需要她编织毛衣了；孩子长大了，外出读书和工作了，不需要她在家里做饭烧菜了。不跟周英一块居住的佳楠甚至不需要母亲为自己做任何事情。事实上，随着社会分工的发展，周英过去在家里树立权威性的一切事务，几乎都由社会化的市场代劳了。

周英和佳楠都不得不面对数字化给周英的退休生活带来的另一类冲击。

假如没有数字连接，周英或许会跟自己的父母一样，在离开职场的同时也放弃对昔日权威感的追求，进入阿奇利所说的第五个阶段，即重组自己的生活，然后，顺着阿奇利的第六个阶段、第七个阶段进行下去，直至生命的终结。幸运的是，数字连接为周英重建家庭场景提供了条件。孩子虽然不在自己身边，数字连接却让自己对孩子的关爱和关怀不受时空限制。数字终端的普及化让周英拿起手机便可以招呼孩子，佳楠很自然地成为周英在新场景里重新树立代际权威的对象。问题是，如何建立新场景呢？佳楠不在身边，周英的持家能力和做家务的能力得不到发挥。能力得不到发挥，就难以建立新的、重塑代际权威的场景。为此，周英不得不寻找新的场景。数字连接便是周英找到新场景的机会。周英希望通过把自己丰富的、曾经帮助自己树立权威性的人生阅历投射到自己认为重要的各类信息上，把自己筛选的信息推送给佳楠，让佳楠从中获得经验，少走弯路，也尽快树立起她在工作和生活场景中的权威性。周英认为，这是自己重塑代际权威性的绝佳机会。遗憾的是，与工业时代比较，数字时代是一个完全不同的时代。在佳楠看来，母亲周英推送给自己的绝大多数内容都是虚假信息或谣言。母女之间，为什么会出现如此错配呢？

　　直接的答案是，在退休后，周英"不幸"遇到了从工业时代向数字时代的革命性变革期。第一，数字时代的信息环境发生了革命变革。在工业时代，信源和信息传递具有相对的可靠性。人们通常有两类信源，即人际信源和机构信源。人际信源指关系人之间的信源。对人际信源的可靠性，人们通常会依据关系人的关系属性如可靠程度进行判断。比如某人传递过一次虚假信息，其人际信源的可靠性便会大打折扣。因此，除非有特殊目的，没有人会主动传递虚假信息。对机构信源的可靠性，人们则会根据机构的社会声誉和公信力进行判断，并在日积月累中形成一个信源可靠性的等级排序。在两类信源之外的其他信源，都是"小道消息"，都是不可靠的消息。对于不可靠的消息，人们通常会避免主动传递，更不会向自己的亲友传递，除非有什么特殊目的。可在数字时代，每一个接入数字网络的人和机构都可以成为信源。信息传递会带来巨大的利益，这使得怀揣各种动机的人和机构都卷入了传递信息的洪流。人们传递信息不再是为了传递信息，甚至只是为了吸引流量，只要能汇流，无惧信息真伪。因此，在数字网络中传递的信息，难以摆脱人和机构对信息传递的操作甚至操纵，包括对传递对象和传播目标的操作和操纵，信源的可靠性也因此变得异常复杂，需要每一个接触或传递信息的人或机构具有分辨信息真伪、辨别信息传播目标的能力。

第二，数字时代对甄别信息的能力要求也发生了革命性改变。如果说在工业时代，人们只需确认是谁在传递信息便有机会判断信息的可靠性，那么，在数字时代，对于绝大多数信息，人们根本没有机会了解信源，面对浩如烟海的信息，面对异常复杂的信息传递技术和方式，没有人有能力厘清每一条信息的信源可靠性。对此，人们的选择有两个：接受可靠信源，排斥非可靠信源。换句话说，假设可靠的信息是黄金，传递信息的信源是金矿，则工业化时代的信源因其高可识别性而使得信源金矿的含金量非常高；革命性的变革在于，数字时代的信源因其高度不可识别性而使得信源金矿的含金量非常低，需要有高超的淘金技术才能淘到真金。其中的一项淘金技术便是找到可靠信源，而另一项淘金技术是人类的生物能力难以胜任的，即在沙海般的信息中去伪存真。周英缺乏的不是沙海淘金的能力，而是辨别可靠信源的能力，即初级数字素养。作为亲家的老徐尽管自以为比周英更有格局，但实则和周英一样，陷入两个根本性转变叠加的困境中。

佳楠和她丈夫对长辈的支持与帮助只是帮长辈暂时从第二个困境中突围了，而要真正突破两个困境且匡复代际权威，底线是提高自己辨别信息真伪的技能，不给子女徒添烦恼。坦率地说，如果希望依靠技能匡复代际权威，那是没有机会了；依靠其他或许还有机会，譬如，在自己生命历程的最后一段建立可树立权威性的新场景。而要构建新场景，需得优先实现认知转换：在数字场景中识别自己能力所及且具有社会价值的场景。其实，这就是数字时代下每一个老人面对的代际关系重构。

案例：数字重生

在屏幕上划一下，再划一下，"unbelievable"（难以置信）和"amazing"（太棒了）的声音交错响起，刘霞并不知道这两个英文单词的准确意思，但听过数千遍之后，她觉得这应该是两个夸人的词。

帮助她学会新英文单词的是一款风靡的手机游戏，这种游戏属于一个经典类别"三消"，三个同样的图形连成一条直线即可消除，每完成一次消除，玩家都会获得分数。

年轻人喜欢把玩三消游戏的快感形容为"捏泡沫包装纸"，简单、直接，大脑在机械却带有一些技巧的运转过程中获得了放松。

刘霞不太能理解"捏泡沫包装纸"是种什么感受，毕竟她今年72岁了，这种近些年才兴起的网络梗远远超出了她的经验范围。

不只是那些奇奇怪怪的网络新梗，让刘霞难以理解的事情还有很多，有时她甚至觉得自己到了这把年纪，才开始重新活一次，而这种重生感，大多和智能手机以及手机里那些千奇百怪的App有关。

这个想法在李玲那里获得了巨大的共鸣。李玲是刘霞的邻居，也是刘霞的微信聊天置顶好友，两人用同一款手机。每当遇到问题又不好意思去请教儿女时，两人就会聚在一起交流手机使用心得。

她们都觉得自己不是那种"老古董",恨不得连手机都不要有,天天听收音机看电视就足够了,而是每次听说市面上有新的手机App开始流行,两人便会聚在一起,研究一下如何使用,她们称之为"赶一赶科技的时髦"。

刚开始,刘霞和李玲很兴奋,赶科技的时髦成本更低,毕竟大部分手机App都是免费的。慢慢地,她们发现,科技更新迭代的速度太快了。有时,两个人花了几周时间终于搞懂一个App怎么使用,一不小心更新了App,所有的界面布局都变了,扑面而来的陌生感,让一切回到原点,她们又得重新学一遍。

李玲最近的困惑来自一款叫"小红书"的App,李玲一直没搞懂为什么叫"小红书",这个名字总让她想起以前的语录。"小红书"是李玲自己下载的,之前高中同学群里经常有人转发"小红书"上面的菜谱,看了几次后,她觉得不错,在同学的远程教学下,她也注册了账号。有一次家庭聚会,李玲看到儿媳妇也在用这款App,但儿媳妇的"小红书"推荐页面上都是衣服和化妆品,她有点奇怪,但又不好意思问。

李玲的小孙女今年4岁,周围没有适龄的玩伴,小姑娘最喜欢的"伙伴"是手机。在父母身边很少有玩手机的机会,只有跟李玲在一起时,能多一些手机时光。为了防止孙女过度使用手机,李玲专门设置了六位数的锁屏密码,可没多久,小孙女就从她缓慢的解锁动作中猜出了密码。孙女不仅会解锁手机，还能轻车熟路地打开"小红书"。

自从小孙女开始用"小红书"，李玲发现自己的App首页上推荐的动画片片段越来越多，后来，整整一屏都是那只粉红色的小猪。

"我的菜谱哪去了？"李玲找不到菜谱，去隔壁找刘霞帮忙。两人鼓捣半天仍然没法变回之前的样子。恰好刘霞的儿子下班回家，他告诉两人，这叫"千人千面"，App背后的系统会根据浏览习惯判断使用人的喜好，据此再推荐使用人可能会感兴趣的内容。

刘霞的儿子是搞计算机的，他精通这些奇奇怪怪的名词，但在刘霞看来，儿子的那份工作就是"每天开会"，跟她观念里对工作的认识完全不一样，导致她偶尔甚至会怀疑，儿子到底有没有工作。

尽管新事物一天比一天多，刘霞和李玲的盲区也越来越多，但两人都很豁达，反正那些新事物都是锦上添花，懂了开心，不懂也不影响生活。

这样的豁达在新冠疫情暴发之后被焦虑所取代。疫情之后的一段时间里，健康码成为出入公共场所必备的通行证。儿子和孙子都教过刘霞，但每当刘霞自己出门时，总会出现各种问题，有时是找不到健康码入口，有时是退不回聊天界面。

有些场所为老年人提供了便利，可以请工作人员帮忙或者直接使用身份证，但刘霞不喜欢每次都去麻烦别人，这样显得自己像个傻瓜。有一次，在家门口的超市，刘霞又找不到健康码，抱着手机捣鼓了五六分钟，眼看后面排队的人越来越多，刘霞很心急，可越心急越找不到，直到保安看不下去，主动提出帮忙。那一刻，刘霞觉得太丢人了。

回家说起这件事，孙子专门做了一套"健康码+行程卡"使用手册。怕她看不清楚，孙子还专门用A4纸，把每个手机功能图标都画得很大，空白处还写了注释，标注出容易出问题的地方。

收到这份使用手册时，刘霞很感动，但感动过后又有一丝惆怅。她想起多年前，儿子处在孙子这个年纪的日子。那时候，即便市面上有了新东西，她也会比儿子更早学会，哪怕这个新东西是电子产品。每次儿子遇到问题，她都能借助说明书和过往的生活经验成功解决。

而现在，面对手机里那些新东西，挫败感却始终萦绕着刘霞。那款像捏泡沫包装纸一样的手机游戏是孙子教她玩的，但没过多久，孙子就玩腻了这款三消游戏，"太简单，太低级了，我们班现在都没人玩这个"。

而孙子口中那些复杂高端、同学都在玩的游戏，对于刘霞来说，仿佛天书，一会儿说要推倒啥，一会儿又说要"吃"啥，那些游戏的画面比刘霞玩的消除类游戏精美很多，但也格外复杂。

儿子小的时候，刘霞还能跟他玩到一块，夏天游泳冬天溜冰，但等到孙子的童年，刘霞甚至已经看不懂他在玩什么，只知道那是个手机游戏。

把玩着巴掌大的手机，刘霞常常感到困惑，为什么这个小东西能容纳这么多功能，仿佛那才是生活，但那里的生活，又跟她过了几十年的生活有太多不一样。在手机的世界里，她仿佛越活越小，以往的经验都不适用了，她仿佛像刚刚出生的婴儿，要重新适应这个世界的规则。

这样的断裂感，李玲也深有体会。之前她体检查出些问题，需要做手术，儿子带她去了省会的医院。除了消毒水那种熟悉的味道，李玲发现医院都跟她印象中的样子不太一样了，儿子一会儿在一台机器前飞速点一通，一会儿又拿出手机点这点那，还没等李玲看明白，很多手续已经办好了。虽然医院里还是有很多工作人员在相应的窗口服务，但儿子的操作方式明显更方便也更快，可李玲觉得自己很难学会。想到这，她越发拉紧了儿子的衣服，生怕和儿子走散。

相比于刘霞和李玲的焦虑，刘霞的母亲就很豁达，95岁的老太太也玩那款三消游戏，排名甚至比刘霞还靠前，老太太觉得自己特别时髦，光是会用手机玩游戏这一项，就已轻松赢过周围的同龄人，至于那些看都看不懂的新东西，老太太也不在意。

"时代在变化嘛,新玩意这么多,不会用很正常,你儿子和你孙子会用不就得了,现在联系他们可太方便咯,学会那个微信视频就行了。"老太太说。

改造代际关系的技能刷新

刘霞的重生感不是错觉,只是与人们通常理解的重生不同而已。人们通常理解的重生是生物性重生,而刘霞感受到的却是社会性重生。

社会学家认为,人的一生不是只有生物性的生老病死,也有社会性的生老病死,这个过程被称为社会生命历程。近两年不是有一个流行词是"社死"吗?说的正是社会性生老病死中的死亡。在社会生命历程的每一个关键时点,不同的社会都设置了特殊的仪式来提示人们生命历程正在发生本质变化。在中国,孩子出生满月有满月酒,百日有百日宴,周岁有抓周,然后,上学,毕业,结婚,生子,如此等等,但凡社会生命历程的关键节点,都有社会性的仪式。在埃及,在婴儿出生7天时会举行"Sebou"仪式,母亲在孩子身上跨过7次,正式迎接新生儿来到人世。刚果的科塔(Kota)人在青少年时期会将自己的身体涂成蓝色,墨西哥裔美国女孩会进行一天的宗教静修然后彻夜跳舞，这都象征着孩童时期的结束和成年时期的开始。每一个社会性仪式活动都不是自然设定的，而是社会性赋予的，受到社会因素的影响，也随着时代发展而变化。

在影响生命历程的社会因素中，最重要的有两项。第一项是基础性制度如政治制度、经济制度、社会制度等。例如，属于社会制度的宗教确定了许多生命历程的关键时点，科塔人的成年仪式也可以被理解为地方性的社会制度。第二项是市场即人类的经济活动。在工厂制度流行之前，社会上并没有义务教育、学历教育之类的学校教育体系，文凭也不是人们进入工作的必要条件。工厂制度的流行、工作的岗位化和职业化等现代经济活动催生了现代教育制度和教育体系，让文凭成为进入职场的敲门砖。当然，现在教育制度不只是满足劳动力市场的标准化需要，同时也与基础性制度一起在支持社会自身的再生产，如布迪厄讲的精英再生产以及由此衍生的阶级再生产、文化再生产等。值得特别注意的是，市场呈现的是人类的经济活动，而支撑人类经济活动的却是制度和技术。

刘霞的重生感正是来自技术的影响。刘霞出生在20世纪50年代，在那个年代，能有哪些一个人玩的游戏呢？非常稀少。即使有，也不可能在刘霞通关游戏得意之时及时地给予刘霞夸赞。在那个时代的技术环境下，互动必须是两个或两个以上的人的活动。一个革命性的发展是，在刘霞玩三消游戏时，手机里藏着一个热心观众，一旦刘霞闯关成功就会给予刘霞盛赞，数字技术让人类第一次实现了"一个人的互动"。人们只需要有一部手机，可以玩的游戏林林总总，可以听到的反馈也五花八门。刘霞听到的赞誉只是没有翻译成中文的英文而已。这一切，都起始于数字时代的革命性底层技术：数字连接。数字连接为每一个接入数字网络的人提供了社会性重生的机会，从李玲 4 岁的孙女到刘霞 95 岁的母亲。只是，正如历史上的每一项革命性技术一样，并非每一个接入数字网络的人都获得了重生或选择去重生，也不是每一个人的重生都是快乐的。

在听到赞誉的同时，刘霞的重生感也伴随着焦虑。这是因为，当应用更新时，刘霞不得不重新学习一遍。与重新学习相伴随的不只有学习的快乐，对老人而言，更有学习的障碍，还有因学习障碍而来的对自己能力的怀疑、对"人老了"的叹息。值得注意的是，在老人的哀叹中掩藏着一个显而易见的问题：为什么刘霞需要重新学习、李玲需要重新学习，而李玲 4 岁的孙女却无须重新学习呢？诸多研究把原因归结到了老人的生理特征或社会特征上，诸如感知能力衰退、记忆力减弱、学习能力下降等。

基于对老年弱势的刻板印象，人类学家米德（Margaret Mead）将代际文化传递划分为三种类型，即前喻文化、并喻文化和后喻文化。前喻文化指年长一代向年轻一代的文化传递，并喻文化则是年长一代与年轻一代相互的文化传递，后喻文化则指原本处于被教育者位置的年轻一代反过来向年长一代的文化传递。在社会化的研究中，后喻文化也被称为反向社会化。在中文文献中，周晓虹将年轻一代向年长一代的文化传递称为文化反哺。之后，文化反哺的概念又被延伸至其他涉及代际互动的年轻一代对年长一代的支持和帮助的领域及场景，出现了技术反哺、数字反哺等概念。中外文献对后喻文化和文化反哺的强调，进一步强化了对老人弱势的刻板印象，强化了对代际互动模式认知的再生产，甚至让抛弃老人获得了社会合法性。

的确，顺着学术界的刻板印象，人们可以把刘霞的儿子对母亲的技术支持，刘霞的孙子为奶奶手绘的"健康码 + 行程卡"使用手册理解为数字反哺。在学术界，数字反哺已经被一些学者延展至不同场景，探讨数字环境与代际互动。周裕琼对深圳的 200 个家庭的调查的结果表明，在 70% 的家庭里子女会向父母传授数字技能，而传递数字内容的则较少。于潇和刘澍的研究指出：亲子频繁见面可以促进老年人接入和使用互联网，增加数字反哺的习得效应；亲子同住可能会增加数字反哺的代理效应。

有意思的是，在对老年弱势刻板印象的强化中，却出现了一些有启发性的发现。邹德旻和王卓的研究显示，数字反哺会带来年长一代的行为和态度转变，如求知欲增强，开始主动提问，积极学习与适应新技术。技术反哺的过程从"教导—接受"模式向"教授—反馈—学习—吸收"双向互动模式过渡。问题是,既然数字技术可以带来"一个人的互动",为什么不能把"教授—反馈—学习—吸收"转变为老年人的自我技能刷新呢?在刘霞面对手机里的世界感到自己越活越小时,我们是不是可以跳出刻板印象问一句:李玲的孙女才4岁,她的理解能力和学习能力无论如何也不会超过李玲和刘霞,为什么她玩"小红书"会比她们更顺溜?

其实,不是孩子更聪明、老人更笨,而是"小红书"之类的应用优化中或许忽视了刘霞和李玲的老龄特点,出现了年龄盲点。我们可以大胆地假设,在案例时点,"小红书"的年龄分段最多只有三个,即幼年、青少年和成年,老年人被归入成年人之列。把老年等同于青壮年无疑是设计上的认知偏误。我们甚至还可以大胆假设,如果针对老年群体设置专门算法,刘霞、李玲,包括刘霞90多岁的老母亲,一定会像李玲4岁的孙女一样"技能高超",由此塑造的代际关系更能呈现数字代际关系的积极面向。

数字技术的快速迭代的确让人们的技能生命周期在缩短,不只是老人如此,每一个年龄段的人都有类似的感受。技能生命周期缩短对整个人类都是严峻的挑战。技术创新与应用的加速让人们花很长时间习得的技能无法覆盖一生的生产和生活需要,一个人即使不断学习,最后还是可能会被技术抛下。代际数字关系的本质正是技术创新与应用的过快迭代带来的，是社会带来的，而不是老人生命历程的阶段性带来的。

面对数字技术介入的代际关系，刘霞的确需要重新学习，需要重新适应一个新的世界。不过，数字技术的创新与应用更需要反思，更需要重新认识一个实实在在的、多样化的世界，更需要把人的需要放在中心位置，让技术为人类服务，而不是相反。数字时代的代际关系需要数字技术的支持和支撑，需要从技术供给侧通过技术创新和应用延长老年群体已有技能的生命周期，甚或延长每个人的技能生命周期。数字技术在面向老年群体时需要创新价值、内容、标准，使数字技术适老，让大多数老年人可及、可用、管用。相对于产品功能的经济价值，数字时代的技术创新与应用的社会价值更加重要。数字产品，如果只是从少数财富群体那里获取经济价值，依据收敛原则，一定会自收敛。如果把产品定义为提高社会效率的，定位为增进人类福祉的，则产品的社会价值不应该被现代企业定义为产品经济价值的外延，而应被定义为产品价值体系的重要组成部分，甚至高于经济价值。这是因为，数字产品终究需要融入老龄人口的价值、内容和标准，才有机会促进数字公平，才有机会获得持久的经济价值。毕竟，在中国，截止到2022年，60岁以上老龄人口的比重已经达到19.8%。改善代际关系只是促进数字公平的一个表现而已。像吕舍尔（Kurt Lüscher）那样简单地强调"代际关系矛盾心境",实在是试图将工业时代的代际关系延伸到数字时代的一种巨大误解。

亲密又疏离的家庭关系重构

家庭关系的变迁

家庭关系,是一切社会迄今为止最基本的初级社会关系。

社会学家们一直致力于给家庭下定义,却始终没有一个定义能让人们普遍接受。难以定义,跟家庭的多样性和变迁性有关。人们曾普遍认为父母是子女抚养和教育的主体,可马林诺夫斯基(Bronislaw K. Malinowski)的研究却告诉我们,在特罗布里安岛上,子女是由妻子的长兄抚养和教育的。人们曾经以为异性婚姻是建立家庭的基础,可在一些国家和地区,同性婚姻已经合法化。

人类家庭在诸多方面,以前不是一个模样,现在不是一个模样,将来也不会是一个模样。我们或许可以用归纳法为"家庭"找到一些共性:譬如,家庭是由有婚姻、伴侣、生养、收养等关系的人构成的一类亲密关系。其中,又可区分为两个子类的亲密关系:第一类是同辈之间的亲密关系,如婚姻和伴侣(以下通称配偶关系）；第二类是代际的亲密关系如亲子（以下通称亲子关系）。

以此为基础，理解家庭关系的多样性与变迁性需要回答两个问题：以两性关系为一般形态的配偶关系如何建立、维系和变迁？以生养关系为一般形态的亲子关系如何建立、维系和变迁？

配偶关系的建立与维系及其特征变化是家庭关系的风向标。鲍斯韦尔（John Boswell）的研究显示，在中世纪的欧洲，没有人因为爱情而选择配偶，浪漫爱情是通奸的代名词，是男性虚弱甚至患病的表现。配偶关系的缔结并非个人选择的后果，亲密关系也形成于配偶关系缔结之后。与之一致，100多年前，涂尔干指出，直到工业革命之前，人与物质的联系远远超过人与人的联系，家庭是优先围绕财产的社会组织，主流形态是几代人和多重亲属关系组成的扩大家庭，外国和中国皆是如此。

拉德威（Janice A. Radway）的研究指出，直到18世纪晚期，配偶选择才与浪漫爱情联系在一起。在中国，基于爱情的配偶选择更加晚近。20世纪中叶，自由恋爱才成为法律保障的行为，直到80年代之后，才成为普遍的社会现象。随着浪漫爱情的兴起，一如涂尔干所说，家庭成为人们依恋父母、配偶、孩子的所在，家庭的主流形态也变成了由父母和子女构成的核心家庭。

从扩大家庭到核心家庭，正是家庭关系的本质变迁。

个体，身在家庭，却从家庭脱离出来具有了独立性，不再只是家庭决策的执行人。个体自由意志的践行为自由恋爱提供了条件，以浪漫爱情为基础的婚姻，不再接受家庭的安排，变成了个体的抉择，也给扩大家庭的维系带来直接冲击，使家庭结构和人口规模朝更加有利于保障个体自由意志的方向发展。一如古德（William J. Goode）提出的，为了更适应于工业社会地域流动性的需求，核心家庭成为家庭结构与人口规模的主流。

为什么到18世纪突然出现了以浪漫爱情为基础的配偶选择呢？拉德威认为，爱情小说的广泛流传在传播浪漫观念中起到了至关重要的作用。若果真如此，进一步的问题是：爱情小说怎么忽然就流行起来了呢？

答案或许是工业革命。工业革命凸显了个体经济的独立性，个体关系的社会性，个体情感的私密性，颠倒了传统家庭关系和亲密关系的顺序，让亲密关系转变为家庭关系的前提，以浪漫爱情为前提的婚姻成了社会的共识，引发了家庭关系的本质变迁。家庭关系也被形塑为私人空间，与家庭之外的人比较，家庭成员的关系更加紧密和亲密。

数字家庭的本质

传统家庭带给个体的混合归属感，也随个体从家庭的独立而分化，转变为配偶关系和亲子关系的归属感。归属感是亲密关系满足个体需要给个体带来的感受，既有生物性的基础，也受社会环境的影响。不过，生物性和社会性并非泾渭分明，而是相互影响、交叉混杂。

亲子关系的归属感可以溯源至纯粹的生物性，配偶关系的归属感则更多归于纯粹的社会性。据此，社会学家认为，家庭既是社会制度，也是私人制度。作为社会制度，家庭为配偶关系和亲子关系的建构和形态提供合法性支撑；作为私人制度，家庭让亲密关系远离他人的注视，让人从家庭得到情感支持、经济支持，还有身体与心理的温暖感、舒适感和亲密感。

家庭的亲密关系其实是以人的生物性为基础的，是具有社会结构和文化意义的社会关系。那么，以自由恋爱为基础的亲密关系又是如何建立的？何瑜的经历告诉我们，只靠电子邮件、手机短信、网站留言是不成的。

赖斯（Ira Reiss）的研究证明，恋爱关系的建立会经历四个阶段：和谐一致、自我表露、相互依赖、个性需要的满足。四个阶段对恋爱关系建立的影响程度不完全相同。巴奇（John A. Bargh）等人的研究指出,自我表露是关键。自我表露是把自己的个人信息和感受展示给另一个人。到这里,我们终于逼近了亲密关系缔结的起点:彼此展示。一个人对另一个人的自我表露程度也是对另一个人自我表露期待的程度,帕特福德(Janet Patford)发现,自我表露的程度越高,彼此承诺的也会越多。何瑜的失败在于,在与彼得的亲密关系建立中,从彼得那里获得的自我表露非常有限;在与"大侠"的亲密关系建立中,从"大侠"那里获得的自我表露也非常有限。尽管何瑜投入了大量的情感,却没有达成彼此自我表露的充分性和完备性,双方表面上形成了相互依赖,其实并没有实现彼此满足。

作为实现沟通与交流的社会过程,"表露"会受到交流媒介和交流形式的影响。在数字连接普遍进入人们的生产和生活之前,默认的交流形式是面对面。这也是建立恋爱关系的默认路径。一如施翘认为的,恋爱是要"谈"的。施翘脑海里的"谈",正是人们默认的传统恋爱关系的建立过程——面对面彼此自我表露。

在面对面交流中,人们听到的声音、看到的图像、闻到的味道以及其他一切可以作为表露判断依据的正是信息的载体,支持人听到和看到的空气和光线等则充当了传递信息的物质媒介。如此,表露作为人际交流的一种形式,一旦信息发出便可以被拆分为表露信息、符号媒介、物质媒介等三个关联部分。同理,信息接受过程也可以被拆解为与之对应的三个过程,即获得物质媒介、获取符号媒介、理解表露信息。人际交流便是信息科学的信息"加密—加载—传递—接收—卸载—解密"过程。在面对面交流中,人们综合运用符号媒介和物质媒介进行自我表露,声、形、色、味,都可以作为符号媒介,空气、光线甚至温度则可以作为物质媒介。

回到案例,如果施翘的"谈"是一个信息科学过程,我们相信,配偶关系的缔结与维系可以实现精确匹配和高质有效,亲子关系的对接也可以实现满意满足,不会存在加密、传递、解密错误导致的彼此"误会"。准确加密和解密是信息科学为人类社会带来的技术福祉。可难题在于,施翘的"谈"还是一个社会过程,彼此之间的加密和解密并不遵循标准编码,事实上,也没有标准编码。加密的一方不公布编码,解密的一方也不公布解码,"谈"便成了一场心思难猜的游戏。如果一方只是获取了表露信息的片段符号媒介或加载信息的片段物质媒介,"谈"且不发生误解或误会反而是不可能的。如果不是施翘理想的"谈",而是何瑜实践的"谈","谈"便成了各自的表露或理解,"谈"出误会和误解只会是一种必然。

假设施翘的"谈"是典型的面对面交流,而何瑜的"谈"是典型的数字交流,那么两者的本质性何在?

第一,复合场景与单一场景。面对面交流是复合场景的交流。施翘的"谈"是一个运用复杂符号媒介和物质媒介的交流过程,表露的一方运用言传与意会,借助符号媒介和物质媒介表露信息,接收的一方也在言传与意会中理解对方的表露信息，形成了一个清晰与模糊复合的场景以及伴随交流进程而不断变化的动态格局。

数字交流是单一场景的交流。何瑜的数字"谈"是一个运用单一符号媒介和物质媒介的交流过程，表露的一方仅仅运用文字语言符号媒介，也仅仅运用了电子物质媒介，接收方运用自己的想象，可以理解发出方的表露信息，形成了单一信息和单一场景的交流，无论是电子邮件还是线上社区，非语言符号媒介和物质媒介的缺失让何瑜发出的、读到的都是单一维度的信息，任一维度信息的缺失都会损害交流的完备性和充分性，何瑜没有彼得的照片或BMI信息，便不可能知道彼得的实际形象。

第二，身体同场与身体不同场。面对面交流是同场性的交流。施翘的"谈"还是彼此身体同场的交流。同场性即面向彼此本身，是交流双方经验的直接性、无遮蔽性和敞开性，也是体验的实时性和无意识性。弗洛伊德的研究表明，彼此可以操纵有意识发出的和接收的信息，却无法操纵无意识发出的和接收的信息。同场的交流不只是彼此有意发出的和接收的信息交流，还是直接的、无遮蔽的、敞开的无意识交流。其实，身体同场不仅意味着生物体的同场，还意味着以生物体为载体的精神体同场，彼此过往的经验都会呈现在交流动态中，让生物体与精神体融为一体，也因此带来了交流的完备性和充分性。

数字交流是身体不同场的交流。何瑜的"谈"是彼此身体不同场的交流。同场性带给彼此经验的直接性、无遮蔽性和敞开性，以及体验的实时性和无意识性，因身体的不同场而缺失。身体不同场的交流便成了纯粹精神体的表露，甚或是纯粹的、有意识发出的和接收的信息交换。对数字作为物质媒介的借用不仅让交流变成了纯粹的符号媒介呼应，还给彼此的交流带来了可以运用的延时性，也因此把延时性的一系列特质带入了交流，如表演性和操控性。

第三，私密性与关系性。面对面交流是私密性与关系性交叠的交流。施翘的"谈"是两个人走在马路上，只有彼此听见、闻见、看见和感受到的交流，给自我表露的充分性和完备性提供了安全保障。

更加重要的是，彼此对关系性质的假定先于交流，既然已经面对面，双方总是有些关系基础，伴侣、朋友、同事，或者只是相亲对象。私密性和关系性交叠有利于表露的安全性，却不利于交流的完备性和充分性。除非一方有意，任何不利于促进关系发展的表露都可能触发警觉，为彼此自我表露的充分性和完备性设置障碍。

数字交流则是私密性与关系性分离的交流。何瑜的"谈"是私密性的谈。在试图与彼得或"大侠"建立关系之前，双方都没有对关系的预设。如果说何瑜跟彼得谈携带了双方家长的关系，那么与"大侠"谈则没有任何事先假定的关系，私密性完全独立于关系性。

考虑到数字连接的普遍性，私密性的独立突破关系性的约束，可获取的私密交流对象变成了一个无穷集，不只是陌生人，人们甚至坚信一条狗也可以参与交流。现在，机器人也参与到交流中来了。当交流的对象是陌生人，数字交流的符号性、表演性、操控性层层交叠，发出的和接收的信息更加分散化或碎片化，交流对象更容易突破面对面交流中因关系性带来的对后果的顾忌与纠结，达成真正的私密性，让关系的归关系，让私密的归私密，使交流纯粹化。这就不难理解，陌生人社交平台为何总有用户追捧。

第四，时间与精力的独占式与分布式。面对面交流是时间和精力整合与独占的交流。施翘的"谈"是彼此完全投入一段时间和精力给对方的过程，且时间尺度是传统工业社会的尺度，通常以小时为计量单位。在谈的进程中，任何一方的时间或精力哪怕一点点的分散（甚至短至一瞥）都可能让交流前功尽弃。时间和精力的整合性与独占性让交流具有心流性，有人因此认为交流更具有"你—我"性，带给彼此的是心的理解，一如马克·吐温（Mark Twain）教导的：我们应当用心去了解他人，而不是用眼睛或智力。

数字交流则是时间和精力分散式的和分布式的交流。何瑜的"谈"是一方将某段时间和精力分散或分别投入的过程，且时间尺度是数字社会的尺度，通常以秒为计量单位。谈的延时性又让谈的进程随时可以被打断或随时被接续，丝毫不会影响谈的运筹性、表演性、操控性。时间和精力的分散性和分布式让交流更加转向信息发出一方的主动性甚或主导性，更加以自我的时间和精力安排为中心，进而让交流转向了马克·吐温教导的反面，用眼睛或智力而不是心在交流。

家庭关系的重构

数字社会交流的单一场景、身体不同场、私密性和分布式在工业社会是不可能出现的，因为工业社会没有支撑这些特征的技术环境和技术工具。在数字技术的支撑下，泛在的数字连接重构了面对面交流。

如果我们把施翘的"谈"理解为非数字交流，把何瑜的"谈"理解为数字交流，给定配偶关系是亲子关系的前提，那么，面对家庭关系，数字交流给亲密关系的缔结与维系又带来了怎样的本质影响？

第一，亲密关系的媒介化。无论是配偶关系还是亲子关系，在农业社会，即使被纳入亲属关系，家庭关系涉及的物理距离半径也不过一天步行往返的距离；在工业社会，物理距离半径虽有所拓展，但一般也不会超过同城范围。简单地说，传统家庭关系，无论物理距离如何,呈现的都是人与人面对面的关系,布伯(Martin Buber)称之为"我—你"关系。尽管信息科学家把人际交流过程分解为经由符号与媒介传递的信息,信息却同时回荡在你我之间,空气、光线、味道是"我—你"同时感知的,没有中介感。布伯认为,"我"与"你"不是主客体二分的主体与客体,而是共同构成的彼此"之间",是一个关系整体。

可是,在数字社会的家庭关系中,亲密关系已经被媒介化。何瑜、施翘、佳楠、李玲、刘霞等人的亲密关系的建立与维系,都在运用数字媒介。

数字媒介不再有面对面场景下彼此感知的同频共振,而是经由数字网络传递信息,也因此把亲密关系转化为了"我—它—你"的关系。在传统家庭关系中,"它"只是媒介而已,布伯也没有将其作为关系的对象。可在数字关系中,由于"你"和"我"不在同一个时空,而"它"却与"我"在同一个时空,且"你"经由"它"而存在,"你"便存在于"它"中。"我—你"关系因"我"与"它"的时空共现性在不经意中转变成了"我—它"关系,"它"变成了"你"的化身,亲密关系的对象也因此由人变成了物,变成了手机、电脑或任何社交终端,变成了媒介自身。

换言之,亲密关系的媒介逐渐成为亲密关系的对象,数字技术以"嵌入关系"的方式重构了家庭的亲密关系。

第二，亲密关系的自我化。无论是配偶关系还是亲子关系，无论是农业社会还是工业社会，在家庭关系中，每个人都携带着自己在家庭中的身份，家庭关系说到底是家庭成员身份的关系，只是在关系性中融入了亲密性；配偶关系是以社会性情感为基础的，可一旦关系缔结，家庭身份便进入关系，亲密性自然地融入了关系性。简言之，在传统家庭，亲密关系具有彼此性。

但是，在数字社会的家庭关系中，媒介的客体化打破了家庭关系中人与人的彼此性。人们从彼此性中独立，回避了诸多与身份关联的担忧和焦虑，媒介变成了比人更受欢迎的亲密对象。原本以彼此约束而实现彼此满足的亲密关系转变为摆脱了对方的、由自我主宰的、以自我为中心的、满足自我的亲密关系。亲密关系的自我化甚至可以将亲密关系的对象转变为外卖订单上的一个选项，转变为满足自我需要的任意消费品。

第三，亲密关系的单向度化。无论是配偶关系还是亲子关系，在传统社会的家庭关系中，亲密关系是复合亲密关系。以生物性血缘为基础的亲子关系复合着情感亲密关系，以社会性情感为基础的配偶关系在缔结和维系中复合着身体亲密关系，夫妻一旦有了共同的后代，还复合着以生物性血缘为基础的亲子关系。在复合亲密关系中，身体的生物性和精神性是融合的、一体的、同步的。施翘与男朋友之间的亲密关系是复合的，男朋友的失联会让施翘紧张甚至焦虑。

数字社会中的亲密关系是单向度的。以生物性血缘为基础的亲子关系虽然还复合着情感亲密关系，可是，情感却不一定依然是以依恋为基础的复合情感，而是以家庭角色的社会责任为基础的单向度情感，甚至干脆没有了情感，只有基于家庭角色的社会责任。佳楠对母亲周英的行动如此，徐磊对父亲老徐的行动亦如此；李玲和刘霞以为自己感受到的是孙辈的情感，可在孙辈那里，这或许不过是社会赋予他们的家庭角色的应尽之责。近些年常被提及的数字反哺，或许也只是基于传统家庭观念对家庭角色行为的新解读。

以社会性情感为基础的配偶关系，在关系的缔结和维系中可能复合着身体亲密关系，可是，身体亲密与情感亲密的必然联系已然被打破，情感亲密与身体亲密的分离正成为人们不得不接受的社会现实。单向度化的极限甚至可能是，无论是身体亲密还是情感亲密，都可以不以双方具有亲密关系为前提。

简要地说，亲密关系的媒介化突破传统亲密关系的彼此性约束，让曾经的媒介成为亲密关系的替身，解放了自我，推动了亲密关系的自我化。以自我为中心的亲密关系因数字连接的泛在性而给自我满足提供了无穷选择集，曾经的复合亲密关系变得单向度化，亲密关系变成众多向度的、从不同对象那里获得不同满足的关系汇集。彼此之间的情感亲密与身体亲密也不再限于一对一的两人之间，而是变成了一对多或多对一的亲密关系，亲密从传统的一生的彼此承诺变成了此时此地的自我感受。

向何处去

100多年前，齐美尔（Georg Simmel）分析了群体规模对人际关系特征的影响，他用二人组指称只有两个成员的最小的可能群体。齐美尔认为，常见的二人组存在于如婚姻、恋爱及亲密朋友关系。二人组有两个明显的特征：第一，是最亲密的人类群体，因为二人组只包含两个人，每个人的交流和互动都集中在对方身上。第二，二人组需要双方共同参与，通常也是最不稳定的群体。如果有一个成员失去兴趣，二人组就会解体。

当群体规模开始扩大，第三个人的加入会改变之前二人彼此之间的聚焦，进而从根本上改变群体关系，如小孩的出生，当两个人的注意力都集中在孩子身上时，夫妻之间的交流就会减少。有趣的是，在三人组中，两两之间的交流虽然减少了，成员之间的关系却更加稳固了。齐美尔的群体规模理论解释了一个普遍存在的社会现象：随着群体规模的逐渐变大，群体的稳定性会越来越强，亲密性会越来越弱，关系也变得越来越正式。

邓巴认为，灵长类动物为了保持群体凝聚力，必须与群体的其他个体协调自己的行为，还必须化解与其他个体产生的冲突。处理自己与其他个体的社会关系需要动用大脑新皮层资源，因此，后者的容量成为灵长类动物建立与维系稳定社会关系数量的上限。邓巴用各类灵长类种群规模及其大脑新皮层容量与人类的比值推算出人类维系有效社会互动的高质量群体规模值为148，约等于150，即广为人知的邓巴数。

人不仅精力有限，时间也有限，人们不可能维系众多高质量的社会关系。分配有限的时间和精力便成为人的一项社会能力。数字连接时代，关系的建立和维系呈现出新的方式和形态，但群体规模对关系质量的影响仍然存在，高质量关系的数量始终有限。如果亲密只意味着分担恐惧，数字连接就为分担提供了不曾存在的诸多路径；如果亲密还意味着人的归属，数字连接则把复合的归属分解为不同维度。数字连接也为归属提供了不曾存在的诸多路径。在每一条路径中，人们都有亲密的感受，一旦离开了此时此地的感受，人们随即回归疏离，亲密又疏离看似矛盾，可在家庭关系中，这却是现实。

从古至今，家庭关系在不断变革，社会制度影响规则，生物限度影响范围，技术媒介影响感受。由技术改变的个体感受，最终也会反过来突破生物限度，重塑社会制度。不过，如果我们把这一切都归责于数字技术，是不符合事实的。一如我20多年前就指出的，技术的确有自己的逻辑，会改变人们使用技术的方式，甚至迫使人们更新自己的知识和技能，塑造人们的生活习惯；可如果像科济涅茨（Robert V. Kozinets）说的，技术持续不断地塑造和重塑我们的身体、空间和身份，便言过其实了。我的研究显示，技术只是提供了人们塑造和重塑我们的身体、空间和身份及重构亲密关系的机会，它没有教导我们如何塑造和重塑自己的身体、空间和身份及重构亲密关系，塑造、重塑、重构都是我们的选择，也是我们的实践和探索。

03

第三章 数字朋友关系

朋友关系是社会一切次级关系的起点,也是终点。在个体层次上,人走出家庭拥有的第一种关系是朋友关系。朋友关系是个体迈进社会的入口,是个体社会性的载体和呈现,也是个体认识自我、建设心灵的环境。从古至今,朋友关系始终是个体依赖且不断维系的次级社会关系。

同样,社会的发展,尤其是个体社会空间的延展和拓展也在不断地改变建构朋友关系的机会,进而重构着朋友关系的结构和内涵。正如行为主义者不断重申的,互动始终是建构朋友关系的实践。不过,我们更希望强调的是,文化和规则是朋友互动的合法性约定。我们还想强调的是,即使社会约定了朋友关系的属性,个体的能动性还是朋友关系建构与维系的关键。为此,我们选择了传统场景不存在的,尤其是身体不同场的四类社会空间,来探讨数字环境里朋友关系的重构。

案例：虚拟的我

许俊熙一直不喜欢自己的名字。

"俊熙"是20多年前一部热门韩剧男主角的名字，许俊熙估计妈妈也是男主角的粉丝，他庆幸妈妈只是喜欢角色，而不是喜欢那个男演员，不然，顶着明星同款名字，着实有些丢人。但即使是这样，在他就读的小学里，竟然也有三四个同名的孩子。

"太蠢了。"许俊熙常常在心里吐槽，但他从不说出来。

在老师和家长眼中，许俊熙是标准的"别人家的孩子"，品学兼优，音乐体育全面发展，弹得一手好钢琴，还是游泳健将。

最让许妈引以为豪的，是儿子的自律能力。和其他"00后"一样，许俊熙也早早拥有了智能手机。当别人家还在为孩子刷短视频、玩手机游戏而约法三章甚至鸡飞狗跳时，许俊熙好似对这些东西全无兴趣，手机里一个游戏也没有，几乎不看短视频，最多就是跟爸爸一起看足球比赛的集锦。他甚至主动向妈妈提出要求，给自己的微信打开青少年模式，让妈妈通过监护人授权模式把关他日常浏览的内容和其他应用的使用。

在班级群里，许俊熙话也不多，很少参与闲聊，但每当有同学求助课业问题，他都会积极回复。他偶尔会在朋友圈发内容，大多是转发跟课业相关的科普文章。班里同学给他的备注是"许大神"，因为他懂得多。

这是许俊熙在现实生活中的人设,一个优秀且听话的孩子。

在虚拟世界中,许俊熙还有两个截然不同的人设,许萨利和许梅罗。

这两个人设分别存在于两个毫无交集的语C圈子里,不难看出,前者是航空爱好者的圈子,后者是足球爱好者的圈子。

语C,即语言cosplay,玩家通过语言进行角色扮演。演绎角色的方式有很多,比如环境描写、动作描写、心理描写、神态描写等等。因为玩家大多是"00后",所以语C也经常被视为"00后"的亚文化。

许俊熙觉得,像自己这种"00后"会热衷于语C,实在是迫不得已。自己的"行为"几乎时刻处于学校和家长的监控下,想要放飞自我,只能靠语言,还得躲开家长。

六年级的许俊熙并不知道"自我意识觉醒"这种高深的词语,他只是本能地想逃避妈妈想要塑造的那个"许俊熙"。妈妈想要的许俊熙是他,但又不全是他。他确实不喜欢手机游戏和短视频,也有努力学习的自驱力,想考上好初中、好大学。但他不喜欢钢琴和游泳,他喜欢的是足球,可妈妈不同意他发展这项兴趣爱好,她觉得足球是强对抗运动,人容易受伤,妈妈总觉得弹钢琴的男孩子比踢足球的男孩子更帅气。他喜欢飞机,喜欢各种航空知识,妈妈不反对他了解这些知识,但总告诉他,"飞行员"不是个好职业,危险且累,还是要学好数学,未来走金融的道路。

语C对于许俊熙来说,就像一个平行世界。

许萨利是个从小喜欢飞机的男孩,立志成为空客A380的机长,这是世界上驾驶难度最高的客机机型之一。许梅罗喜欢足球,梦想是成为世界级球员,去欧洲的俱乐部踢球,拿到金球奖。在实现梦想的道路上,许萨利和许梅罗都遭遇了很多困难,但家人始终陪伴左右,是其最坚实的支持者。

这两个语C的小世界是许俊熙的自留地,在那里,他拥有不同的人生和成长经历。相比于游戏和短视频,这件事更让他着迷。

可"自留地"还是被爸爸发现了。许俊熙把为语C收集的资料藏在家里电脑的文件夹里,许爸搜索文件时无意发现了他的小秘密。许爸在网上查了好几个小时才理解了语C是什么,他这才明白为什么儿子总找他讨论足球比赛的细节,而那些细节都成了许俊熙的语C资料。

许爸很早之前就知道儿子对航空和足球的喜爱,但想到妻子在孩子的教育上耗费的精力和心血,不忍去干预。许爸担心语C是歧途,决定先跟许俊熙谈谈。

父子俩的谈话很顺利,许俊熙给爸爸看了自己的QQ群聊记录。在确定群聊内容没有不适宜青少年的部分,以及儿子能够分辨虚拟与现实之后，许爸和许俊熙达成了共识，把语C作为父子俩的小秘密，爸爸装作不知道，但许俊熙也要定期告诉爸爸自己的进展。其实，在许俊熙看来，语C就像是在写小说，只不过他的小说是在跟很多同好的互动中写出来的。

父子间的小秘密一直持续到许俊熙小升初之后，他顺利考上了省重点。作为奖励，妈妈给他报名了一个航空爱好者夏令营。从夏令营回家的那天，许俊熙一进门就发现氛围不对，爸爸妈妈都坐在沙发上，妈妈的脸色尤其难看。

原来，妈妈同事家孩子误打误撞进了许俊熙的足球语C群，意外发现了他的秘密。

许妈知道后非常担心，以为儿子参与了不良组织。回家一问，丈夫竟然早就知道此事，许妈的担心变成了伤心。让许妈震惊的是，一直在自己眼皮底下成长的孩子，竟然同时有三个身份，她觉得陌生又恐慌。

许爸解释许久，仍然没能平息许妈的焦虑。

"你这么讨厌我为你选择的道路吗？"许妈问道。

"我想踢足球，想开飞机，我不喜欢弹钢琴，也不喜欢你说的金融和经济。"许俊熙第一次在妈妈面前坦然地说出这些想法，之前他总担心妈妈听了之后会生气，说他不懂事。

这一次，许妈并没有生气，她沉默了很久。之后的一整个月，许妈都没有再提起这件事。

初中开学前一天，许妈拉着许爸和许俊熙开家庭会议。

"我最生气的是你们都不信任我，我是出土的'老古董'吗？为什么你们就觉得我理解不了这些新鲜事呢？不喜欢我安排的教育内容为什么不能直接说出来，偏要搞地下活动呢？还有你，孩子日常衣食住行你管过多少？这时候倒会充好人。"许妈噼里啪啦地一通数落。

发泄完不满，许妈反倒平静下来。

"想开飞机，可以，那就继续好好学习，成绩好了才有选择权。想踢足球也可以，但你要保证不要玩得太激烈，而且不准耽误学习。至于你的语C，你自己看着办吧！反正时间就那么多，你要是实在不喜欢这个名字，以后可以自己去改名，我是不会帮你去跑那些部门的。"

听完许妈的话，许俊熙又惊又喜。他没想到，妈妈竟然如此轻易地就做出了让步。或许，他之前一直都误解了妈妈。

经过这次家庭会议，许俊熙找到了三个身份的交会点。他放弃了钢琴课和游泳课，加入了学校的足球队和航天社团，在现实生活中也找到了志同道合的朋友。许萨利和许梅罗的故事还在继续，但他也打心眼里喜欢许俊熙的生活。那两个虚拟的小人，是平行世界中过着另一种生活的他，而不再是他在这个世界求而不得的影子。

发现更多自己的试演舞台

小学六年级，12岁左右，许俊熙处在社会化的第三个阶段，正在尝试与大的陌生社会相处，融入由陌生人组成的同伴群体。社会学把人从出生到老不断接受和内化社会规则的过程称为社会化。由于社会总是在变化的，规则也是在变化的，加上人是流动的，因此，人的社会化也是伴随生命始终的过程。只是，许俊熙正在经历的社会化，或许是社会化最重要的阶段。

发展心理学家皮亚杰（Jean Piaget）把儿童的心智发展划分为四个阶段。0—2岁被称为感知运动阶段。刚出生的婴儿对周围是没有感觉的，直到4个月大时，才会将自己与周围的环境区分开来，慢慢地，认识到自己是独立于周围事物的。2—7岁被称为前运算阶段。儿童虽然会说话了，并且能够用符号来描述物体，却还不能系统地运用心智能力，不能理解他人与自己观察到的事物的不同。7—11岁被称为具体运算阶段。儿童能理解抽象逻辑、处理因果关系，并且能够从他人的立场出发思考问题。11—15岁被称为形式运算阶段。儿童开始有能力把握高度抽象的概念并进行假设性推演。在后续的研究中，尽管皮亚杰的阶段论受到了不少批评，不过不同阶段的核心要点依然具有启发性。

如果说心理学只是从个体出发观察人的成长，那么，社会学则更多地从社会出发观察人与社会关系的建构，理解儿童的成长与发展，也将人的社会化划分为不同的阶段。世界各地的经济发展水平不同，社会风俗各异，儿童的成长阶段却大致类似。社会学也把人从出生到青少年的社会化划分为四个阶段。第一阶段是 0—3 岁，儿童处于家庭养育阶段，也是其与血亲相处的阶段，身边都是熟悉的人。第二阶段是 4—6 岁，即上幼儿园的时间段，是儿童走出熟人圈子，学习与小的陌生群体相处的阶段，开始尝试将自己与他人区分开来，并学习如何对待他人，也是获得米德所说的自我感的阶段。第三阶段是 7—12 岁，即小学阶段，是少年学习与大的、竞争性的陌生社会相处，也是将上一个阶段获得的自我感放到具体情境中去打磨的阶段，因此，少年们更倾向于参加有组织的游戏，而不是散漫地自我玩耍。第四阶段是 13—18 岁，即初中高中阶段，迈向青年的少年学习与更加异质性的包括异性的、更具竞争性的陌生社会相处，将上一阶段获得的与竞争性陌生群体相处的经验放在新的更加具有竞争性的群体中进行检验，形成相对稳定的组织性和纪律性，也在群体中形成对自我能力和位置的认知。19 岁之后，便是人的自我社会化阶段。

许俊熙参与有组织的游戏符合发展心理学和社会学的观察。不过，两个学科都没有预见到的是许俊熙会玩语 C，还会因为语 C 而建构不同的许俊熙：一个开飞机的许萨利，一个踢足球的许梅罗。其实，如果不是"00后"，或许很少有人知道什么是语C，许爸也是花了好几个小时在网上搜索才初步理解了语C。

印象管理是一个社会学的概念，指人们建构出希望自己在他人面前呈现的样子。戈夫曼指出，日常生活是由一系列的社会交往组成的，在这些交往中，每个人都在把自己希望让人看到的一面呈现给社会。后续的研究进一步指出，印象管理是为了投射特定的身份认同，进而增加在特定社会情境中的收益。在实践中，印象管理近似于网上说的人设。印象管理更加倾向于建立并维系一个在不同场景都统一的、一致的形象；而人设则更加倾向于在给定的场景建立并维系一个统一的、一致的形象。印象管理和人设的差异其实不是概念的差异，而是时代的差异。

假设许俊熙生活在省会城市，许妈30岁左右生下许俊熙，则许俊熙12岁时，许妈的年龄已超过40岁，这意味着许妈大约是"70后"。"70后"的社会化是在中国发展的摇摆波折阶段进行的，希望孩子能平安顺畅是这一代人的正常心态。"70后"的社会化还是在实体社会或物理社会中完成的。20世纪80年代，在许爸许妈处于与许俊熙同样的社会化阶段时，没有电脑、没有互联网，甚至电话都不普及，从家庭、幼儿园到小学，他们都生活在实实在在的社会中，可以接触事物的范围除了从家庭到学校，最多只是在他们生活的城市。即使家境优越，最多也是跟随父母外出旅行，依然在跟实体的人、实体的事物打交道，社会化的媒介没有变化。从社会化进程中获得的都是融入实体社会的经验和教训。对于处在相同社会化进程没有接触电脑的一代而言，又怎么可能想象到会有一个语C的世界？

可是，"00后"的社会化是在中国迈向世界舞台的进程中进行的，他们的眼界、境界已经不再局限于生活的温饱和日子的平顺，冒险和竞争是这一代人的基本性格特征。不仅如此，21世纪20年代，数字社会在中国的发展已经进入起飞的初期阶段，中国数字社会的发展在世界范围内也处在第一方阵。许俊熙的出生和成长都是在数字社会飞速发展的环境中，数字产品与技术是他们生活环境的一部分，自然也是社会化媒介的一部分。从出生、幼儿园到小学，"许俊熙们"始终生活在虚实一体的社会中，他们不再只是面对父母、幼儿园的小伙伴和老师、小学的同学和老师等"实体"，而是拥有数字世界里的一切，可以见识从未身体在场的世界，也可以建构从未存在、将来也不一定会存在的世界。这样的世界为"许俊熙们"的社会化提供了丰富的场景选择，他们可以在任何数字技术支撑的选择集里进行挑选，语C只是其中的一项试错性选择而已，或许待到许俊熙初中或高中阶段又会出现新的选择集，语C便会成为他社会化进程的一个阶段。

无视"许俊熙们"面对的虚实一体的丰富的选择集，而希望把他们拽回到只有实体媒介的社会化进程，还让许俊熙在繁重的课业压力下不间断地学钢琴、练游泳，又怎么可能呢？其实，对于许妈的期望，也可以理解。许妈希望儿子学钢琴、练游泳，那是因为她的社会化是在实体世界中进行的。凭借她的经历、经验和教训，在她的选择集中，钢琴和游泳是最优选择。坦率地说，对于那些出生较早，在面对数字技术时要经历较为困难的学习过程的数字移民而言，根本不可能理解非实体世界之于青少年社会化的积极意义，这是因为在他们的经验与认知中，一切看不见摸不着的东西都是不可信赖的，都是要提防的。殊不知，对许俊熙而言，数字世界和实体世界一样，良莠均在，更需要在尝试融入群体的进程中去体验、去甄别、去积累经验和教训。不熟悉自己生活的环境，就等于没有完成社会化。当同伴群体以语 C 为身份认同环境或标准时，如果许俊熙置身之外，就等同于放弃了自己融入群体的机会。面对许妈的安排和同伴塑造的机会，如果你是许俊熙，又会怎么选择呢？

　　当然，语 C 是只有一部分群体知晓的概念，甚至只是"许俊熙们"知晓的概念。准确地说，是许俊熙在社会化的第三阶段恰好遇到了数字技术提供的语 C。或许"10 后"处在同样的社会化阶段时，遇到的是另一些机会。技术的发展会赋予每一个时代的人以不同的机会，许爸许妈处于相同的社会化阶段时，或许也有一些只有他们的同龄人才能理解的融入群体的技术。简单地说,一代人有一代人融入群体的技术环境,技术赋予的机会不同,亲子冲突的本质或许还是一样的:父母总希望子女按照自己设定的模式成长,孩子却希望融入随时代而来的群体潮流,在青少年的社会化进程中,两者绝无可能一致。技术赋予的,是一代人的机会;社会赋予的,是一代人的环境。让一代人充分利用自己遇到的技术机会、社会环境,充分挖掘自己的兴趣,让他们不断试错,或许是实现社会化的有效选择。充分认识到子女们面对的机会,或许是父母支持子女更好地社会化的合适态度,许妈的转变,应该是认识到了这一点。语C,不过是社会化的环境,飞行员人设和足球运动员人设不过是社会化的舞台而已。

案例:以舞会友

陈妍已经28岁了,自从记事起,口吃就是一个一直困扰她的问题。

陈妍的父母都比较强势,教育孩子的时候用的否定性词语比较多,陈妍从三四岁时说话一有重复、磕巴、不连贯、说不清楚的时候,父母就经常打断她、纠正她。

父母还对陈妍反复强调,不要说话口吃,不然长大变成"结巴"就会被人看不起。但父母越是强调口吃的危害性,陈妍就越是害怕自己成为口吃的人,这样说话时就越来越紧张。

等到陈妍13岁的时候,他们搬家了,陈妍也因此转学。到了新学校后,面对陌生的老师、陌生的同学,陈妍更加紧张,转学第一天自我介绍的时候,陈妍竟然说不出话来,就好像自己面前有一堵很高很厚的墙挡住了自己。渐渐地,陈妍越来越不想跟人交流、不想说话,在外人眼中,陈妍变成了一个自卑胆小的孩子,而这一切叠加后,又无声地加重了陈妍的口吃。

但有意思的是,尽管和外界交流少了,陈妍一门心思都扎在自我的世界里,非常勤奋地学习,她的成绩倒是越来越好了,高考考上了心仪的大学。

陈妍生怕中学转学时自我介绍的那个噩梦场景重现,在高考结束的那个假期里,她拼命苦练,提前准备好自我介绍的内容。

陈妍精心准备的功夫没有白费,通过自我控制和练习,她进行了精彩的自我介绍,给老师和同学都留下了很好的印象。

但有时候陈妍还是会感到紧张、会口吃,这时她就强迫自己离开人群,生怕人家会听出来自己说话口吃。虽然大体上,大家都觉得陈妍的交流能力和正常人差不多,但时不时会感觉到她的行为有一点奇特,能多少感觉到她的紧张和不适。

这种自我控制、隐藏口吃，也让陈妍觉得非常累，说话一有停顿、反复，她就分外紧张。

大二刚开学的时候，同宿舍的女生把陈妍拉到了学校舞蹈社的微信群中，而变化就从这一天开始了。同宿舍的女生夸陈妍形体好、腿长，适合跳舞，极力邀请过几次让她加入舞蹈社团，但陈妍因为担心自己口吃，不想和陌生人交流就屡屡拒绝了。那时候微信刚刚出现没多久，很多人还不熟悉这个工具，但加入微信群后，陈妍突然发现，这个工具真好，大家的交流主要靠输入文字，舞蹈社的其他成员在群里还经常会分享舞蹈的图片、短视频、语音、直接通话反而是较少的。

看着微信群里这样的表达方式，陈妍突然从心底觉得一阵轻松，轻轻地输入文字，群里的小伙伴们都能看到，在这里再也没有自我控制的压力，再也没有需要前思后想怎么发言的纠结了，陈妍的文字越来越轻松活泼，她在群里越来越活跃，一些认识陈妍的同学都觉得微信群中的陈妍和线下的陈妍简直是两个人，有两种性格：在舞蹈社团的微信群中，她是轻松活泼开朗的；在线下反而是拘谨的、时不时紧张的。

经过线上微信群里的几轮交流，看着一张张优美的舞蹈图片，听着群里同学经常呼唤她去参加舞蹈活动，陈妍最终心动了，她悄悄买好了舞蹈的衣服，终于踏进了舞蹈社的练功教室。

从线上的互动到切实踏入舞蹈教室的那一刻，陈妍觉得身体有过一瞬的紧张，但听到音乐响起，流畅的钢琴声飘过，其他同学都在随着节拍翩翩舞蹈，她就放松了。在这里多数时候不需要说话，只需要聆听，听那音乐的节拍；只需要舞动，让自己跟上节拍。

让陈妍惊喜的是，就在练舞蹈的过程中，她和周围其他跳舞的同学之间的语言交流也越来越自然了。在舞蹈中，陈妍觉得自己不再需要控制自己的舌头，只需要释放自己的肢体，整个人都变轻松了。她一下就爱上了舞蹈，而且还奇怪起来：这么适合自己、这么有魅力的运动，为什么自己迟钝到今天才发现？仔细想想，原来还是线上的微信群，给了她防护罩一样的感觉，鼓励她走出了第一步。

特别是大三那年苦练《四小天鹅舞曲》的时候，音乐轻松活泼，要求大家舞蹈节奏干净利落、整齐划一。在这段舞蹈的情景中，肢体成了唯一的表达方式，腿的伸展、打开、屈伸、抬腿、踢腿、画圆圈，还有跳跃、旋转和转身，各种舞步和连接动作的起、落都要随着节拍，要和其他舞伴默契配合，这时语言反而是多余的，舞伴彼此间一个眼神、一次接触，都明白对方要做什么。在这里，同伴们不需要你的语言，而需要你的动作。陈妍凭借出色的乐感、肢体语言的舒展释放，很快就成了舞蹈社团的"台柱子"、主力演员，尽管其水平和专业舞蹈演员没法比，但也足以在学校的演出中大出风头了。

在一次又一次的舞蹈练习时，音乐、节拍、肢体越来越融合，交谈这件事在这种氛围下变得越来越轻松，陈妍好几次很流利地表达完了自己的意思，才想起自己没有做任何控制，而这么流利的话语就是清楚地出自自己的口中。随着校际演出的增加，陈妍就这样从社交中语无伦次的紧张角色，渐渐变成了很多同学眼中的焦点人物。

从大二起到大四结束，三年的舞蹈社团生涯，给了陈妍巨大的自信心，所有人都看到了陈妍清晰可见的变化。一个在生活中拘谨、紧张、偶尔口吃的女孩，现在已经成了亭亭玉立、谈吐自然的女大学生。

大学毕业后，进入社会。在面试中，陈妍凭借优异的成绩、良好的气质、清晰的谈吐，获得了几家公司的青睐。

毕业离开校园，是要告别社团的，按规则也是要退出大学舞蹈社微信群的，陈妍看着大学舞蹈社的微信群，不舍退群，但还没等到她从不舍情绪中走出来，另一个微信群就把她拉了进来。陈妍一看，新的群里似乎有更多熟悉的微信名，原来这个群是舞蹈社那些离开学校的人建立的，里面都是已经毕业的、热爱跳舞的同学们。

跳出缺陷困境的机会赋予

现代社会的竞争性不言而喻，竞争者的任何一项缺陷都可能成为其永远跳不出的困境。陈妍的口吃，显然是一种缺陷，一种基本的缺陷。

可以设想这样一个场景，假设陈妍出生在农村，一辈子都生活在一个村子里。人们可以预见的场景是，当陈妍第一次口吃时，或许她自己并不紧张，甚至都没有发现，可是，同伴们会发现，好事者还会把自己的发现说出来："陈妍是结巴。"人的绰号，大致都是这么来的。从此，"结巴"便会成为陈妍的社会标签，成为同伴们甚至村民们对陈妍的刻板印象，进而成为陈妍获得社会认可的缺陷困境。只要陈妍还生活在村子里，因口吃带来的困境就会存在，甚至会延展到陈妍日常生活的方方面面，让父母的预言自我实现，让陈妍本人被看不起。社会学的研究指出，负面的刻板印象会成为人向上社会流动的巨大障碍，即使陈妍家世显赫或其能力过人，也难以消除村里人对陈妍口吃的关注，"结巴"是一个去不掉的标签。除非陈妍离开村子，去一个之前没有人了解她的环境。

换一个场景，假设陈妍出生在城市，一辈子都生活在城市。人们可以预见的场景会变得更为复杂。社会学的研究发现，乡村是一个熟人的社会，人们朝夕相处，只要愿意，可以对其他每一个人从头到脚都熟悉。可城市是一个陌生人的社会,人们各自奔忙,即使愿意,也难以建立对另一人的熟悉,更别说从头到脚都熟悉。人对他人的熟悉只发生在有交集的场景。那么,与陈妍有交集的场景有哪些呢?顺着人的生命历程,我们会发现,教育、工作、生活是交集发生的基本场景。在乡村,这三个场景是交叠的,也因此提供了人对他人从头到脚熟悉的机会。可在城市,这三个场景可能是彼此分离的,也因此带来了人对他人熟悉的部分性。教育场景交集塑造的是读书的陈妍,工作场景交集塑造的是干活的陈妍,生活场景交集塑造的是学习和工作之外的陈妍,每一个场景里的陈妍可能都不一样。如果陈妍擅长印象管理,譬如,尽量少说话,人们甚至难以发现陈妍口吃;或者,如工作场景禁止说话,人们就根本不会发现陈妍口吃。

比较两个场景可以得出一个结论,缺陷困境不是由缺陷带来的,而是由暴露缺陷的机会带来的。暴露缺陷的机会越多,带来的社会压力越大,给个体和家庭带来的负面影响也会越大。在乡村,教育、工作、生活等场景交集,最大化了缺陷暴露的机会,让缺陷成为整个人的标签,成为整个人发展的困境,甚至成为整个家庭难解的困境。在城市,教育、工作、生活场景的离散化让缺陷形成的社会压力也随之离散,大大缓解了缺陷给个体带来的整体压力,甚至完全释放了其给家庭带来的压力。这就解释了陈妍在加入学校舞蹈社之前为什么努力减少与社会的接触，慢慢变得自我封闭。

那么，顺着这个逻辑，陈妍加入学校舞蹈社不是减少而是增加了缺陷暴露的机会，怎么就治愈了她的口吃呢？简单且直接的解释是，加入学校舞蹈社的确增加了陈妍与社会接触的机会，但因为交流方式的改变，也减少了缺陷暴露的机会，后者甚于前者。

沟通与交流（以下简称交流）是人的基本社会性需求，人的社会化是通过交流实现的，人的社会性也是通过交流实现的。社会学把人的交流划分为两个基本类型，即语言交流和非语言交流，其中语言交流是最主要的交流形式，也是个体融入社会的最主要形式。社会学的研究指出，语言让人类的经验得以积累，提供了人类共享的过去、现在和未来，语言使人与人之间得以共情。萨皮尔－沃夫假设（Sapir-Whorf hypothesis）甚至提出，语言决定着人们的意识，决定着人们对事物的认知。口吃之所以是人的基本缺陷，在于它会阻碍人使用语言与社会交流，阻碍人通过语言交流正常地融入社会。陈妍的父母虽然不了解语言对人类交流重要性的理论，却在日常生活中体验着语言之于人类交流实践的重要性。

人们理解的语言交流障碍通常被默认为口头语言交流障碍。在语言交流的其他方式出现之前，尤其是在文字出现之前，口头语言的确是人类唯一的语言交流途径。文字的出现为人类的语言交流提供了新的选择，而文字的学习和运用受诸多因素的约束往往局限在一些特定的场景。时至当下，口头语言依然是人类交流的主要方式。在乡村，口头语言几乎是人与社会交流的唯一方式。在没有其他交流方式可用的环境中，增加与社会接触的机会便意味着增加口吃缺陷暴露的机会。对于有缺陷的人而言，减少缺陷暴露的唯一选择是减少与社会的接触。在城市，尽管在人与社会的交流中增加了书面语言，可书面语言却常常局限在一些特定的场景，日常场景依然需要使用口头语言。只要是必须用口说出来的交流机会，便是口吃缺陷暴露的机会。

跳出缺陷暴露困境的方案只有两个。要么不再口吃，要么让口吃不再有机会出现。陈妍父母和陈妍曾经为之努力的是第一个方案。数字社交则是第二个方案。数字社交是提供一种技术替代曾经需要用口说出来的人类交流方式。例如，把必须用口说出来的语言变成可以便捷运用书面语言、符号、图像或其他什么进行表达的语言，以数字媒介的形态传递，达到交流的目的，用以替代必须用口说出来的交流。对陈妍而言，这种方式减少了缺陷暴露的机会，进而让她有机会跳出缺陷困境。

数字技术为运用文字进行交流的日常化提供了解决方案。现如今，一部智能手机、一个社交应用，几乎可以满足人类交流的绝大部分需要，从生活交流、工作交流，到一些特殊的场景中的交流。运用数字技术的多样化交流已经成为人类交流的普遍形态，也让面对面的口头语言不再是人类交流的必需形式。

书面交流的日常化可谓人类交流的革命性变革，表情符号和其他符号媒介的加入，也正在模糊语言交流和非语言交流的界限，形成语言交流与非语言交流之外的第三种交流方式，把人的表达变成文字、表情符号、语音、视频的混合，语言和非语言交融的融合表达，更加多元、多样地呈现了人与社会的交流，重构着人类的交流。

扬长避短，陈妍运用自己擅长的肢体语言、文字和其他的融合语言及非语言，避开了曾经的口头语言表达缺陷（口吃），赋予了自己融入伙伴、融入群体、融入社会的机会。或许是因为融入，陈妍甚至完全克服了口吃缺陷，让自己的口头语言表达变得正常。其实，数字交流岂止是为陈妍提供了跳出缺陷困境的机会，每一次的技术变革都在给人类克服曾经面临的困境提供机会，只是数字技术提供的是革命性机会，是重构人与社会交流的机会。

案例：故交再启

50岁之前，齐学工的人生就像一条抛物线，顶点是以县城状元的身份考入北京的重点大学。在那之后的很多年，齐学工都是县城里的传说，是"别人家孩子"的最高配置。然而，在齐学工考上大学后，有关他的传说就定格了，再也没更新过。

当年报考志愿时，齐学工和家人都不懂什么叫热门专业，他的分数很高，却选了颇为冷门的历史系，只因为高中时有一腔热爱。研究生毕业后，齐学工进了一个历史研究所工作，从此埋头故纸堆。读书和研究是他的强项，但走出校园后，这不再是衡量一个人是否成功的唯一标准。

人际沟通是齐学工的短板，他不太擅长团队协作，也不擅长包装和表达自己，同批进所的大学生里，他是最后一个评上教授的人。同事们经常在他背后说他"无趣、古板"。即便知道了这样的评价，齐学工也只是笑笑，相比于小时候过的苦日子，他觉得现在就挺好。

齐学工的妻子也是从小地方考入北京的，中文系毕业后在一家出版社工作。两人虽然一工作就解决了北京户口，却对房地产和投资兴趣寥寥，奋斗几十年，只攒出一套自住的"老破小"。

相比之下，老家的同学朋友们虽然上学时成绩平平，但有些人"下海"经商，攒下第一桶金后便在全国各地投资买房，早早就过上了退休生活，平日里朋友圈发的都是些到处度假的照片。每次回老家，齐学工都会被朋友们招待一番，大家很有默契地从不让他付账。哪怕聚会地点是北京，也总是那几个朋友付账。时间久了，齐学工也有些不好意思，不愿总是吃"白饭"，便慢慢减少了参加聚会的次数。

夫妻俩早年忙于工作，要孩子要得晚，自家孩子比同龄人的孩子小好几岁。齐学工的中年期撞上孩子的叛逆期，家里每天鸡飞狗跳，看着老友们惬意轻松的生活，他有时也忍不住自我怀疑：这条路是不是走错了？当初如果选了金融专业，又或者早年想办法多买几套房，生活会不会不太一样？

齐学工陷入了跟自己较劲。那几年，他几乎不和老家的朋友们联系，虽然很多人都是从小一块长大的朋友，在他考学离开之后也一直保持着很好的关系。

打破这种社交隔离的，是家里的突发情况。齐学工的爸爸突然生病住院，在他赶回去之前，几个发小已经把齐爸送进了医院，不仅办好了各种手续，甚至还帮他请好了护工。

齐爸的病需要去北京做进一步的治疗，这需要一大笔手术费。当时齐学工刚换完房子，手里没有太多流动资金，一个发小二话不说就把手术费转给他，还叮嘱他不要着急还。手术之后，齐爸转院回乡的各种复健，也都是朋友们在帮衬。

齐学工心里愧疚极了，几年间疏于联系，可如今家中有了事，朋友们还愿意如此帮忙。

"老齐啊，就凭咱哥几个的交情，这点小忙算啥！其实我们都可羡慕你了，那么会读书。"酒后，听完齐学工的抱歉，一个发小如是说。

坦陈心声后，齐学工感觉很释然：回看自己的人生，这么多年一直在做喜欢的事，妻子也很少比较或抱怨。物质层面，比上不足，比下却是绰绰有余。能从小县城走到今天，他很知足。

齐学工恢复了跟老家朋友们的社交，朋友们也开始毫不客气地"麻烦"他。

几个朋友的孩子原本报了线上大师课补习班，"双减"政策出台后，补习班停办，大家有些焦虑：一方面担心孩子们接触不到更好的师资，眼界跟大城市的孩子比有差距；另一方面也担心孩子精力过剩，把心玩野了。

"老齐不就是搞历史的专家，能不能让他来讲讲历史课？"一个朋友突然想到。

刚开始，齐学工还担心会误人子弟，自己毕竟不是搞应试的，对考试成绩提升能起到的作用有限。

"历史是每个人都应该掌握的常识，能提升一下孩子们的眼界和认知就足够了。"朋友们的宽慰打消了齐学工的顾虑。

他开始通过腾讯会议给朋友家的孩子们上历史课，每周两次，课后还会在微信群里答疑。为了把课讲好，齐学工需要提前备课，虽然花费了额外的时间和精力，但他觉得特别值得，尤其是看到孩子们因为他的讲述渐渐对历史产生了兴趣。

在孩子们看来，与其说是历史课，更像是"每周听齐叔叔讲故事"。孩子们不仅课上听得认真，课后还会积极在群里提问。为了激发孩子们的参与兴趣，齐学工还会变换教学方式，比如留一些参考书目，让大家各自阅读后，上课时逐一发言，习惯了填鸭式教学的孩子们格外喜欢这种方式。

齐学工的儿子也在听课群里，儿子原本很烦听老爸说教，但几次课听下来，反倒拉近了父子关系。儿子觉得老爸特有魅力；齐学工也觉得这小子没那么"人憎狗嫌"了，有时候还能提出很不错的问题。

暑假到了，齐学工还会邀请朋友们带孩子来北京，然后领着这群孩子去国家博物馆和故宫进行现场教学。

看到孩子的成长，齐学工的朋友们都很感谢他，经常去看望他爸妈，每次来北京必请他吃饭。

"别跟我们客气啊，这些就当是我们交的补课费，你那课可比这些有价值多了。"朋友们说。

这次，齐学工也不再敏感介怀，这种互相帮助的社交方式让他觉得很自在。

"齐叔叔，我长大也想学历史，历史太有趣了。"一次网课结束后，一个朋友的孩子在群里说。那一刻，齐学工心头一动，仿佛看到了曾经的自己。

激活僵化资产的场景创设

  提到成本，人们自然会想到经济学。的确，从经济学的角度看，没有回报，投入便是无效的；如果既没有回报，还无法撤回或收回投入，那便是沉没成本。假如把读书花费的时间和精力当成人的投入，则这样的投入具有沉没成本属性。对齐学工而言，从他读历史学的第一天起，读的每一篇历史学文献，不管是书籍还是文章，都是他为自己职业发展投入的成本，且无法撤回或收回。头脑里的历史知识是他花费几十年时间阅读和思考形成的，也是无法撤回或收回的。只要哪一天没有用到他所学到的历史知识进行创新和生产，那些投入便都是沉没成本。同理，齐学工建立的老同学关系，虽然是接受初等教育阶段附带投入的产出，在齐学工离开老家上大学的那一刻，也变成了沉没成本。

  可是，社会学会有另一种考量，齐学工读的每一篇历史文献都可能增加他的知识积累，为他创造新的知识提供支持。不仅如此，还有以下两种情形：第一，不管读过的文献日后是否有实际效用，如果齐学工喜欢读，那么，每读一篇文献都会给他带来身心愉悦。从社会学的视角来说，货币收益只是让人身心愉悦的手段之一。其实，经济学家萨缪尔森（Paul A. Samuelson）提出过一个著名的公式：幸福 = 效用 ÷ 欲望。身心愉悦不是货币收益，也不一定是货币可以买来的收益，它甚至是货币收益的目标，是终极性的收益。第二，知识产出通常是建立在知识积累之上的。齐学工写的每一篇学术论文、每一本专著，如果希望对人类的知识积累有所贡献，那么，前提便是齐学工了解知识发展的前沿。而对前沿的把握，又是建立在阅读大量文献的基础上。因此，齐学工读的每一篇文献都是必要且必需的投入，没有大量的文献积累，便没有知识创新和生产；同理，齐学工建立的老同学关系，也是他获得同伴认可必需的投入，没有时间、精力和情感的投入，便没有同学之间的融洽相处。因此，把齐学工之前的投入理解为沉没成本并不恰当。

社会学家更倾向于认为，齐学工几十年的知识积累和与老同学建立的关系是一类僵化资产，而不是沉没成本。秘鲁经济学家德·索托（Hernando De Soto）在《资本的秘密》中提出了一个影响广泛的概念：僵化的资本（dead capital）。他指出，在发展中国家，民众拥有大量的资产，如房屋、土地、技能、产品等。这些资产大都在当地流转，而不能成为越出当地、在更大范围的市场进行交易的资本。之所以被约束在当地，是当地人对类似资产有共享的分类和估值，有共同的交易规则，即有地方性资产交易体系和规则。如果希望突破地方性，就得在更大范围内有共享的甚至通用的资产交易体系和规则。某些发展中国家相关制度缺失，导致民众拥有的各类资产无法获得资产的普遍合法性。缺乏普遍合法性的资产便不能转化为可以上市交易的资本，民众拥有的资产只能是局限于本地的僵化资本。

与齐学工不同，老家的同学们采用通用的市场体系和规则积累了大量的物质财富，物质生活也因此变得轻松愉快。不管齐学工是如何进入历史学领域的，都意味着他过去几十年脱离了通用的市场体系和规则。当齐学工把自己也放在通用的市场体系和规则下观察时，尤其是当齐学工感受到自己和家人物质生活的窘境、父亲的手术费都需要老同学们资助时，其实是在用类似于地方性市场体系和规则与通用性市场体系和规则进行比较，用僵化资产与流通资产进行比较。

社会学家认为，世界是多数人的世界，就像通用的体系和规则是市场的一样。把运用历史学知识进行创新和生产的范围局限在历史学的专门研究领域，类似于德·索托刻画的某些发展中国家把人们拥有的资产局限在地方性市场。对于发展中国家，德·索托建议建立与通用体系和规则接轨的体系和规则，即制度，激活人们拥有的僵化资产，让人们拥有的僵化资产变成市场上可以流通的资本。对于齐学工，无须任何专家建议，数字连接已经将他与老同学重新连接，老同学们也已经用实践给了他更加务实的引导：为下一代传递历史知识，激活僵化资产。

在传统社会，开馆授徒是一类重大事件，不仅老师要有授徒的资质,开馆还需要合法性。对武馆而言,资质是在同行中打出来的。只是,打,并非局限在武行,而是嵌入于社会,需要具有社会认可的武德。打,受到众多社会规则的约束与评价,众多武侠影视剧里对这类场景有着多样且深刻的刻画,金庸的小说更是把资质的社会认可刻画得入木三分,正邪的划分不过是简化模式而已。对文馆而言,资质更是基于社会的评价,而不只是个人的学问造诣。有了资质,不意味着便可以开馆。即使每位老师都有开馆的意愿,也不一定都可以开馆。开馆还受到生源、社会合法性等因素的影响,在现代社会,更涉及政府许可等法规合法性的约束。如果有机会授徒,老师的知识积累自然获得了创新与生产的机会,僵化资产也被激活为可流通的资本。老师通过教育学生而获得经济回报和社会声望。

开馆授徒是正式教育。齐学工在研究所的研究工作与教育体系里老师的工作有相似,也有不同。相似的是都会用到自身积累的历史知识。不同的是,在研究所做研究工作用到的更多是前沿的、专题的知识,而在教育教学中用到的更多是相对多样且复杂的成熟知识。可以用一个比喻来刻画两者的不同,在研究所进行历史学研究,就像是登山,脚下的路虽然也是一步一步走过来的,只是走过的每一步路,都是为了脚下这一步而积累的。在教育体系从事教育教学活动,就像是烹饪,学生的需要类似于客人的口味偏好,老师的知识积累类似于手里握有的原材料和佐料,既有知识积累决定了老师因材施教的可能性。

可是,即使齐学工有能力且愿意从登山转型为烹饪,或兼职烹饪,也需要有一个实现路径。传统的实现路径是,齐学工从研究所调到大学工作,找一个教育机构;或者受聘到某一大学,成为教育机构的兼职教师;或在研究所承担教学职能。即使如此,齐学工也并没有真正成为一名"厨师"或兼职"厨师"。这是因为,大学教育(至少在本科教育阶段)传授的依然是历史学的成熟知识,而不是探索前沿的知识。真正给学生传授多样且复杂的组合知识是在基础教育阶段。一位从事研究的历史学专家通常是不会把自己"降格"为中小学教师的。这意味着,在传统教育与研究体系中,齐学工的渊博知识与生活窘迫是一个正常搭配,且无解。

促成齐学工真正转型为"兼职厨师"的是数字技术。数字技术把齐学工与老同学重新连接起来,纵使齐学工已经离开老家很久,可同学之间的信任与感情还在。重新连接,可以让老同学之间的信任与感情接续。随之而来的还有熟人社会的互助特征。既然老同学们在物质上帮助过齐学工,齐学工也得投桃报李,帮助老同学们。可是,用什么帮呢?历史学是齐学工的专长,也正是老同学们的子女们需要的。难题是,齐学工与老同学们并不在一个物理空间。不同场,无法教学。不在一个物理空间,哪怕是兼职授徒也难以在技术上实现。

如果说数字连接在初始阶段只是连接了作为符号的人如姓名、图像、音视频,那么,数字连接的更高阶段则连接了作为生物体的人,实现了人的数字同场,而不只是在场。社会学家认为,任何人采取的社会行动都意味着人的在场,这是因为,作为生物体的人都有一个共同的特征,即生命性。每个人都有生命,作为生物体的人,其生命是用时间计量的。每个人每天只有24小时,所有人都一样。任何生物体人的社会行动都会消耗时间。为社会行动消耗行动者的时间,即在场。可在场不意味着同场。以上课为例,同学们同时出现在一个教室,是同场;出现在不同教室,或不同时间出现在同一个教室,便是在场却不同场。数字视频会议模式可以让同学们同时出现在一个教室,尽管没有实现同学之间的身体可触,却实现了同时同场上课。

齐学工运用腾讯会议给身在各地的孩子们上课是同场,利用微信群给身在各地、"出现时间"也不相同的孩子们答疑则是在场。两者都运用了数字技术,故我们可以将其称为数字同场和数字在场。正是数字同场和数字在场,激活了齐学工拥有的僵化资产。数字在场,激活了齐学工积累的老同学关系,让齐学工的家庭困境获得疏解;数字在场和数字同场,激活了齐学工的历史学知识,让齐学工在历史学领域"登山"的同时,有机会开设历史学初级知识的定制厨房，向老同学们的孩子们传授历史知识，创设了一个新的、不同于传统开馆授徒也不同于传统学校教育的知识流通场景，让齐学工头脑里"沉睡"的知识又找到了用武之地。

其实，数字连接和数字会议技术不只为齐学工创设新的场景、激活僵化资产提供了机会，而且为每一个拥有僵化资产的人创设场景、激活资产、发现快乐提供了机会。各类直播正是相同逻辑的一个变体而已。

案例："老漂"触网

走进小区旁边那条街的手机专卖店时，张秀梅觉得自己正在做一件极其大胆的事。

两天前，她去银行，从自己的账户里取了2000元。账户里的钱是逢年过节儿子给她包的红包。日常开支都是儿子在管，张秀梅几乎没取过这个账户里的钱。银行柜员看到她不熟练的操作，很担心她被骗，叮嘱再三，才把钱交给她。

"我想要一个能用两个娃娃脸的手机。"张秀梅对店员说。

"就是那个绿色的，有两个娃娃脸，点一下，就能收到朋友发来的信息，打电话也不要钱。"眼看店员一脸困惑，张秀梅又补充了好几句，这几句话她已经在心里演练了很多遍。

店员恍然大悟，拿出自己的手机，指着微信的图标问她："是这个吗？"确认之后，店员给她推荐了一款价格适中的国产手机，还帮她安装了一些常用软件，又额外叮嘱了几句，让她不要乱下载，不要轻信网上的陌生人。

张秀梅早已习惯了这样的叮嘱，作为一个 75 岁的文盲女性，在很多人眼中，她就是这个时代最容易受骗的那种老年人。

20 年前，张秀梅离开生活了许多年的村子，进城帮儿子带孙女。三代同堂使张秀梅感受到了天伦之乐，但大城市的生活却让她处处受制。没有朋友，同一个小区虽然有很多老年人，但大家来自天南海北，张秀梅的普通话不算标准，她甚至没法顺畅地跟其他人交流。生活不习惯，自从有了智能手机，儿子家里人手一部，大部分时间，大家都各自盯着自己的手机，张秀梅越来越像一个局外人，"人憎狗嫌"，她如此形容自己。

前几年，家庭会议上还专门讨论过要不要给她买个手机，彼时，儿子一个好朋友的母亲，在网上遇到了一个冒充明星的骗子，虽然没有被骗钱，但仍然引发了一场不大不小的家庭危机。最终，儿子和儿媳还是因为担心张秀梅被骗，没有给她买手机。

张秀梅对智能手机并没有太多概念，生活中需要手机的场景基本由家人代劳，完全不需要她操心，被劝阻之后，她也没有再坚持,直到遇到冯娟。

冯娟比张秀梅小几岁,老家在张秀梅隔壁的村子,也是为了帮忙带孙辈成为"老漂族"。冯娟住在隔壁小区,彼此认识之后,同一种乡音让两人迅速熟络起来。冯娟很早就有了智能手机,她甚至还有一个自己的微信群"开心老漂",群里都是"老漂族",大家住得不太远,每个月都聚餐,平日里就在群里聊聊天,发发表情。有一次,张秀梅去冯娟家串门,看到她在跟朋友们视频聊天,张秀梅很羡慕这样热闹的日子。

买完手机,张秀梅没回家,而是直奔冯娟家,她想加入冯娟那个"开心老漂"群。冯娟帮她注册了微信,邀请她进了群,怕她不识字不会操作,专门花时间教她认图标,还让群友把头像都改成真实头像,这样张秀梅看头像就能分辨谁是谁。

儿子的担心还在,但看到母亲拥有手机后开心得像个孩子,也不忍再做干涉。

智能手机帮张秀梅打开了新世界,在冯娟和"开心老漂"群友们的帮助下,张秀梅学会了打视频电话和发语音消息。以前她想跟孙女视频,只能找儿子和儿媳,现在不用了,想跟孙女说话,直接发语音信息过去。在"开心老漂"群里,张秀梅还学会了使用表情包,时常跟老伙伴们斗图一番。

在群友们的帮助下,张秀梅意外地发现,自己并没有想象中那么弱,虽然手机的界面很陌生,但只要每天用一用,她也能学会。之前,张秀梅总觉得,手机这种高科技产品,是文化人的专属产品,而自己,"大字都不识几个,怎么可能学得会用智能手机?"

冯娟的文化水平也不高,只读完了小学。在她看来,智能手机和互联网给她们这些人带来了新的机会,哪怕不会写和读,高科技也提供了替代性的方案,让她们可以说,可以听,可以看。

在"开心老漂"群里,冯娟和朋友们除了日常聊天,也常常分享手机使用心得,他们一同解锁了"听书"的新技能,不需要认那么多字,也不费眼睛。"比以前收音机里的评书精彩多了。"冯娟说。

拥有手机之后,张秀梅的学习热情越来越高,"用手机付钱"成了她的新目标。冯娟很早就会用移动支付,两人一块去买菜,冯娟都是直接亮出付款码。"哟,奶奶好时髦。"连卖菜小贩都对她屡屡夸奖。

张秀梅很羡慕,"时髦"这样的词,已经很多年没有被用在她身上了。但年轻的时候,她做的衣服、剪的窗花,也曾这样被左邻右舍夸赞。

不过,支付跟其他的功能不同,毕竟涉及钱,张秀梅还是有些担忧。

"一亮码钱就没了,码被偷走了怎么办?"

"如果不小心给坏人看见了码怎么办?"

"万一收银员输错金额,把钱扣多了怎么办?"

张秀梅把自己的苦恼告诉"开心老漂"群的朋友们,大家一起帮她想办法,有人把使用手机支付的注意事项发语音给她,有人用自己的手机录屏给她看,冯娟甚至把群备注改成了"帮张秀梅学会用手机付钱"。

一天,一个群友提了个新点子,让张秀梅找她儿子在微信里开个亲属卡。群友有个朋友跟张秀梅情况很像,不敢用手机支付,对方的家人就想到这个法子:有了亲属卡,老人的消费资金会从子女的微信支付账户里自动扣除;如果发现有哪笔支出有问题,可以及时追查,还可以设置每月的支出金额。

张秀梅觉得这个办法好,儿子来把关,她就不害怕了。她迫不及待地把自己的想法告诉家人,儿子也是头一次听说这种功能,四下了解一番之后,最终决定帮老妈完成心愿。为防张秀梅被骗,两人约定好,刚开始把额度设置低一点,等张秀梅熟练掌握之后再提升额度。

于是,张秀梅终于拥有了手机支付账户,虽然每个月只有500元的额度,但她觉得已经够用了,生活的大头开支儿子早已安排好,她日常也并没有太多花销,手机支付于她而言只是一种象征,意味着重新在生活中找回自我。

孙女假期回家时,也发现奶奶跟以前不一样了,不再反反复复地唠叨那些家长里短，也不再唉声叹气地抱怨家人总是玩手机不理自己。

找回社交圈的张秀梅更加有活力，也更加积极乐观。"开心老漂"群的事情也逐渐被家里人知道，大家都觉得这就是一群老年人的自娱自乐。可张秀梅不这么觉得，在她看来，这个群是她老年生活的一个新阵地。

刚刚开始打新冠疫苗的时候，能给老年人打疫苗的地方十分有限，儿子打听到一个地方后立马带张秀梅去接种。打完之后，张秀梅把自己的接种过程录了个短视频，还发了一串长语音到"开心老漂"群介绍经验。群友们知道之后，按照她的攻略操作，都打上了疫苗。

"秀梅太厉害了！"

"谢谢秀梅的分享！"

"给秀梅点赞！"

听到这些夸奖，张秀梅发自内心地高兴，没想到曾经的"高科技落后分子"也能给大家提供帮助。想当初，从村里到城市时，张秀梅觉得自己以后的人生都要依附儿子儿媳，大城市那么多新奇玩意，她自己肯定搞不定。现在，张秀梅越来越自信，"高科技这么简单方便，只要肯用心，有啥学不会的？"

融入数字生活的实践互助

张秀梅其实不只是张秀梅,而且代表了她那一代人,他们是数字时代的移民。

张秀梅 75 岁,粗略推算,人约出生在 20 世纪 40 年代后期。以受教育程度为例,1950 年,中国人口约为 5.4 亿,文盲率约 80%,小学实际入学率不到 20%。经过 10 多年的扫盲教育,到 1964 年第二次全国人口普查时,文盲率仍达到近 34%;到 1982 年第三次全国人口普查时,文盲率虽然降低到近 23%,可女性文盲率依然高达 45%,远高于男性的 19%;毋庸讳言,农村女性的文盲率更高。到了 2010 年,女性的文盲率才降至约 7%。张秀梅不识字不是因为张秀梅不读书,而是由于这是一个时代的社会安排,张秀梅代表的是她那一代的农村女性。

时代不仅没有给张秀梅这一代人接受教育的机会,还在她们一辈子的生活中提出了诸多挑战。其中最重要的有两个。

第一个挑战是工业化带来的城市化。张秀梅的祖辈们原本生活在乡村,虽然一辈子不一定有机会走出乡村,却也因为始终鸡犬相闻而极少面对离开乡村带来的陌生感和异质性。家族、家庭,以及自己成长中积累的关系和人脉,便足以让他们面对各种生产和生活挑战。自己积累的生产经验,不仅可以从容地应用于管理生产,还能作为教育子孙的资产，因而可以使自己在子孙面前获得权威性，也可以让子孙为自己养老送终，自己能有尊严地、体面地逝去。这是第二章探讨过的传统农业社会的个体生命历程。由于书本承载的更多的是抽象知识，与具体地域的生产和生活实践还有一段距离，因此，在村寨生活中，口耳相传的实践经验的重要性远远大于书本知识。识字会被认为是多余的或锦上添花的能力。事实上，在传统中国农村，没有人会因为农牧业生产而追求识字，接受教育的目的是借助科举制度去博取功名。

中国的工业化起始于19世纪中叶，可真正进入工业化起飞阶段还是在20世纪80年代。乡镇企业的兴起曾经让人们以为可以走一条不同于发达国家的工业化道路，费孝通先生称之为"离土不离乡"的工业化。随着技术引进和工业化的加速，就业机会还是向大城市聚集，进城成了越来越多乡村人口的选择，城市化在工业化的趋势中悄然跟进。1949年，中国城乡人口占总人口的比重，城镇约占11%，乡村约占89%；1979年，两者的比重没有发生根本改变，城镇约占19%，乡村约占81%；到了2010年，两者的比重出现了巨变，均占50%；2021年，城镇约占65%，乡村约占35%。从20世纪80年初期开始的农村人口进城务工潮是促成城乡人口格局变化的根本力量。张秀梅的子女便是这股潮流中的一员，而张秀梅可能做梦也没有想到自己有一天会进城。可子女进城了，她也只好被动进城。假如张秀梅生于 1947 年，1982 年第三次全国人口普查时她 35 岁，依照乡村人的社会生命周期，可以想象，她不仅积累了充足的农业或牧业生产经验，也积累了丰富的人生阅历和经验。如果一切如常发展，她已经进入享受经验收益的阶段。或许，她真有机会享受了一段她的经验，可遗憾的是，她得进城带孙辈，那时，她已经 50 多岁了。

对张秀梅而言，如果说村寨生活可以闭着眼睛过的话，那么，在城市生活，不仅要处处睁着眼睛，还要绷紧神经，即使如此，也依然充满挑战。进门，空间狭小，处处得小心别磕着碰着，孩子们有自己的事儿，能够留出来跟她说说话的时间和机会都得掰着指头算计着。出门，除了要小心坐电梯、走楼梯可能产生的风险以外，还得担心车辆、道路、交通规则；出入商店买东西，还要弄清楚各种商品的产地、保质日期、促销定价逻辑等等。不管是进门还是出门，识字是最起码的要求。对于不识字的人而言，生活在城市，无异于盲人生活在世间。张秀梅的双眼虽然能看到每一事物，但却是睁眼瞎，在村寨里积累的一切生产和生活经验，到城市便完全归零了。张秀梅体验到自己"人憎狗嫌"，不是矫情，而是实情。"张秀梅们"将自己称为"老漂"也是事实。

第二个挑战是技术化带来的数字化。张秀梅的祖辈们不仅没见过手机，更没见过智能手机。对于一辈子生活在村寨的人来说，手机是没有意义的。一个村寨的物理空间大不过五里地，需要传递的信息，在日常的社会交往中都模式化了。春耕夏种秋收冬藏，谁家需要什么，根本无须传递信息。即使有需要传递或交换的信息，村寨的物质交换场所如集市、圩场也是信息交流的场所，人们在日常买卖生产与生活用品时也顺便办了，根本没有需要使用电话的场景。更大一些的，如牧区，信息传递的空间更广一些，如果有电话，当然会方便许多。可是，架设电话设施设备的成本又远远超出了使用电话带来的收益，还是骑马更省成本，也能满足需要。因此，对生活在农业社会的人而言，快速传递或交换信息的价值和意义是不大的。

社会的技术化，尤其是现代通信技术的发展，除了战争的需要，更多是来自工业社会的推动。工业社会不仅发明了工业生产模式，还运用批量生产模式把人们的日常生活从家庭拽到了市场。日常生活的柴米油盐酱醋茶，在农业社会，除了国家专营的盐之外，其他都是地方集市能提供的，甚至是家户或村寨自给自足的。工业生产的标准化和批量化一方面让产品的价格变得更加便宜，另一方面还给出了一系列其他的理由，如健康、安全、便捷等，让工业产品快速替代了地方性自给自足的产品。因此，工业化也是人们生活市场化的过程。人们的日常生活越依赖市场，产品的流通节奏便越重要，及时有效地进行产品和流通信息的沟通也变得越关键，进而，工业社会对通信技术的需求也越来越多。通信技术从军事到民用的转化和通信技术自身的迭代也变得越来越迅捷,从电报、固定电话到移动电话,在潜移默化中,社会被技术化了。

依据国家统计局的数据,20世纪70年代末中国改革开放之初,中国固定电话用户数约为193万户,每百人的固定电话数(普及率)约为0.4%;2006年为3.6亿户,普及率约为28%。移动电话技术的迭代恰逢中国改革开放时代,其在中国的应用与发达国家几乎同步。1973年美国摩托罗拉公司发明移动电话,在投入商用后不久的1987年11月,采用TACS技术的模拟蜂窝移动电话系统已在广东省投入商用。1992年国家统计局将移动电话普及率列入统计指标,当年移动电话用户不到20万户;到2019年,中国移动电话用户达到16亿户,普及率约为114%。统计数据显示,2006年是中国固定电话用户数的顶点,从2006年到2019年的10多年间,中国完成了从固定电话到移动电话的历史性转变,其间,移动电话也完成了从模拟蜂窝电话向数字蜂窝电话的技术变革,当中国移动电话用户数在2019年达到顶点时,中国已然成为世界上数字通信第一大国,在通信领域完成了数字化变革。

张秀梅不仅遇到了从乡村到城市,还遇到了社会的技术化变革,更遇上了生活的数字化变革。张秀梅在乡村生活50多年积累的经验不仅没有成为让她享受体面生活和尊严的财富,反而成了她适应新生活需要克服的障碍。在乡村,从事农业生产的经验是宝贵的，可在任何一座城市，这些经验几乎没有用武之地；在乡村，熟人社会的生活经验是重要的，可在任何一座城市，这些经验也不大能用上；在乡村，无论是生产还是生活，是否识字并不重要，可在任何一座城市，不识字几乎是寸步难行；在乡村，经验性是重要的生活技能，可在任何一座城市，懂得运用工具和技术变得更加重要；在乡村，电脑和手机用处不大，可在任何一座城市，会用电脑和手机是基本的数字素养！

社会学家认为，人终归是社会的人。脱离了社会，人便无法与社会进行价值交换，也会因价值丧失而变得六神无主。被挡在数字社会之外的张秀梅在学会使用智能手机之前，感受到的正是如此，尤其是当家人们都抱着手机、盯着手机屏幕的时候。数字技术人机界面的多媒体化给不识字的张秀梅提供了机会，让她可以通过对图像的刻画获取应用需求，也可以通过语音和视频实现数字交流，甚至可以通过家人监护实现数字支付。可是，对不识字的张秀梅而言，实现从0到1的突破是不容易的。张秀梅是有生活智慧的，她没有选择让儿子教她，而是选择了同辈群体中的冯娟。无论张秀梅的儿子、儿媳，还是孙子，都是识字的人，即使不是数字原住民，也接近于数字原住民，他们根本不可能理解对于不识字的数字移民而言，理解智能手机和安装在智能手机上的应用会有哪些认知障碍。

从把智能手机当固定电话开始，到疫情防控期间张秀梅反过来在群里给同伴们介绍接种疫苗的攻略，张秀梅运用数字技术的每一进展，都是在其他人的帮助下实现的，而这种模式恰恰是她熟悉的乡村熟人社会的互助模式。不同的是，这样的互助不只是"开心老漂"微信群内群友的互助，还有张秀梅儿子帮助母亲所实现的家庭内部互助。其实，在数字时代，哪一个家庭内部又没有代际互助？在第二章我们讨论家庭关系时已谈到，代际互助随处可见。张秀梅的代际互助的不同之处是，子代在城市工作和生活，张秀梅又回到乡村，当孩子们把自己的助力延伸到父辈或祖辈时，其实也把城市的助力延伸到了乡村。

我们的研究结论显示，技术是有自己性格的，每一项技术都有对应用能力的基本要求、对使用者技能的要求。在工业社会，对技能的要求被韦伯归纳为科层制的精要之一，即任何一个工业岗位都有对技能资质的要求，也因此推动了现代分科教育制度的发展。可是，在数字社会，当日常生活也把技能作为要求之一时，是否意味着没有技能的人口就没有资质存在了，尤其是在依然存在数字移民的时代？如果我们将问题翻转，即意味着，数字时代的技术，除了追求技术先进性的创新，还可以追求技术普惠性的创新。对"张秀梅们"来说，如果智能手机及其应用能够让他们像使用农具或生活用具那样自然习得，或许可以让他们更加乐意丢弃自己50多年的积累而融入数字时代。

遥远又邻近的朋友关系重构

朋友关系的变迁

群体关系,是一切社会迄今为止最基本的次级社会关系。

可是,朋友关系不是简单的群体关系。准确地说,朋友关系是二人之间相互认同的关系。即使人们在人群里说"我们是朋友"时,潜台词指的也是二人关系。问题是,朋友关系又不是典型的二人关系。典型的二人关系是恋爱关系和婚姻关系,是初级社会关系。一些社会学教科书虽然把朋友关系也划入初级社会关系,认为朋友关系也是典型的二人关系,可朋友关系不是亲密关系,不是典型的初级关系。那么,朋友关系与亲密关系又有什么本质区别呢?

社会学家通常认为,前者是私人关系,后者是社会关系。第二章的讨论表明,社会把恋爱关系看作婚姻关系的前奏,把婚姻关系理解为家庭关系的基座,家庭是社会的基本组成单位,是人类物种繁衍和社会发展的基础,进而给恋爱关系和婚姻关系赋予了社会意义。在家庭关系变迁中,尽管婚姻缔结的社会逻辑不断变迁,恋爱关系也越来越个体化,可恋爱关系和婚姻关系依然是社会关系,一方面受社会规则的约束,另一方面也由社会赋予合法性。

可是,朋友关系却始终被视为私人关系,与社会无关,以至于社会学在100多年的发展中鲜有对朋友关系的系统研究。在社会学教科书里，朋友关系甚至没有专门章节予以讨论，而只是被提及的自变量，并非像恋爱关系或婚姻关系被作为需要探讨的因变量。当然，也有社会学家提出异议，伊夫（Michael Eve）认为，朋友关系理应成为社会学的重要议题。

换一个视角，朋友关系其实是一切社会最重要的一类关系。为了简洁，我们可以把社会的关系划分为两类：契约关系和非契约关系。契约关系是依据社会规则建立的彼此之间的权利与义务关系，具有强制性。非契约关系虽不意味着不受社会规则约束，却不具有对彼此权利和义务的强制性。维拉-麦康奈尔（James Vela-McConnell）认为，朋友关系是一种完全自愿的、与契约制度无关的关系。恋爱与婚姻两类关系携带社会规则且具有权利和义务规则的强制性，是契约关系，这种契约即使不是成文契约，也是具有社会强制性的事实契约。纯粹的朋友关系存在于彼此之间，没有任何哪怕是口头的契约式承诺，也不是契约关系。《庄子·山木》中有"君子之交淡如水"，这或许是最贴切的刻画。刘、关、张三人在桃园结义之前是朋友关系，在结义之后虽还是朋友关系，却更是兄弟关系，彼此携带社会契约了。

社会学家认为，朋友关系有两个特征：第一，以自我为中心。在日常生活中，对朋友关系的表述便清晰地呈现了自我中心性。

如,"我的朋友""我们的朋友""我们是朋友"。"我"是表达朋友关系的出发点。第二,彼此自愿。二人成为朋友,出自自愿。任何一方强制且二人关系依然存在,则不再是朋友关系,可能会变为契约关系。我们以为,朋友关系还有第三个特征,即彼此平等。自愿并非一定意味着平等。比如,自愿做小弟,虽出自自愿,却不平等;刘关张结义出自自愿,结义后却不再平等。一系列社会因素都可能为自愿关系注入不平等,如性别、年龄、种族、族群、权力、资本等等。对判断朋友关系而言,平等性非常关键,也受到社会极大的重视。在中国社会里,为了表达朋友关系的平等性,甚至还形成了特定的表述,如"忘年交"指的是突破年龄不平等的平等的朋友关系。

人类社会历经不同发展阶段,朋友关系在形式上的二人属性却始终未变,或许是因为二人关系是社会关系的自然属性。齐美尔认为,二人关系是社会的起点。网络科学家巴拉巴西的实验表明,给定足够规模的人群,二人关系就可以很快演化为复杂的社会。世界人口虽已突破80亿,社会的起点却仍是二人之间的关系。二人关系不只是朋友关系,可朋友关系是典型的二人关系。从远古到当下,朋友关系的二人属性始终如一,正如维拉-麦康奈尔说的,朋友关系是社会经纬,织成了复杂的社会。

维拉-麦康奈尔还认为,社交圈子缺乏异质性是对朋友关系同质性最好的预测变量。费尔德（Scott L. Feld）的研究也表明，自我的选择偏好其实是以自我为基础的同类选择。巴拉巴西实验的另一个启示是，与亲密关系的缔结相似，朋友关系的建立也受可交朋友机会的影响，而影响机会的则是备选人群的规模和异质性。科尔曼（James Coleman）与同事的研究指出，群体规模有大有小，群体规模增长的机会与后备人群的规模有关，后备人群的规模越大，群体规模增长的机会也越大。尽管米尔格拉姆的社会实验补充了科尔曼及其同事的结论，却没有否定后备人群规模影响的关键性。莫菲特（Terrie E. Moffitt）等人的追踪实验证明，即使是同卵双胞胎，自我的偏好也不相同，尤其是受社会因素影响的偏好。我们的研究结论则进一步表明，后备人群规模之所以重要，在于潜藏在规模里的特征异质性。后备人群的规模越大，人群蕴含的特征异质性也越大，越有机会满足自我偏好的异质性要求。

不过，二人属性形式的稳定性却难以掩盖朋友关系的实质变迁。从农业社会到数字社会，朋友关系因选择范围的拓展而发生着本质的变迁。缔结朋友关系的后备人群规模越大，满足自我偏好的选择性越强；反过来，激发的个体偏好也越丰富，在同一朋友那里获得诸多偏好满足的机会也越少；为满足更加丰富的自我偏好，自我不得不在更大的选择集里去搜寻，以至于朋友的规模也越来越大；同时，自我时间和精力的有限性也使得二人彼此满足对方诸多偏好的完整属性越来越弱，只满足某个偏好的部分属性越来越强，朋友关系从完整朋友稀释为部分朋友，吉登斯讲的纯粹关系大概只是一种形式表达而已。

数字朋友的本质

数字连接不只是突破了后备人群规模过小或自我搜寻能力的约束，更重要的是改变了朋友关系的本质，在现实中的朋友之上叠加了数字朋友。除了成为优秀的学生，在语 C 里，许俊熙既满足着让自己成为飞行员的偏好，同时，还满足着让自己成为足球运动员的偏好。在满足自我偏好的同时，数字连接让许俊熙结交和维系着两类或许完全没有交集的朋友。对许俊熙而言，同学里的朋友是身边的，是具身的，不仅有学习和交流，还有日常互动；飞行员或足球运动员群体里的朋友是语 C 的，是数字的，除了偏好满足，几乎不会涉及其他。在许俊熙的世界里，数字朋友几乎不涉及现实世界，却又是日常生活里难分难舍的组成部分。同样的逻辑也可以解释陈妍、齐学工、张秀梅结交和维系的数字朋友。与许俊熙有些不同的是，这些数字时代的移民貌似总要把数字朋友与传统朋友做比较，甚至希望把数字朋友转化为传统朋友，殊不知，数字朋友就只是数字朋友。

假设理想的朋友是完整朋友，彼此的偏好满足性为1；不理想的朋友是陌生人，彼此之间的偏好满足性为0；社会事实告诉我们，从村寨社会到城市社会，彼此之间的偏好满足性始终在朝0的方向趋近。更加值得注意的是，从实体社会到数字社会，偏好满足在朝0的方向趋近的同时，其间断性也在加速发展。一个朋友曾经或许可以满足自我的某个偏好，现在却只能满足某个偏好的某个维度，譬如，一个摄影"发烧友"的器材偏好、风格偏好，或许需要由不同的朋友来满足。

传统朋友关系与数字朋友关系的本质区别或许可以归纳如下。

第一，实体关系与精神关系。实体关系或身体同场是传统朋友关系的本质。传统的朋友彼此之间是实体的关系。夫子讲："有朋自远方来，不亦乐乎？"说的正是身体在场的相聚。无论是相谈甚欢还是把酒言欢，都意味着朋友之间的实体性交流，如第二章说的，如果是"谈"，那便是复合的和私密的交流。即使从村寨搬到了城市，人们的生活节奏加快了，朋友之间更多的也还是实体关系。"很久没聚了"说的也是身体在场的相聚。

可数字朋友关系，其载体是实体的、身体在场的，关系却是精神的。依照传统朋友关系的缔结与维系模式，许俊熙不仅要报名加入飞行员俱乐部，还要亲身到实地参加飞行训练，在俱乐部活动的进程中搜寻和发现满足自我偏好的俱乐部成员，缔结和维系朋友关系。其中的每一个环节，都要求许俊熙的身体与精神一体。对于一个六年级的学生而言，在繁重的学业负担之余，这是完全不可能的，更不可能在飞行俱乐部之外再加入一个足球俱乐部。可是在语C里，许俊熙的身体在学校，在家庭，在繁重的学业活动里，他无须亲身前往飞行俱乐部，无须亲身前往足球训练场，无须一个小时又一个小时地参加训练，却可以因交到了数字朋友而获得快乐，获得成就感。同样的逻辑，也可以解释陈妍、齐学工、张秀梅的数字朋友：朋友彼此间的精神满足无须身体参与便可获得。柏拉图的想象貌似成了现实。

第二，长久关系与短暂关系。长久关系是传统朋友关系的本质，同场生活的终身性影响着朋友关系的长久性。在村寨社会，我如果今天与张三做朋友，明天放弃张三而与李四做朋友，后天又放弃李四而与王五做朋友，则很快会变得没有朋友。这是因为在传统社会，人的可靠性是交友的重要影响因素。不断更换朋友即意味着不可靠，自然再也交不到朋友。同场生活的短暂性也影响着朋友关系的短暂性。在城市社会，一个人今天与张三做朋友，可如果很快张三因为升迁了或搬走了，即使这个人仍然希望与张三做朋友，也失去了继续做朋友的环境和条件。

短暂关系是数字朋友关系的本质。当把生活的节奏加快到数字社会，朋友之间生活不同场，而只是因某个场景而在场，甚至身体不在场，人们如果还希望朋友关系是长久的，又怎么可能？数字朋友的场景性，加上场景迭代或变化的快速性，使得数字朋友不仅非同场，甚至也非长久在场，缔结和维系短暂朋友关系、不断更换朋友不再是社会排斥行为，而是每个人不得不面对的现实选择。

第三，纵深关系与粗浅关系。纵深关系是传统朋友关系的本质。当人们生于斯长于斯老于斯时，一旦有朋友，双方便有机会成为完整朋友，这种关系不只是实体的，也是精神的；极小的选择性和朋友关系破裂产生的极大危害性迫使人们在朋友关系缔结与维系中朝向纵深发展，寻找并维系可以充分满足自我偏好的完整朋友。即使在数字时代，经历过传统朋友关系的张秀梅甚至齐学工，依然努力将数字朋友转化为传统朋友，从张秀梅对待冯娟的方式可见一斑。

粗浅关系是数字朋友关系的本质。当人们与满足自我偏好的朋友之间是场景际遇关系时，朋友之间既没有实体的感悟，也没有时间和精力进行深入的交流。交浅言深曾经是传统朋友关系里试图避免的状态，浅浅之交却是数字朋友之间的常态。时间对任何人而言都是常数，没有时间的投入，难以对朋友有深入的理解和了解，朋友关系的粗浅也在情理之中。许俊熙在语C圈的朋友，在关系的深浅上很难与其在学校的实体朋友相比，他与实体朋友的关系一定深于语C里的朋友关系。当然，如果把数字连接作为媒介，许俊熙也可以在语 C 里结交到纵深关系的朋友，一如第二章讨论过的。

第四，多维关系与单维关系。多维关系是传统朋友关系的本质。在长时间的同场磨砺中，朋友之间的了解与理解不只是纵深的，还是多维的。在社会逻辑上，纵深与多维互为因果，没有纵深便难以多维，没有多维便难以纵深，两者是同一关系的一体两面。多维关系甚至可以代际传递，"世交"便是对代际传递的准确刻画。齐学工对老同学子女的历史教育在形式上是代际传递的，在本质上依然是老同学之间的礼尚往来，是试图把转向数字的朋友关系再转用传统朋友关系承接而已。与之形成对照的是，如果说张秀梅与冯娟的关系是传统朋友关系的话，那么，张秀梅与"老漂"友的关系便是数字朋友关系。

单维关系是数字朋友关系的本质。当场景际遇成为朋友关系缔结与维系的常态，人们便更倾向于将自我偏好进行细分，以便于更好地在异质性后备人群中进行精准匹配。由此带来的后果之一是，缔结和维系的朋友关系变得越来越单维，甚至只是一个维度的部分环节。假设肢体语言是陈妍的优势，她甚至可以将肢体语言细分为更多维度，在每一个更细维度的不同环节结交和维系不同的朋友。同理，许俊熙对飞行的兴趣已经单维。飞行的高度专业性意味着飞机有多少类型，飞行员就有多少种，让许俊熙感兴趣的是类似空客 A380 的大型民航客机；齐学工与老同学子女的关系也仅限于历史知识维度。

朋友关系的重构

如果我们把缔结和维系朋友关系理解为三个变量的函数,即自我偏好细分(A)、后备人群规模(B)、搜寻与偏好匹配效率(C),那么在理论上,A 受 B 和 C 的影响。其中,B 受到社会经济变迁的影响,C 受到技术进步的影响。米尔格拉姆的小世界实验和随后的六度分隔理论已经证明,理论上,我们可以接触到世界上的每个人。给定后备人群规模趋向于人类整体数量,那么满足且触发自我偏好细分的,更多的是提高搜寻和偏好匹配效率的技术。

在村寨,生产与生活的封闭性决定了朋友关系的后备人群规模不大。一个千人左右的村寨,同龄群体的规模不过十几二十人而已。在有限群体里缔结朋友关系,有效的方式是让少数几个朋友尽可能多地满足自我的诸多偏好,由此呈现的朋友关系可以被称为具有偏好满足完整性的朋友关系(简称完整朋友关系)。

在日常生活中,人们的口语表达隐喻了朋友关系的完整性,如西南官话说的,"我们是整(gěng)朋友",指的正是完整朋友。完整朋友关系不仅发生在中国,在一个多世纪前的俄罗斯也有类似情况。维日比茨卡(Anna Wierzbicka)的研究指出,俄罗斯人的朋友关系通常比西方人特别是美国人的窄,他们想要一个可以倾吐心声的人,分享他们的痛苦,讲述与情人或情妇的家庭问题或困难。我们相信，不只是中国、俄罗斯，整个人类社会的经历都是类似的。

正如齐美尔指出的，二人关系的特点在于双方共同参与，如果有一方失去了兴趣，二人关系便会解体。我们认为，要保证双方共同参与，还需要社会环境的支持，如双方有共同参与的时间。在社会发展进程中，只有村寨社会因农业生产的季节性而支持社会时间的同步性。

在城市，生产与生活的异质性决定了朋友关系的备选人群大为扩展，同时，也消解了社会时间的同步性。除了人口规模，城市社会劳动分工的复杂性决定了城市人群相比于乡村人群在异质性上有着本质差异。异质性的增加为满足自我丰富的偏好提供了充足的备选人群，同时，从一个朋友那里获得的偏好满足也从完整变成了部分，让城市人口的朋友关系呈现为部分朋友关系。在日常生活中，人们的口语表达同样隐喻了朋友之间的部分认同，如"我们是球友"指的是，二人只在打球一项活动上彼此认同。

朋友关系从完整性向部分性的演化还受社会环境变化的影响。劳动分工的复杂性决定了人们很难找到共同的时间。在村寨，人们的社会时间以季节为单位，以节庆为节点。可在城市，社会时间差异的区间极大，从以日为单位到以分钟为单位。社会时间的差异性使得二人之间不得不艰难地寻找可以共同参与的时间，以至于不少人不得不用日历本来规划或安排自己的时间。给定每个人是不同的，时间有差异，人们便只能在不同中寻找相同，此时，如果还想让少数朋友满足自我的诸多偏好，便是不可能实现的目标。现实的选择是，把自我的偏好划分为部分，且将部分尽可能划分为单纯的部分。"球友"只是因单纯的部分而呈现出的纯粹关系的例子而已。

遗憾的是，即使有了更大的选择集，也不意味着一定有更适配的选择。除了自我偏好始终会随生活变化而不断变化以外，选择活动也受诸多因素约束。邓巴的研究证明，人的脑容量是有限的，这意味着自我在大规模异质性人群里搜寻和匹配自我偏好的能力是有限的。能力的局限性和生命的有限性迫使自我不得不放弃完美匹配或搜寻完整朋友，而去寻求自我偏好的部分满足或有限满足。伯牙摔琴的故事说明，即使在古代，在后备人群有限或搜寻成本过高的条件下，满足自我的部分偏好也是人们难以承受的负担。大龄青年不婚不过是伯牙摔琴的当下呈现而已。陈妍加入舞蹈社和张秀梅买手机，既是试图突破后备人群有限的约束，也受搜寻成本过高的约束。如果学校没有舞蹈社，陈妍依然想发挥肢体语言的优势，便需要花费更大的搜寻成本。同理，如果张秀梅的身边没有冯娟，她如果还想融入微信群只能多费上一番周折。

假设知音难觅是传统社会缔结和维系朋友关系的普遍现象，那么，其中至少蕴含着两重含义。第一，后备人群规模过小，缺乏异质性，反复搜寻也难以让少数人满足自我偏好的完整匹配；第二，后备人群规模过大，异质性充分，却因搜寻成本过高，只能让更多人分别满足自我偏好的部分匹配。要让自我偏好获得完整匹配或匹配完全，既突破自我的能力约束，又降低搜寻的时间成本，是缔结和维系朋友关系的传统模式不可能完成的任务。

或许数字连接是应需而至的一项技术。许俊熙的语 C 和陈妍的舞蹈社，都借助数字连接把还是学生的他们带到了传统的缔结和维系朋友关系的模式之外，让他们在异质性人群里搜寻和匹配自我的偏好。张秀梅也因为数字连接突破了能力的约束，而有了一拨"老漂"友；齐学工则因为数字连接不仅找回了曾经失去联系的老同学，还与下一代建立了亦师亦友的朋友关系，其中，甚至还有自己的孩子。

数字朋友关系凸显的精神性、短暂性、粗浅性、单维性在传统社会的朋友关系缔结与维系中也同样存在，只是都是社会不赞许的属性。社会更加赞赏对社会和谐及稳定有利的身体与精神一体、长久与短暂交融、纵深与粗浅互济、多维与单维并在的朋友关系。可是，在数字技术的支撑下，因数字连接泛在对自我偏好细分的满足与触发，让曾经不被社会期待的属性成为人们缔结与维系朋友关系的必然选项，因而重构了朋友关系。

数字朋友没有排除实体关系，也没有排除长久关系、纵深关系、多维关系，只是，这些关系属性不大可能像传统朋友那样同时汇聚了。还记得第二章的何瑜吗？她跟彼得的关系、跟"大侠"的关系，也是朋友关系，他们先有线上关系然后才约线下见面，身体与精神是可以同时的。只是，不可能与长久、纵深、多维等属性同时存在。何瑜与他们的关系是短暂的，许俊熙在语C里与飞行员朋友的关系、与足球队朋友的关系，也不可能长久。一旦许俊熙对语C飞行活动和足球活动失去兴趣或者语C被其他场景替代，建立于语C场景的朋友关系也就消散了。同理，一旦陈妍不再对肢体语言有兴趣，在肢体语言维度缔结和维系的朋友关系也会随之消散。当然，不排除许俊熙或陈妍与某些人会保持长久联系，却不再可能回到传统社会的完整朋友关系了。

如果我们把许俊熙和陈妍在同学中的朋友作为传统朋友，把许俊熙在语C里的朋友、陈妍在舞蹈社的朋友、齐学工的历史知识朋友、张秀梅的"老漂"友等当成数字朋友，那么，无论是许俊熙、陈妍，还是齐学工、张秀梅，他们的数字朋友在数字连接技术出现之前是不可能出现的。与重塑家庭关系一样，数字技术同样也重塑了朋友关系。除了重塑家庭关系的媒介化、自我化、单向度化等特征同样重塑着朋友关系之外，数字连接对朋友关系的重塑还有一个独有的特征，即朋友关系与精神满足场景化。在表征上，传统朋友关系是偏向于完整二人关系的，其实，不是自我偏好倾向于完整，而是自我偏好受环境约束而被迫趋向于完整。本质上，自我偏好都是任性的，"想起一出是一出"是自我偏好的底色。可是，无论在村寨社会还是在城市社会，自我偏好要么受后备人群规模的约束，要么受自我搜寻与匹配能力的约束，让满足偏好的场景变得相对有限和稳定，或鸡犬相闻，或两点一线，无论身体还是精神，自我偏好的"任性"都没有发挥的空间。

数字连接虽然没有改变身体活动范围的有限性，却赋予了精神活动范围的无限性，进而让朋友关系的精神性也因场景的丰富性而得到充分呈现，自我偏好的任性终于有了不受约束的环境。许俊熙的身体活动空间是家庭或学校，通勤距离不过数公里而已，与传统朋友的活动范围一致；可精神活动空间是语C的，或许还有其他的数字空间。无论是哪个数字空间，许俊熙的时间和精力约束依然存在，如果说在传统朋友关系里因后备人群异质性有限或自我搜寻与匹配能力有限而让自我偏好得不到充分满足，那么，在数字朋友关系里，数字技术赋能突破两个能力约束而让自我偏好有机会获得充分满足，进而让时间和精力约束转化为硬约束，这就是人们在任何场景下都不愿意放下手机的基本缘由。

与此同时，进一步的影响或许还有，在可以充分满足自我偏好的环境里，反而不知道什么是自我的真正偏好，不知道朋友关系带来的满足感和幸福感来自哪里。为此，自我不得不在备选场景里不断刷新尝试，结果是，让场景化身为数字朋友，朋友反而变身为场景元素，偏好满足转变为焦虑的场景转换，精神自然地场景化了。许俊熙结交的数字朋友都是场景化的，且只限于自我偏好在精神上的满足。陈妍、齐学工、张秀梅结交和维系的数字朋友也是场景化的。一旦走出场景，数字朋友关系就结束了，除非将数字朋友转化为其他形态。

如果说数字朋友关系不仅让身体与精神分离，且精神关系的时间与精力占用也远远超过实体关系，那么精神场景化就意味着朋友关系的碎片化与流逝化，朋友关系也因此被重构了。

如果人们依然认为朋友关系是初级关系，那么，作为初级关系的朋友关系与作为初级关系的家庭关系在本质上已渐行渐远。对家庭关系而言，无论数字技术如何发展，在人力被人机混合体或纯粹机器替代之前，尽管数字家庭关系相比于传统家庭关系发生了本质变化，有一点却没变，家庭关系依然是完整的身心实体关系。

或者如果人们还是认为朋友关系是次级关系，那么，作为次级关系的朋友关系与作为次级关系的群体关系（如下一章讨论的工作关系）在本质上也渐行渐远。对群体关系而言，无论数字技术如何发展，在人力被人机混合体或纯粹机器替代之前，尽管数字群体关系相比于传统群体关系也发生了本质变化，有一点却没变，群体关系可能依然是以身体在场为主的关系。

可对朋友关系而言，不仅完整的实体关系已不复存在，完整的精神关系也不复存在，自我身体虽然完整，自我精神却在不断细分，让数字朋友关系趋向于部分身体之间、部分精神之间、部分身体与精神之间的关系。换句话说，自我的主体性依然存在，主体的构成却不再是身体与精神的一体，而是身体与精神在时间流逝与空间变化上的不同组合。在形式上，自我是铁打的营盘，其实也是流水的兵；满足自我偏好的朋友，只是不断流逝的时间与变动的空间的际遇载体而已。

向何处去

亚里士多德将朋友关系区分为两类：一类是互利互惠的，另一类是基于快乐的。如果细究，依照齐美尔的论述，快乐也是相互的，只有一方快乐的朋友关系是不可持续的。人类朋友关系的基本特征貌似是永恒的，即从我出发，是自愿的、平等的、互助的二人关系，可注入永恒形式的基本特征却在不断变化。形式上的自愿、平等、互助曾经是一一对应的结构，如今正在演化为多一对应的汇聚动态形式，互助的形式还在，意义却在不断变化之中。朋还在，甚或变成了圈，友或已不存。

阿马蒂（Viviana Amati）等人对 2012 年意大利人交友数据的分

析表明，好的朋友关系会为生活满意度带来积极影响，这再一次证明了人是社会的。朋友关系对人类是重要的。帕尔（Ray Pahl）认为，朋友关系是人类重要的社会黏合剂。维拉－麦康奈尔的研究也证明，朋友关系甚至是社会结构的重要表征，以至于千百年来，不仅人们重视朋友关系，社会也同样重视朋友关系。

欧洲传统认为，朋友关系是建立在道德基础上的。中国传统则认为，朋友关系是建立在"义"理之上的。如果用当下的学术语言来说，"义"也是人际关系的道德准则，与基于人伦的家庭关系一起，构成了一个人从生物性步入社会性的通道。无论是家庭关系还是朋友关系，都受到同一个因素的约束，那就是人的时间和精力是有限的，如果将有限的时间分配到无限多的自我偏好满足上，那么，能够满足一个偏好的时间和精力一定会减少，关系一定会朝肤浅的方向无限逼近，从关系中获得的或许不再是满足，而是因得不到满足而产生的焦虑，即关系过载。我们相信，人们重视朋友，还是因为朋友关系能够为自我带来满足、带来快乐。

随着异质性后备人群的增加和数字技术的赋能，以满足自我偏好为目标的朋友关系的缔结与维系的确更加便捷，人们可能有更多的朋友。可是，数字朋友的精神性、短暂性、粗浅性、单维性让朋友关系带来的满足感变得无比脆弱，一旦受到某种力量的冲击，无论内力还是外力，都有可能迈向崩溃。与传统朋友比较，数字朋友是脆弱的,对个体与社会的关系而言,个体在形式上更加融入社会的同时,在本质上却在走向更加"孤独"。当然,还可以有另一种表述,即个体在走向更加独立和自主。如果社会不是由相互融入的家庭关系、群体关系构成,而是由特立独行的个体构成,则社会或许也在步入君子独处的时代。特克尔(Sherry Turkle)说的群体性孤独也许只有部分是符合现实的,尽管她试图把重拾交谈作为解药是理想的、不现实的。

  从古到今,朋友关系的形式未变,内核却在不断变化,以至于如今朋友关系的内核已经变得异常复杂。技术改变所纵容的自我偏好的膨胀及自我偏好满足的路径的多样化和高效率,是否让朋友关系背离了其对自我的本意,成为人类亟待反思的内容。无论如何,朋友关系是社会文化在二人关系上的投射,尽管朋友关系是以自我为内核的,是自愿的、平等的,可朋友关系的缔结与维系依然是社会行动,受社会规则的约束。让朋友关系回归互利互惠基础上的快乐,还得回到社会规则的约束上来,要用社会规则约束数字技术的影响,或者重新建构符合数字社交特质的朋友关系。

04

第四章 数字工作关系

  工作关系并非社会里一切正式关系的起点,却是一切正式关系的常见形态。从个体看出去,人,走出家庭、走进学校,最终走向社会。在现代社会,人,走向社会的标志是有一份工作,在工作场所与他人建立关系。缔结、维系和改变工作关系是衡量一个人成熟与否的标准之一,是对人综合能力的检验,也是人获得社会经济地位的机会,还是人在与他人和社会的关系中形塑自我和建设心灵的最重要场景。

  当然,社会的发展,尤其是生产技术的发展,不仅让社会有机会用工作技能挑选有资质的岗位承担者,同时也给了工作中的个体拓展社会空间,尤其是直面市场、挑战技能创新的机会,在重塑工作的进程中,重构着个体的工作关系。数字工作不仅突破了传统的岗位工作关系,还形成了以个体技能为中心而不是以岗位需要为依据的千变万化的新工作关系。我们选择其中的四个特征性场景探讨数字技术与工作关系的重构。

案例：破壁职场

高考失利后，程慕馨一度感觉已经看到了人生的天花板，有一层厚厚的乌云，压得人喘不过气。她的分数卡在三本和大专之间，犹豫许久之后，为了不给贫困的家庭增添经济负担，程慕馨决定读大专。

这个决定让她在就业季备受煎熬，学历成了就业最基本的门槛，大学本科和专科之间似乎有一道无法逾越的鸿沟。几经周折，她被一家内衣品牌公司录取，在门店做导购。

程慕馨工作的门店在一家位于市中心的老式商场，该商场曾经是城市地标之一。但随着新型购物中心的兴起和网购的流行，这家商场失去了往昔的热闹，人流量锐减，年轻人越来越少。程慕馨的同事大多年过四十，在商场工作了多年，同事间日常闲聊的话题不是老公就是孩子，大家都盼望着早日退休回家。程慕馨感觉自己像个"闯入者"，她不上不下的学历、她的年龄，都让她难以融入这个工作氛围。

来老式商场买内衣的大多是熟客，其他导购都有稳定客源，大家甚至已经画好了"地界"，楚河汉界一清二楚。而程慕馨被排除在外，入职后接连几个月，她的销售业绩都是垫底。这家门店的业绩在全公司也一直倒数。

就在程慕馨一筹莫展时，总公司出台了新的战略，要做数字化转型，要求导购们想办法把线下门店的流量导入线上的小程序，还要求员工熟练掌握企业微信，为顾客提供"1v1"的服务，相应的激励措施是，线上成交量也会被纳入销售业绩。

新规很快下发到各个门店，同事们纷纷抱怨新规太苛刻，学不明白那些"手机工具"。相反，程慕馨觉得自己的机会来了。她读的专业就是电子商务，虽然课堂教学和实操有很大差别，但经过三年的学习，程慕馨最大的收获是眼界打开了，这让她不畏惧新东西、新模式。

程慕馨把公司发的规则翻来覆去看了几遍，又去网上搜了相关的教程和文章。公司安排了专门的培训，程慕馨课上是最认真的学员，课下也加了老师的企业微信，想不明白的地方就问老师。她觉得，如果能把顾客的来源扩展到这座城市以外，她就能打破同事们的"熟客垄断"。

一天，一个老顾客来买内衣，买完之后跟程慕馨的同事闲聊，说起女儿在南方读大学，读了大学之后要求审美独立，再也不肯穿妈妈买的衣服。

"我们刚出了一款无钢圈内衣，非常舒适，面料也是特别透气的那种，在南方卖得很好，现在还有折扣，您要不要给女儿买一件？"听到她们的对话，程慕馨跟这位老顾客建议道。她刚刚参与了公司内的一场线上培训,在培训群里看到南方的销售们在讨论这款内衣。

老顾客原本有些犹豫,但看到内衣的价格十分优惠,便付账买下了。

"这样的内衣,哪有小姑娘会喜欢?当心人家穿了不喜欢投诉你哟!不过就你那业绩,再垫底就要被炒鱿鱼了,卖一件算一件。"同事见状嘲讽道。

程慕馨并不反驳,只是继续自己的学习。

过了几周,给女儿买内衣的老顾客又来逛街,见到程慕馨就夸,说女儿很喜欢上次买的内衣,连同宿舍的女孩们都在问具体是哪个型号的。

"阿姨,您看方不方便让您女儿用微信加一下我的企业微信?我们在社群里会有一些优惠活动。如果她们宿舍的同学都喜欢类似款式的内衣,我可以帮她们申请额外的优惠,有了新的款式也可以先告诉她们。"老顾客对程慕馨的印象很好,便答应把她的电子名片转给女儿。

这个女孩和她的舍友成了程慕馨的第一批线上用户。程慕馨专门记下每个人的身材特点和喜好,有了合适的新产品和新折扣都会及时发给她们。

每每遇到线下逛街却没有看到心仪款式的顾客,程慕馨都会建议对方加入企业微信社群，再根据对方的款式和折扣偏好做好备注，以便有新款式可以及时通知顾客。同事总吐槽她像搞传销，程慕馨不在乎，在她看来，为不同的顾客定制精准化的服务一定是未来的趋势。即便顾客在假期发来问询，她也会及时回复。以手机为触角，她接触到大南海北的顾客，视野更加开阔了。

努力很快反馈在业绩上，程慕馨的线上销售量名列前茅，多次受到公司的表彰，同事们的"酸"也逐渐变成羡慕。

在自己运营的社群里，程慕馨还经常发起一些投票和讨论，收集顾客对公司产品的意见。夏天来了，年轻姑娘们喜欢穿吊带，嫌弃内衣的肩带露在外面太丑，不止一个顾客跟她建议能否推出一些肩带设计好看的产品。

"实在不好意思，我这边不负责产品设计，我也想想办法看怎么跟公司的设计师反馈一下大家的意见。"程慕馨一边在群里回复，一边思索如何能把这些顾客的声音反映给设计部。看着企业微信群不断弹出的新消息，她突然想到，可以直接通过企微找到公司的设计师，给对方发信息。

为了让建议有更多论据支撑，程慕馨先在群里发起投票，收集结果后，又把顾客的具体意见截图整理成一个素材包，一并发给公司设计部的负责人。

信息发出之后，程慕馨很忐忑：设计部的负责人会在乎一个"门外汉"导购的意见吗？进公司三年，别说设计部的负责人，连设计师她都没见过。

意料之外的是，设计部负责人几个小时后就回复了程慕馨的信息，对她的建议表示感谢，还邀请她跟新产品设计师一块开会聊聊。会上，程慕馨基于自己过去的工作，整理了一份更详细的顾客"画像"和需求，供设计师们参考。

设计师们很重视程慕馨提出的建议，称她是"离前线炮火声最近的员工"。她的建议很快反馈到了新一批的产品上，产品上架后销量很好。因为跟设计部的成功配合，程慕馨的顾客运营案例甚至被写入公司的培训教材，她也从一个"小白"变成了培训讲师。

程慕馨向公司申请了一批免费的产品，寄给当时积极在群里参与产品讨论和反馈的老顾客们。

"新品好棒啊！又舒服又好看，随口提的建议竟然能变成产品。慕馨姐，你太厉害了！"收到顾客们的反馈，程慕馨突然有点感动。两年前，她还觉得生活一片灰暗，没想到天花板这么容易就被打破了。她想：自己在职场或许还能再往上蹦一蹦，这板子也没有看起来那么结实嘛！

突破科层岗位的关系外溢

　　程慕馨没有读本科的确遗憾。世界各国的社会学研究都有一个共同结论，那就是，是否读大学会将个体未来的职业生涯和向上社会流动划分出两条截然不同的路径。一条是没有天花板的，一条是有天花板的。两类个体年近退休时的社会经济地位更有着本质差别，读过大学的社会经济地位会明显高于没有读过大学的。当然，社会学研究是在群体层次获得的结论，切不可将其套在具体的个体身上。

　　天花板不是学历学位设定的，而是劳动力市场设定的，一个人的学历学位不过是个体进入职场的敲门砖而已。既然是市场，劳动力市场也受市场供求关系规律的支配。同一个职业，在不同劳动力市场环境里对学历学位的要求也不相同。举例来说，在中国，20世纪80年代中期，一名硕士毕业生可以在很好的大学里谋到一份教职，可在当下，世界顶尖大学的博士毕业生也不一定能在一般大学里谋到一份教职。

　　劳动力市场的兴起源自工业化催生劳动分工而建构的岗位雇佣制度。在中国，传统农业生产也有分工，男耕女织是对家庭劳动分工的经典刻画。只是在传统分工里，有依据体力付出轻重的劳动分工，却没有以岗位技能需求为条件的雇佣制度，更多的是季节性劳动互助，如农忙季节家户之间的互助；还有的是自我雇佣，无论是以个体为单位还是以家户为单位。美国劳工部的数据显示，1800年，美国大约80%的劳动力都是自我雇佣的。

劳动分工又源自人类对组织效率的追求。一个经典的例子是斯密（Adam Smith）在《国富论》开篇对制针的刻画。一个未经训练不会使用机器的工人工作一天或许一根针都造不出来。可如果将制针的工作分解为简单操作并进行组织，由10个工人合作，一天可以生产48000根针，生产效率大幅提高。

当斯密的劳动分工理论获得技术支撑时，历经泰勒（Frederick W. Taylor）的"科学管理"，福特制（Fordism）作为一种实践形态应运而生，且成为工业化飞跃阶段的标志，极大地影响了人类的劳动，以及劳动与社会其他活动的关系。这种对劳动的影响意味着人们不得不为组织工作，美国劳工部的数据显示，20世纪末期，美国劳动力自我雇佣的比例下降到仅6.8%。对劳动与其他社会活动（如教育）关系的影响，促使教育活动从影响人的思想与观念转化为培养人的技能，让专门化教育成了人进入职业岗位的必经之路，也成了现代社会体系的有机组成部分。

对于只能通过组织的职业岗位向上流动的人而言，程慕馨没有读本科意味着她可选的职业岗位远少于读了本科的人可选的职业岗位。对于任何追求发展的年轻人，眼前摆着一道明显的障碍，当然是其需要面对的巨大挑战。

程慕馨面临的更大的挑战还在于，刚入职场就遇到了数字技术给零售业带来的大转折。

由斯密的理论推演落实为工业化生产活动的组织机制有六大特征，即专门化、职位分等、成文规则、绩效考核、非个人化、档案记录等，这在大规模制造业中反复得到验证。在韦伯那里，这些机制被总括为科层制。随大规模生产而来的物质的巨大丰富、生产过剩和对服务的需求推动了工业时代从生产向服务的转型。20世纪中叶，劳动力更多在生产领域而不是在服务领域就业，半个世纪之后，格局反转，服务业变成了劳动力就业的主要领域。在中国，最近10年，服务业吸纳的就业人口占比大幅上升。人力资源和社会保障部的数据显示，2012年服务业从业人员比例为36%，2021年则上升为48%。

就业格局的转变没有改变工业组织的科层制特征。服务业的组织机制依然满足科层制原则。程慕馨就职的内衣品牌公司是一家老字号企业，自然也是典型的科层制组织。而她所处的具体工作场景，一个曾经作为城市地标的老式商场，也是如此。在这份工作里，程慕馨全方位地感受到了科层制的压力，在成熟的岗位等级体系中，新人通常被按在最下层。

程慕馨遭遇挑战并不是因为她是新人。如果企业还是典型的科层制，每一个新人都会经历类似的过程，程慕馨只需熬过一段时间，等待下一拨新人到来就可以。程慕馨面对的更大挑战在于她遇到了科层制外部环境革命性变革对科层制的冲击。在线上零售如飓风般崛起的日子里，企业试图进行科层制变革——零售数字化转型。对熟悉科层制的老店员而言，能守住科层制就能守住岗位利益，因此，守住科层制是他们面对转型的优选。可对程慕馨而言，守住科层制不是守住自己在科层制里的优势，而是守住自己在科层制里的劣势。任何略有理性的劳动者都不会如此选择。

如此，程慕馨面对的更大挑战反而成了数字化转型给她带来的机遇。

第一，程慕馨没有既存利益的羁绊。在商场里，入职不久的程慕馨并没有形成与岗位之间的牢固利益关联，如岗位技能娴熟带来的岗位红利；也没有形成与同事之间的非正式群体关系。霍桑实验的结论告诉我们，岗位工作在形式上的确是职业化活动，可由于从事岗位活动的是人，因此，岗位工作在本质上也是社会行动。任何社会行动都受社会规律的支配。工作场所的社会规律之一便是在同一个场所工作的人会形成岗位组织结构之外的非正式群体关系。程慕馨参加工作时间不长，尚处在被老同事观察的阶段，还没有与任何老同事形成非正式的群体关系。

第二，程慕馨有更大的冲动面对数字化转型。在这家店里，程慕馨销售业绩垫底，没有什么可以失去的，这反而让她对任何机遇都有尝试的冲动，更何况，向数字化转型是总公司出台的新战略，赋予了程慕馨利用机遇的组织合法性。加上程慕馨年轻，时代赋予了她更高的数字素养，她虽是大专生，专业却是电子商务，更增加了她尝试把握新机遇的技能。问题是，公司并没有给基层员工提供向数字化转型的正式路径，这意味着程慕馨只能在现存的科层制组织框架和组织机制内进行自我突破。

数字连接是程慕馨运用的第一条路径，销售的岗位工作又是她运用数字连接的起点。

当程慕馨观察到来商场的顾客没有寻到满意的商品而有机会为之提供线上服务时，打通从线下到线上通道的机会来了。机会显然不是程慕馨拥有的，而是线上与线下商店的差异蕴含的。线下商场都是实体的，实体的物理属性决定了其空间占有属性，使得任何线下商场的空间范围都是有限的。有限的空间只能容纳有限的商品。而有限商品面对的却是顾客不断变化的需求，理论上，顾客变化的需求是无限的。以有限对无限，自然是难以完全满足的。

数字连接带来的是，线上的供给也是无限的。我们的研究证明，数字连接带来的汇聚机制让细微的差异化需求也有可能汇聚为有价值的市场需求，触发相应的市场供给。程慕馨也许不明白差异化需求乘数效应，却朴素地懂得线上商品选择性要远远大于线下。

从对一位顾客的一个需求满足开始，程慕馨运用科层制传统岗位的工作合法性，突破了科层制传统岗位关系中新人必经的"熬资历"阶段。程慕馨通过数字连接,绕开了线下固定客户群体这一类被垄断的资源,与线上的客户建立起直接连接,实现客户资源和职场发展的弯道超车。

通过与客户建立深度的沟通,让程慕馨不再只是企业与客户之间传递商品的店员,事实上,程慕馨也变成了企业的合伙人。从客户那里搜集意见和对产品的建议,不是店员的岗位工作,当岗位之外的工作变得对门店经营活动有重要甚至关键的影响时,程慕馨也为企业的发展提供了额外支持,这在理论上可以被理解为程慕馨对企业发展的智力投资。不仅如此,程慕馨与设计团队的合作更是突破了销售岗位的工作设定,跨出线下的门店,在实践上形成了代表企业与外部市场的合作,或代表自己与第三方的合作,让岗位工作彻底突破了传统模式的羁绊,形成了具有更大扩散性的关系外溢。对程慕馨而言,未来的潜在职业选择也不再局限于销售,她拥有了更多的可能性。

案例:旧岗新干

警校毕业后,刘子豪"子承父志",考进派出所当上了民警。

刘子豪对民警的工作和生活并不陌生,父亲老刘干了一辈子基层民警,刘子豪从小耳濡目染,"为人民服务,帮群众办事"的理念早已熟稔于心。

但投入工作之后,刘子豪发现,自己与父亲的工作目标和服务人群虽然一样,工作方法却发生了天翻地覆的变化。

老刘工作的派出所在一个四线小城,小城外来人口很少,刘家从刘子豪的曾爷爷辈就生活在这里。到退休时,老刘几乎认识片区里的每一个商户和住户,很多甚至就是刘家的老邻居老朋友,工作圈和生活圈高度重叠。

而刘子豪工作的派出所虽然只是在一个县级市,但是互联网商业非常发达,人口流动性很高,有很多外来人口,有的大型社区光流动人口就超过1万人。刘子豪很难像父亲一样,借助与辖区居民的熟人关系开展工作。

两代民警面临的警情也完全不同,老刘的辖区居民大多在各类单位工作,非警务警情较多,比如邻里矛盾、生活求助,年底时还偶有小型的盗窃抢劫。

而小刘的辖区,没有固定工作的流动人口多,警情数量多,派出所每天都要处理上百起案件。警情类型也多种多样,除了传统的盗窃、"黄赌毒",各类纠纷高频发生,从劳资纠纷到消费纠纷,不一而足。近些年,电信网络诈骗高频发生,种类繁多,每过几个月就有新花样出现,令人防不胜防。

在刘子豪入职之前，派出所所长就已经没法仅通过传统的方法开展工作，经过多方了解，所长想尝试一下互联网化的工具，在线上开展一部分工作。刘子豪来的时候，派出所刚用上企业微信政务版，作为互联网时代的"原住民"，刘子豪顺理成章成了第一批尝试用新方式开展工作的民警。

于是，刘子豪的第一项工作内容就是研究企业微信的使用方法。花几天时间摸清楚基本功能之后，他琢磨着，得先加上居民们的微信。

刘子豪召集了辖区里的辅警们，进行了简单的培训，让辅警们学会使用企业微信，然后回各自的片区里加居民的微信，这样居民以后如果有事情，就可以直接通过微信联系派出所。

最初的进展很缓慢，居民们虽然都有微信，但很少有人加过民警的企业微信，大家对新模式多少有些排斥心理，即便加上了，用得也不多。

改变来自一次突发警情。一天傍晚，刘子豪突然接到同事电话，说辖区里有人的孩子丢了。仔细问询后才知道，是一个粗心的爸爸带孩子去超市买东西，结账的时候忙着装袋子，没留意孩子，等打包完商品，孩子已经不见了踪影。天马上就黑了，孩子爸爸着急得如同热锅上的蚂蚁。

刘子豪让同事赶紧加对方微信，把孩子的照片和走丢时的穿着要过来。收到孩子相关的信息后,刘子豪群发给所有同事,让大家同步发在各自管理的微信群。

不到1个小时,就有居民回复说自家店门口有个小孩很像走丢的孩子,刘子豪让对方拍张照片发在群里。经过孩子父母辨认后确定其是走失的孩子。刘子豪一边让居民帮忙照顾孩子,一边让同事带着孩子爸爸找过去,顺利找回了孩子。

经过这件事情,派出所的线上工作模式一下就出了名。刘子豪趁热打铁,用这次的事当案例,给居民科普微信和企业微信的连通用法:"企业微信有身份认证,不用担心加上假警察,日常有事情直接在微信里问就行,不用额外下载App。"

经历过微信群的寻人事件之后,居民也对这种基层管理方式有了具体的认知。新模式推广得格外顺利,不到三个月,辖区派出所的民警和辅警就加了数万名居民的微信。

刘子豪也很兴奋,没想到通过线上的方式就能服务群众,他开始琢磨,如何用这套"线上+社交"的信息传播方式实现其他的工作目标。

有一天,一个居民突然给刘子豪发来信息,说自己接到一个自称是公安人员的电话,电话里说他买的一款理财产品"暴雷"了,警方正在收集受害人信息,要求他在一个指定链接填写个人信息和账户信息。"刘警官,我确实买了挺多理财,电话里说得很吓人,我有点害怕,刚好有您微信,就想请您看看。"刘子豪查了居民提供的电话号码和链接信息后发现,这是最新型的网络诈骗,他赶忙阻止居民点击链接。

经过这件事,刘子豪突然想到,可以通过企业微信的"客户朋友圈"功能做反诈科普,没有额外的费用,传播效果还好。他先收集了一批最新的网络诈骗案例,把内容浓缩成100字左右的介绍,再配上图,让同事们在企业微信每天发一条"客户朋友圈",居民可以在自己的朋友圈里直接看到。

为了鼓励辅警们多通过企业微信解决问题,他还设置了专门的绩效体系,成功阻止网络诈骗或者调解纠纷就能获得相应绩效,并体现在每个月的工资里。

刘子豪逐渐适应了这种全新的工作模式。工作渐入正轨后,他邀请父母来自己工作的城市玩。老刘欣然应允,他早就想看看儿子的生活工作情况。

不过,来了之后,看到刘子豪每天抱着手机,老刘有点不满:"你要去多接触群众啊!群众又不在手机里。"

"群众在手机里啊。"刘子豪有点哭笑不得。

于是,他专门花了一下午时间跟老刘介绍自己的工作模式。老刘听完大受震动,但他还是无法接受用手机取代面对面的工作方式:"天天对着手机说话,冷冰冰的,一点温度都没有。"

"手机只是一个辅助,我们还是会去跟群众面对面沟通,'面对面'和'键对键'并不冲突。您想想,如果群众突然有急事,是面对面快,还是键对键快?很多人遇到难以判断的网络诈骗,会直接在微信上问我们,得到回复的速度比线下来派出所问可快多了。"刘子豪解释道。

老刘感觉自己被说服了。

跟儿子待了一段时间,老刘和妻子回了老家。过了几个月,刘子豪回乡探亲,接站时却不见老刘的踪影。听母亲讲,老刘闲不住,主动报名去做人口普查的志愿者。刘子豪对人口普查并不陌生,父亲参与过不止一次,要拎着一大袋资料走街串巷,挨家挨户登记情况。

到了饭点,父亲回来了,手里没有一大袋子资料,只有一个 iPad。

"老爸,您的资料袋呢?"刘子豪调侃道。

"这不有 iPad 吗?住户直接在小程序上填写,我们用企业微信采集信息和记录。别以为就你们年轻人会用这种时髦玩意儿。"老刘晃了晃手里的 iPad 说道。

汇聚岗位工作的任务迭代

同样是岗位新人,与程慕馨比较,刘子豪面对的,表面上是不同的难题,可本质上却是同一类困境。与农业社会比较,工业社会对工作的本质改变在于彻底地改变了人类的生计模式。农业社会的生计是依靠自我、依靠家庭的,即使向外拓展,最多也只是依靠邻里互助。工业社会的不同在于让人们的生计不得不依靠岗位工作,而岗位工作是组织化的。让人们走出家庭和村寨,站在流水线岗位上,这是工业社会工作的形式,本质则是组织化的工作。

对程慕馨,衣服尽管是卖给穿衣人的,可衣服却不是一件一件生产的。工业社会的服装生产是批量化的。基于斯密的效率逻辑,为了卖衣服,也不得不批量化采购。批量化作为共识的市场环节,让个体资源如果不通过组织化路径便无力支撑批量化采购,尽管销售可以是批量的,但也可以是零星的。零售因此被裹挟在批量化的浪潮之中,商场顺理成章地出现了。服装销售的两种模式暗示了销售市场的两种形态:组织对组织(B2B)的和组织对个体(B2C)的。程慕馨在商场里的工作,是后一种市场的岗位工作。

如果不管组织的社会属性,只讨论组织的科学属性,与程慕馨一致,作为民警,刘子豪的工作也是B2C的岗位工作。企业组织与政府组织的社会属性的确有根本区别,可是两者之间更多的是共同之处。企业组织的目标是赚钱，获取货币收益；政府组织的目标是维系公共秩序，获取社会收益。可无论追求的是哪种收益，路径都是一致的，即通过提高岗位工作效率来达成各自的目标。因此，刘子豪的岗位与程慕馨的比较，不仅形式一致，本质属性也一致，都要面向直接服务对象以提高岗位工作效率。不同的只是，程慕馨面对的是流动的客户，目标是为公司赚钱；刘子豪面对的是辖区住户，目标是维护社区秩序。

刘子豪是幸运的，在他担任辖区民警之前，父亲老刘就是社区民警。人们通常以为，老刘可以将工作经验传递给刘子豪，以利于儿子更快地熟悉工作内容、取得成绩，为更快的岗位晋升铺路。不仅如此，刘子豪的幸运还在于从曾祖父开始老刘家就生活在小城。老刘家在小城积累的人脉与声誉也有助于刘子豪的岗位升迁之路。

殊不知，老刘的工作经验和老刘家的人脉积累可能不仅不是助力刘子豪升迁之路的台阶，反而是他展开岗位工作的负担或阻碍。

时移世易，刘子豪与老刘进的虽说都是派出所，承担的也是同一个岗位工作，可面对的工作内容却截然不同。在老刘工作的时代，辖区人口基本在企事业单位工作。在社会学里，企事业单位被称为正式组织。辖区人口是辖区居民，更是组织成员。无论面对何种岗位工作任务，老刘都有两类选择："B2B"，找工作对象的组织；或"B2C"，找工作对象。由确定的选择带来的工作任务是确定的，哪个季节、哪个地段、哪些家户……有哪些任务，都相对明确。像流水线上的岗位工作一样，经过几轮经验积累，老刘变得技能娴熟，工作得心应手。

而时代发展了，岗位还是那个岗位，刘子豪的工作不仅工作对象变了、工作内容变了，工作量也变了。刘子豪面对的不再只是在正式组织工作的人口，还有大量没有稳定工作的人口；不再只是有稳定居所的本地居民，还有大量流动人口。工作对象构成的复杂性不只是破坏了人们在组织与家居两点一线的确定性和稳定性，而且携带着人口流动的诸多内容和属性。工作对象的变化，不仅使老刘积累的经验用不上，老刘家积累的人脉也用不上。其实，整个派出所过往积累的工作模式也面临着严峻挑战。

在农业社会向工业社会快速转型的时代，涂尔干观察到了社会分工与社会团结之间的张力，试图分析和解释从熟人社会向陌生人社会转变进程中影响社会和谐与稳定的因素和机制。刘子豪一开始可能不会把自己的岗位工作任务与抽象的社会和谐关联起来，而只是想维系辖区的社会秩序，可事实上，两者的逻辑却是非常一致的。每个社区的社会秩序汇成的正是整个社会的社会秩序。面对比涂尔干的时代更加复杂的社会，刘子豪必须改变的是老刘的工作模式。

刘子豪工作对象的数量规模和构成复杂程度带来的工作任务的类型、数量、急缓程度等都已远远超过邓巴数，要提高工作效率，不可能像程慕馨那样只是在需求与满足之间建立连接。因为，程慕馨面对的市场需求是相对有规律的，而刘子豪面对的任务却是高度不确定的。

社会学的组织研究发现，面对高度不确定的岗位内容，组织会调整岗位工作组织机制，如把流水线式的岗位内容组织模式改为以完成岗位任务为目标，让岗位工作者自行调整岗位工作的方式。对刘子豪而言，岗位工作的目标未变，跟老刘在岗时一样，依然是维护社区的社会秩序，达成目标的内容却变了，且变得高度不确定。刘子豪面对的最大不确定性不再是老刘的日常工作，而是老刘不曾遇到过的突发事件给社会秩序带来的冲击。

处理突发事件，信息传递的及时性和准确性是充分和必要条件。及时和准确的信息可以传递突发事件，也可以快速促成处理突发事件的方案。在人手一部手机的时代，让每一部手机成为维护社区秩序的观测点和信息源是刘子豪应对岗位工作内容的变化、达成岗位目标的可选路径之一。逻辑上，新的道理很容易讲通，可只要旧的工作路径依然管用，新的道理就不会自然落实到岗位工作实践中。

在数字技术飞速发展的时代，向数字化转型是每一个组织面对时代革命性变革的必由之路。刘子豪的派出所也不例外，采用了社交化的企业微信政务版。在既有工作模式还能应对不断增长和变化的警情时，企业微信只是一个摆设而已。不仅刘子豪的派出所这样，许多组织都这样，程慕馨的商场也一样。站在商场柜台边的店员，几乎每人都有手机，大部分都会使用微信、QQ、钉钉、微博等社交应用，这些应用不过是私人化的工具而已。

事件常常是触发需求最关键的契机。销售业绩始终垫底，才触发了程慕馨对"微商"模式的探索。孩子丢了，触发了刘子豪所在的派出所对企业微信的正式应用，岗位工作的方式也因此彻底改变了。在老刘时代，社区民警的岗位工作是分片包干制，各人自扫门前雪；可在刘子豪时代，社区民警的岗位工作尽管还是分片包干制，却因为企业微信带来的数字连接，让每一片不再只是独立的，而是有独立、有联合，派出所辖区内的管片之间形成了一个网络、一个整体。市域的派出所之间也形成了一个网络、一个整体。出现在任何一个辖区的警情对其他每一个辖区都会是一个提示甚至警报。刘子豪面对的辖区工作既是刘子豪的岗位工作，也支持甚至直接帮助了其他民警的工作。

人们曾经把辖区民警走街串巷当成必需，现在看来，也不一定。走街串巷的目的是获取辖区的服务需求，信息源是民警的视觉和听觉，只有民警进入辖区之后听到和看到的，才是被纳入判断的。假设一个民警负责一个管辖人口为 1 万人的片区,他每天超额工作 12 小时,且这 1 万人在民警执勤时段都在辖区,以分钟为单位计算,每个人每天可以被民警注意到的时间也只有 0.072 分钟,这是一个极低的概率。对辖区住户而言,走街串巷听起来很有温度,可对民警的岗位工作而言,其效率却极为低下。

如果对一个岗位的产出需求在不断上升,对组织而言,通常有两种解决方案:第一,增加相同岗位的数量,把更多的需求分散到更多的相同岗位上去。对派出所而言,就是增加辖区民警的数量或缩小每名民警的辖区规模。第二,提高岗位生产效率。基于对成本的考量,组织通常会从第二个方案开始。刘子豪遇到的正是第二个方案开始的阶段,把可以面对面的给面对面,把可以键对键的留给键对键。使面对面与键对键区分的条件是让辖区的每一部手机都变成民警的"走街串巷",变成民警的听觉与视觉。

岗位的数字化转型不仅仅是向外的关系拓展,更有向内的内容挖掘和效率提升。其中,岗位工作也不再局限于岗位技能的熟练与岗位经验的积累,而需要开拓与创新。工作关系也不再只是因岗位而缔结和维系的非正式群体关系,还有岗位工作者与岗位的关系。

案例：线上团建

大学选择了轨道交通专业之后，丁嘉宇大概能想象到自己未来的工作状态，进入轨道交通集团，成为一名地铁司机。

这份工作关乎公众的生命安全，需要高度的严谨与细心。他觉得，这样一份工作的氛围大概率是沉闷且压抑的，所以他一定要在大学期间多做一些有趣的事，结识一些兴趣同好，这样将来工作虽然沉闷，但生活依然可以丰富多彩。丁嘉宇参加了学校的摄影协会和记者站，学习之余，跟社团的朋友们到处拍片子、剪视频，甚至还运营了一个班级公众号。

入职后的生活如他所想，忙碌而紧张。上早班时，他天不亮就要到岗，完成发车前的各种准备工作，同样的流程日复一日。每逢周末，他就约着大学时的朋友们一同拍片，偶尔还会做兼职摄影师，成了"斜杠青年"。

让丁嘉宇意外的是，不到两年，他的兼职就跟本职工作"相遇"了。

丁嘉宇的单位有1万多人。以前，单位员工年龄整体偏大，近些年，随着一批老员工退休，"90后"逐渐成为中坚力量，单位员工的平均年龄已经降到28岁。

眼见年轻人增多，单位的领导们觉得原有的企业文化体系不太适合如今的人员构成和氛围，希望将其改造为更符合年轻人特点的新平台。于是，集团面向全部员工发起了一个招募计划，召集有宣传特长的员工加入企业文化新平台的建设。

看到招募计划，丁嘉宇第一时间就报了名。大学时代的社团经历让他顺利入选，一同入选的还有五个同事，大家来自不同的岗位，有人力和财务，也有维修工程师和技术员。

"这个项目可以找外包团队做，但最了解单位的还是咱们自己人，我们也希望借着这个机会，把集团里有特长的同事调动起来，让大家有机会发挥特长。"领导如是说。

丁嘉宇成了这个小团队的临时负责人，摆在他面前的第一个难题就是选择合适的平台作为载体。

以前，单位组织文化活动以线下为主，大家自愿参与。但是，轨道交通集团不同岗位人员的工作时间各异，有人上早班，有人值夜班，线下的活动难以兼顾不同岗位的情况。所以，丁嘉宇一开始就打定主意搭建一个线上平台，而且可以装在手机里，这样同事们就能随时浏览。

讨论会上，第一个被提出来的想法是做个独立 App，但 App 运营和维护的负担比较重，而且集团不希望强制员工们下载。如果不强制，还需要很多时间和精力去做宣传。经过一番讨论，独立 App 的方案最终被否定。

丁嘉宇又想到做公众号，参考大学时代做的班级公众号，也为集团打造一个公众号。但作为集团的企业文化平台，需要加入更多互动内容，公众号能承载的形式比较有限。

一筹莫展之际，团队里一个计算机专业出身的同事灵光一闪，提议道："为什么不做个小程序呢？"

"小程序的代码比较简单，维护成本不高，但延展空间很大，图文、视频、互动玩法都能兼容，还能不断迭代版本，浏览转发也方便，最近我好多朋友都在研究小程序开发。"同事补充道。

听罢，丁嘉宇和其他人也觉得这种方式不错。方案递交给领导，很快就被批准通过。

选定平台，丁嘉宇开始着手策划内容。单位过往的企业文化宣传比较偏重资讯，但年轻人喜欢看故事，喜欢图文和视频复合的表达方式。丁嘉宇捡起在学校记者站的老本行，策划了两个新栏目：一个图文栏目，展示不同地铁线路上的自然风光和人文景观；一个视频栏目，介绍单位里不同岗位上发生的正能量故事。

经过一个月的筹备，小程序正式上线。丁嘉宇很忐忑，小程序的第一个版本更像是一份电子内刊，以内容的展示为主，没有加载太多互动设计，他很担心这份小程序"内刊"无法打动那些见惯了新鲜玩法的年轻同事们。

然而，小程序的出圈速度超出了丁嘉宇的想象。上午发布，晚上下班的时候，就有大学同学把小程序转发给他，问是不是他做的。

丁嘉宇开心之余也有些好奇：为什么小程序"内刊"出圈这么快？他询问了一圈周围的同事才知道，原来是因为他的策划勾起了很多人的回忆，大家转发小程序的同时，还回忆了自己的工作岁月。

"10年前刚来的时候，还只有两条线路，现在已经这么多条了。"

"轨道人的第五年，最喜欢5号线的春天和3号线的秋天。"

看到大家的回复，丁嘉宇突然想到，可以借助小程序做一次回忆型互动，让大家发一张刚入职时的照片和现在的照片做对比，再以"我和我的×号线"为主题征集员工故事。新的互动活动上线后，立刻引发了同事们的刷屏转发，丁嘉宇在后台收到了超过1000条留言，他专门从中挑选了一些故事摘录出来。

集团每隔一段时间都会组织一些面向全公司的安全培训，丁嘉宇把培训的内容也放进小程序，还设计了专门的互动答题板块，答题结束后会根据正确率生成不同的徽章海报。增加了这些趣味互动后，同事们对培训的参与度也有了明显的提升。

几轮策划下来，丁嘉宇和团队做的小程序受到集团上下一致好评。领导和同事们都觉得，企业文化和理念的传递方式，从以前的"大喇叭喊话"变成了如今的"BBS讨论"，人人都有参与感，人人都在通过自己的参与重述企业理念与文化。

在领导们看来，这些新方式、新玩法也让企业文化的传递变简单了，以前的传递总有"时差"，层层传下去要时间，反馈上来也需要时间。在新工具的加持下，传递和反馈几乎同时发生，团队也能够根据员工们的反应及时做出调整。

除了小程序，丁嘉宇还尝试把公众号和视频号也利用起来，充分发挥几个工具不同的特点，策划能引发同事们共鸣的方案。

除夕夜，他策划了一场视频号直播，探访大年夜仍然坚守在岗位的同事们，让这些以往总是默默奉献的人被看到。直播被同事和其家属转发后，很快引来了其他城市轨道交通从业者们的关注，很多人涌入直播间留言，感谢那些坚守岗位的同行。

看到这些留言，丁嘉宇内心也有万千感慨。当初，他本来以为自己未来的工作氛围会被严肃和沉闷充斥。现在，他觉得同事们都特别可爱，大家用严谨的态度对待工作，但内心都有一团火，而他做的事情，就是把这些小火苗聚集起来，再释放出光和热。

逆转轮班时差的职场共情

丁嘉宇的预判是符合实际的。作为一名地铁司机，在工作岗位上：每个班次面对的前进方向，是同样的轨道、同样的站名；在驾驶室里面对的是同样的仪表盘、同样的参数；手脚要操作的几乎是完全重复且机械的动作。对年轻的丁嘉宇而言，地铁司机驾驶室里的劳动是机械的、枯燥的，甚至是沉闷的、压抑的。可对地铁司机岗位而言，唯有规范化的操作，才能保障地铁运行的安全与准点，也才能满足地铁司机岗位职责的要求。地铁司机岗位对劳动的要求与丁嘉宇作为地铁司机对劳动的期待之间，其差异是明显的。

丁嘉宇不是第一个感受到岗位劳动沉闷的劳动者，在福特制盛行的 20 世纪 30 年代，工厂劳动者已经在承受专业化劳动带来的社会后果了。劳动分工使人的劳动变得越来越岗位化，知识和技能也越来越专门化。越来越细小的任务分割让劳动者们彼此孤立，让劳动成了越来越纯粹的谋生之道，进而让人的社会性被阻隔和压制，岗位劳动者沦为了马克思和恩格斯所说的"机器的附属物"。

霍桑实验的结果显示，岗位劳动者并不甘于沦为机器的附属物，仍然在努力保持自己的社会性。1924 年，一群多学科的科学家进入西部电气公司的霍桑工厂展开科学研究，试图回答管理学的经典问题：如何提高生产效率？在泰勒制原理的指导下，科学家们试图发现工作条件与生产效率之间的关系，但没有成功；试图发现薪酬和福利激励与生产效率之间的关系，也没有成功。1927 年，哈佛大学教授梅奥（George Elton Mayo）接管实验，进行了改善雇佣关系的实验，依然没有成功。非常意外的是，在岗位组织调整实验中,却有一个惊奇的发现:在正式的岗位组织之外,生产岗位上的工人之间还存在着一个社会性的非正式组织。

1931—1932年间,梅奥和沃纳(W. Lloyd Warner)组织了一项支付激励实验。将一组14名男性工人组织在一个单独的车间,从事电话交换设备的绕线、焊接、检验等岗位劳动,采用计件工资制。实验的假设是,当工人们知道生产一件产品可以获得多少收入时,一定会生产更多产品以获得更多收入。可实际情况却是:生产效率不仅没有提高,反而下降且始终保持在中等水平。研究者发现,由于担心随着产量的不断提高公司会降低计件基本报酬,最终损害工人的利益,工人们自发地组成了岗位组织之外的非正式群体,制定了非正式的行为规则以及执行规则的机制,如谁也不能干得太多,突出自己;谁也不能干得太少,影响小组产量。并且约法三章,不准向管理者告密,如有人违反规定,轻则会遭到挖苦谩骂,重则遭受拳打脚踢。

对非正式群体的发现,促成了一个新的管理学流派的诞生——人际关系学派。其基本观点是:岗位劳动者并非孤立地站在岗位上工作,也不只是与岗位、与组织有工作关系,他们还是归属于工作场所的社会群体。一方面,他们通过岗位劳动获得收入,支撑生计;另一方面他们从非正式群体里寻求友谊和社会归属感。因此,岗位劳动者不只是经济学家们设定的"理性人""经济人",他们还是经济利益需求之外的"社会人",车间的非正式群体也是影响组织效率的重要因素。

把理论落实到组织的管理实践中,并非易事。尽管早在20世纪30年代,人们就认识到了正式组织里非正式群体对提高生产效率或服务效率的重要性,可是,如何有效地利用非正式群体却始终处在探索中。X理论、Y理论、M理论等,都是一脉相承的努力。尽管如此,岗位工作的基本特征,即专门化的简单劳动,依然没有改变。20世纪70年代,特克尔(Studs Terkel)在《工作着》一书中对一名点焊机工人的刻画,生动呈现了人们一直试图改变的岗位工作特征:整个晚上站在一个2—3英尺的地方,只有在生产线停止时,才能休息。每辆车有32件工作,也就是一个单元,每小时做48个单元,一天做8个小时。32乘以48再乘以8,算一算,这就是一名定点焊接工按按钮的次数。

其实,如果丁嘉宇在轨道交通集团的工作只是开地铁,那么他的岗位工作与特克尔刻画的定点焊接工的岗位工作在本质上并没有任何区别,只是工作内容不同而已。或许,岗位工作特征正是工业化劳动分工的本质。组织努力改变不过是为了提高生产效率或服务效率,对冲岗位工作特征带来的负面影响而已。丁嘉宇遇到的轨道交通集团的企业文化建设可以被理解为这样的一种努力。

让岗位劳动者在企业获得社会归属感并非易事。霍桑实验的发现表明，非正式群体带给成员的社会归属感体现在面对面的互动中，体现在面对面的互助中，还体现在面对面的规制与约束中。面对面带来的是身体与精神的同场，也是互动、互助、约束一体的同场，是人的整体性和社会性的完美结合。当组织努力用非正式的方式建构企业可控的非正式群体时，却依然不得不运用正式组织的模式，尽管轨道交通集团运用了线下模式并明确自愿参加，可对企业的员工而言，却始终难以获得放松感和归属感，可能更多感受到的是岗位工作之外的额外劳动。如果遇上三班倒的组织，如丁嘉宇就职的轨道交通集团，其工作时间的错位更是给同场感带来不利影响。

对丁嘉宇而言，如果希望用非正式群体原理建设轨道交通集团的企业文化，那么至少需要解决组织的非正式性，参与的自愿性，互动、互助、约束的同场性等实践难题。而轨道交通传统的工作模式是无法克服这些难题的。因此，无论是轨道交通集团还是丁嘉宇，都很难想象企业文化建设能在多大程度上让岗位劳动者获得社会归属感。事实上，这也是整个 20 世纪企业文化建设的痛点。

丁嘉宇的幸运在于，他身处数字时代。从岗位上自己身边的熟人开始，依据三元闭包理论，数字连接可以拓展至任何有意愿加入的岗位工作者，数字连接的时间无关性则意味着即使存在工作时间的错位，数字连接也为每个员工自愿加入非正式群体提供了可选的机会和路径。与数字连接技术伴随的音视频技术和平台技术甚至在不断缓解同场难题,让无须身体同场的非正式群体互助、互动、约束等特征得以用新的、更加便捷和便利的方式实现。

正式组织里的非正式群体可以不再是车间里背着管理者的小群体,更不会因小群体活动而影响生产效率或服务效率。岗位劳动者对组织的诉求可以通过数字连接的非正式渠道公开呈现,甚至可以因此形成非正式群体的正式规范和文化。因此,丁嘉宇的做法不是再现霍桑工厂的非正式群体,而是建构着一类崭新的岗位劳动者与同事、与企业的关系。其中,包括对岗位劳动者社会价值的拓展。让丁嘉宇解决企业文化难题显然超出了地铁司机的岗位职责。可是,丁嘉宇掌握了并不限于地铁司机的岗位技能,他在读书时便习得了摄影、写作、剪辑等技能。如果不能在轨道交通集团发挥这些技能的作用,对丁嘉宇而言,这些就是被埋没的技能;对企业而言,这些就是没有发挥效用的人力资源。不仅对双方都是损失,还会成为员工与岗位关系、员工与企业关系的潜在威胁和隐患。而让丁嘉宇被埋没的技能获得施展的机会和舞台,一方面让丁嘉宇从一个具体劳动部门的岗位劳动者变成了面向整个轨道交通集团的员工,更多地呈现了完整人的一面而不只是会思考的机器,另一方面让企业更像是一个由人组成的社会团体,而不只是由岗位组成的机器汇集,同时节省了企业的运营成本,形成了员工与企业的双赢。

在劳动分工依然占据社会劳动主流的当下,不只是丁嘉宇,几乎每个岗位劳动者都有不限于岗位的技能。运用数字技术,重构员工与组织的关系或许是让人从机器回归人,让组织从岗位汇集回归人类组织的可行路径。

案例:扁平协同

大学毕业之后,舒云和同学兼好友余梦分别进入了互联网行业和制造业,两人的工作岗位都是项目管理。入职前夕,两人一块聊天畅想未来,谈及两个行业的差异,都觉得未来的工作状态会很不同。

入职之初,差异的确很明显。舒云的公司基本没有着装要求,穿了一周职业装后,她就换上了运动裤、人字拖。余梦的公司虽然没有硬性规定,但同事大多穿得比较正式,余梦也不好意思太过随意。舒云的公司不要求打卡,实行弹性工作制;余梦的公司对考勤有严格的要求。

当初,舒云还跟余梦开玩笑,担心工作之后会因为没有共同话题而疏远。但是她们很快就发现,差异大多停留在表面,两人所在公司的一些内在运作方式反而越来越像。

比如沟通方式,"拉个群吧",在两个公司都成了员工的口头禅。

舒云身处的互联网行业,是"扁平化"的代表行业。刚开始,舒云还不理解什么叫"扁平化"。工作一段时间后,她发现,"拉群式沟通"就是扁平化的典型代表。在群里,成员之间没有明显的等级划分,一旦开始讨论,大家很容易进入畅所欲言的模式。有一次,舒云在群里跟其他部门的同事讨论项目规划,中途有一个不认识的同事突然提出异议,围绕他的观点,大家你一言我一语讨论了半个小时,最终得出了一个所有人都满意的结果。事后,舒云才知道,中途发言的陌生同事是另一个部门的总经理。但当大家进入群讨论状态时,不知不觉就会忽略其他人的身份,而聚焦在观点本身。

在开会这件事上,余梦的公司原本有一套完整的规章,根据参会人的不同级别,采取不同的会务安排,有时候甚至会提前安排发言顺序。但在行业整体追求数字化和降本增效的大背景下,一些目的在于快速决策的小规模会议开始直接通过拉群实现。疫情暴发之后,线上会议的数量大幅增加,很多需要公司高层参与的会议也搬到了线上。起初,大家看到领导们在线还都比较拘谨,但线上会议没有线下那种"面对面"的紧张感,开得多了,面对领导的拘谨感逐渐减少,积极参与讨论的人越来越多。时间久了,余梦觉得自己的工作环境也开始扁平化了。

余梦所在的公司主要经营快速消费品,需要不断根据市场需求进行产品迭代,公司已经建立了成熟的用户调研和产品研发及营销流程。工作几年之后，余梦发现，这个进程一直都在不断加速，从用户需求到产品上架的时间越来越短。

"你们也开启互联网速度了。"舒云开玩笑道。

在舒云看来，互联网加速了信息的流转速度。随着信息流转速度的加快，非互联网行业的工作文化最终也会被改变："外界变了，内部的工作方式和文化也会相应变化。"

余梦的很多项目都需要与供应链上下游进行沟通和协同。以前，沟通的预备阶段很长，要提前跟各方约时间，线下拜访需要通勤时间，工作时间之外经常找不到人。但行业整体加速之后，即便是下班时间，也会有人在群里回复信息。上班和下班的界限逐渐模糊，几年下来，余梦也养成了下班时间仍然会回复工作消息的习惯。

有一段时间，余梦觉得很不适应，感觉自己"永不下班"。直到有一次，她负责的项目突然出了问题：当时正是小长假，同事和合作伙伴都在休假，余梦抱着试试看的想法联系了所有相关人，让她意外的是，大家都第一时间回复信息并提供了帮助，使项目顺利渡过难关。

"那天明明是假期，为什么你还是那么快就回复了信息？"项目结束后，余梦问起当时的合作伙伴，对方是余梦公司的供应链下游供货商。

"我们这种中小企业，最大的优势就是反应速度快。以前我还觉得打电话、见面那种沟通方式效率低呢！现在多好，你们有啥需求，我们就能及时响应，生意越做越好最重要。"对方说道。

余梦突然就明白了，现在是整个社会都在加速，"永不下班"的并不只有自己，永远在线带来的也并不总是烦恼。

"是不是我们的生活和工作本身也发生了变化？"舒云想起小时候，父母都在当地的大型工厂工作，自己从厂里的幼儿园一路读到高中，父母的大半辈子都和单位绑定在一起。如今，具体的单位变成了抽象的工作，自己在生活中工作，也在工作中生活。

读大学的时候，舒云和余梦一同上过一门和职业规划有关的选修课。舒云喜欢不断做新事情，喜欢变化，她想在30岁前尽量多尝试，30岁以后再选择一个领域深耕。余梦更倾向于选择一个发展成熟且稳定的行业，按部就班地积累经验。

工作几年之后回望曾经的职业规划，余梦发现，两家公司虽然行业不同，但对员工基础能力模块的要求逐渐趋同。因为信息传递的便捷，多线程工作成为常态，快速学习和敏捷迭代的能力变得格外重要。余梦所在的行业也因为互联网的发展而被影响，她规划中的按部就班式的成长最后变成了一场疾风暴雨式的成长。

快速成长的同时，余梦也隐约感觉到了一些不安。在行业快速变化的时候，公司里有一些40多岁的同事明显感到了不适应，不适应变快的工作节奏，也不适应新的工作模式。当初，余梦选择制造业这种传统行业，一个原因是她认为在这种行业"越老越吃香"，经验的沉淀可以变成日后的工作资本。但她逐渐意识到，当社会快速发展时，有些经验还没变成资本就已经被淘汰了。

过完 30 岁生日，舒云和余梦都感觉到了年龄危机。舒云的危机感更加直观，工作几年之后，她已经成为部门里最老的员工。"进入 35 岁优化倒计时。"舒云开玩笑道。长期身处不断变化的行业，她发现自己已经习惯了"运动战"，不断地换方向，不断地换领域。虽然涉猎了众多领域，但却缺乏深度挖掘。舒云意识到，基于领域的经验很难沉淀，只能不断强化基础能力，寻找事物背后的底层逻辑，提升自己快速学习和应变的能力。

有一天，两人聊天时，听到余梦说出"敏捷迭代"时，舒云突然笑道："你看，你现在也越来越'互联网'了，互联网'黑话'信手拈来。"

叠加工作线程的群体合作

余梦工作的组织，也是典型的科层组织。除了韦伯归纳的科层制的六个基本特征之外，在组织实践中，判别科层制的另一个重要依据是岗位之间的报告关系。在组织研究中，报告关系又被称为信息流动结构。

科层组织典型的报告关系是等级制,或许是基于此,人们也常常将科层制等同于等级制;由于政府组织在形态上更容易让人们观察到等级制,因此科层制还有一个代名词——官僚制。等级制也好,官僚制也罢,科层制典型的报告关系是上级下达指令,下级执行指令并向上级汇报执行结果,因此形成了组织形态结构的垂直关系,在结构上也被称为垂直结构。

一个可以直观感受的例子便是中国政府从中央到县市一级的部门结构。国务院几十个部委,每个部委在省级政府对应着一个厅局,每个厅局在县市级政府也对应着一个局办。中央政府的政令通过部委到局办的垂直关系,下沉到与个体和组织有界面关系的政府部门,落实到个体的日常生活和组织的日常生产与服务中。同理,个体的诉求、组织的需求,也通过与个体和组织有界面关系的政府部门,逐层反馈到中央政府。

传统制造企业与政府部门一样,也是典型的科层制组织。布劳(Peter M. Blau)和迈耶(Marshall W. Meyer)讨论过的美国企业组织,克罗齐耶(Michel Crozier)分析过的众多法国企业组织均典型地呈现了科层组织的特点。其实,余梦工作的公司原本的会议规章便典型地呈现了科层组织的特征。

在管理实践中,科层的优势在于,无论是政令还是生产或服务指令，都有利于同一部门的指令直接落实到操作环节。科层制的优势同时也是科层制的劣势，同级部门之间权力平等、利益分属，使得以权力和利益为焦点的部门因权力和利益的连带性而难于协商合作。事实上，科层制组织的部门之间通常没有横向联系。如果一定要产生横向联系，则要么由上级关联部门统筹，要么由同级部门之间协商。

为突破条块分割给政务效率带来的不利影响，政府会建立跨部门的委员会，统筹和协调部门之间的协商与合作。同样，为突破部门分割给生产和服务效率带来的不利影响，在责权明确的基础上，大型企业也在不断进行组织创新，如打破条块分割的矩阵式结构，促进形成共同目标的事业部制结构等等。其中，依据信息流转结构进行的组织创新可谓颠覆式的。企业资源计划（ERP）不仅仅突破了企业内部的科层结构，更是让企业的生产与服务直接与市场联动，形成了以市场需求和市场动态为依据的部门结构网络。

从条块分割的科层制到随信息流转的网络制，企业组织结构的改变追求的是"唯快不破"。企业需要快速获得市场反馈，市场反馈也需要快速获得企业生产与服务的回应，层层批转的科层等级制显然是双向快速的拖累。突破的方式有两类：一类是实践中的跨部门协作模式，另一类则是尝试中的任务平台模式。不管是哪一种模式，及时的组织决策是提高组织结构效率的关键。而组织决策又取决于信息汇集。追寻至此，及时的信息传递、交流、汇集在表征上是唯快不破的痛点。余梦发现从用户需求到产品上架的时间越来越短，这似乎也正是企业信息流转网络制带来的改变。

让组织部门之间形成网络并非难事，政府建立跨部门的委员会，企业建立矩阵式结构和事业部制结构，都是在部门之间形成网络结构的尝试。形式上的网络结构可以实现部门之间信息的传递、交流、汇集，却难以实现及时决策。跨部门的人可以一起开会，传递、交流信息，也可以汇集信息，进行研判，却不一定能做决策。如果汇集的信息、研判的方案还是要汇报给各部门的决策者，及时决策的期待依然无法实现。显然，信息流转结构只是表象，痛点的根子在于，掌握决策权力的人分身乏术，在给定的时间内不可能同时出现在不同的决策场景。

无论是跨部门协作模式还是任务平台模式，让决策者在场才是根除痛点的关键。当然，痛点并非当下才出现，而是从工业化大生产一开始就与之相伴随。管理学领域的泰勒制和法约尔制是消除痛点的不同立场和观点。与泰勒制强调分工不同，法约尔（Henri Fayol）强调经理人的重要性。从理解决策出发，我们认为，泰勒与法约尔强调的其实是不同条件下的决策，如果说泰勒制强调的是确定条件下的决策，那么，法约尔强调的则是不确定条件下的决策。而余梦从工作场所观察到的是决策从确定性条件到不确定性条件的革命性转变，是从传统制造业到敏捷制造业的革命性转变。

在面对不确定的决策条件，即需要决策者决策而不是依靠程序决策时，决策者在场是实现及时决策的必要且充分条件。问题是，决策者的时间同样只有 7×24 小时，即使用于决策的信息传递、交流、汇集、研判可以通过多种途径实现，决策者不在场依然是致命的。如果一项最终决策涉及多个决策环节和决策者，如余梦的项目涉及供应链上下游多组织协同，决策者不在场就会让组织效率"痛上加痛"了。

在决策者分身乏术的条件下，消除痛点的方案只能是充分利用决策者有限的时间。于是，便出现了余梦的"永不下班"。其实，永不下班绝不是指人始终在办公室，始终在会议室，始终在需要决策的现场，而是指决策的岗位职责始终与决策的需要相伴随。其实，任何对管理岗位略有了解的人都可以观察到，即使是在完全不确定的条件下，也不是每分每秒都需要进行组织决策，在决策岗位上的人大部分时间是在为决策做准备，而不是在做决策。办公室或会议室只是决策者身体在场的空间而已，而决策是决策者意志的表达，身体在场并非必要且充分的条件，在场传递决策者意志才是必要且充分的过程。余梦的"群"、线上会议实现的正是这样的过程。

把决策者的决策意志带入现场需要技术支撑。"旧时王谢堂前燕,飞入寻常百姓家。"曾经只在影视作品中见到过的音视在场,如今已成为每个数字终端用户触屏可及的寻常应用。当数字终端7×24小时在线且无须以办公室或工位作为工作条件时,便意味着不只是决策者做决策,任何具有相同或类似岗位属性的工作都从传统实体工作空间拓展到了数字空间,实体空间与数字空间的交融让曾经的流水线式的单线程工作变成了多头并进与交互的多线程工作,一个岗位同时承担诸多岗位的相关工作,也成了工作的新常态。

比较舒云和余梦,余梦曾经认为自己会始终朝九晚五,舒云也曾经以为自己会始终站在时代的潮头,其实,数字技术对人类生产与生活的渗透早已成为历史趋势,舒云和余梦不过是融入趋势的先后不同而已,殊途同归。但她们虽身处相同的潮流,却有完全不同的工作模式。多线程,也许只是群体合作关系的一类重构罢了。余梦的敏捷迭代也不过是从制造业出来的人顺着敏捷制造、敏捷管理平滑推导而来的自然想象,或许跳出当下格局,是让想象更加具有指导性的路径。更丰富的未来工作,如零工工作(gig work),已经到来。

熟悉又陌生的工作关系重构

工作关系的变迁

工作关系,是一切社会迄今为止最重要的正式社会关系。

只要把工作关系放在人类经济活动的历史进程中,就可以发现工作关系的变迁是一个随工作岗位化、岗位任务化不断演化的过程。不过,在程慕馨、刘子豪、丁嘉宇、余梦或舒云身上体现的工作关系变迁,只是工业时代向数字时代转换的工作关系变迁,在此之前,还有农业时代向工业时代转换和工业时代不同阶段的工作关系变迁。

人们常以为工作关系是纯粹的经济关系。特别是在工业时代,资方认为,花一份钱购买的是一份劳动;劳方也认为,打一份工挣一份钱;劳资双方均认为,工作只是资本与劳动之间的交易,是劳资双方缔约后的履约过程,这当然是纯粹的经济关系。殊不知,工作关系也是嵌套在社会关系中的,是社会关系发展演化的一部分。

波兰尼(Karl Polanyi)指出,前工业时代的经济活动不是基于市场的,而是基于社会制度的,如亲属制度。如果不是基于市场的,那么工作关系就不是市场交易关系,经济活动便不是独立于社会的专门领域，而是社会制度的一个子领域。如果把波兰尼的结论放在中国社会的历史进程中，且将经济活动拓展为人类活动，则在现代市场经济制度确立之前，中国便已存在两种类型的工作关系：一种是组织化的岗位工作，一种是非组织化的非岗位化工作。

秦始皇的伟大贡献在于建立了统一的中国，而他更大的贡献在于建立了一套维系中国统一的制度体系，其基底是国家的组织化。人们都知道，秦始皇统一中国以后没有继续周朝的分封制，而是改用了郡县制。郡县制的要义是让人口与土地构成的国家组织化，将国家治理划分为结构化的岗位，依照岗位聘用人才，让岗位承担者依照岗位职责执行治理国家的任务。100多年前，韦伯系统地论述了这类组织的机制，将其称为科层制。这也带来了一个误解，人们以为科层制是工业时代的产物，殊不知，早在秦始皇时代，以岗位职责为特征的科层组织已构成中国的政治组织体系。

在传统中国，与组织化的国家治理相对应的是非组织化的经济生产活动。直到20世纪80年代之前，中国一直是一个农业社会。农业生产活动的特征是非组织化的，自然也不是岗位化的。家庭是基本生产单位，土地或牧场是基本生产场所，四季是基本生产分工依据。在不同地理区域和时令节气，人们承担着自己定义的工作，这种工作是纯粹自发的也是自觉的，因此形成的工作关系与生活关系是融为一体的。所以，农业时代的经济活动是没有组织的，自然也不是科层制的。

工业化带来的革命性影响是把工作从家庭中带出来，汇聚成社会性分工的岗位职责。一如秦始皇对国家治理的组织化和治理工作的岗位化，工厂制的特点是将生产活动转化为工作岗位结构，将岗位职责转化为需要完成的任务，让有资质的人承担岗位职责，完成岗位任务。专门化的岗位聘用职业化的人，职业化的人用专门化的职业技能完成岗位任务。程慕馨、刘子豪、丁嘉宇、余梦均有明确的工作岗位，也有明确的岗位任务。程慕馨销售服装，刘子豪维持秩序，丁嘉宇驾驶地铁，余梦衔接供应链。至于舒云，其实也有明确的工作岗位和岗位任务，只是舒云完成岗位任务的方式不同，也因此，内含了从工业时代到数字时代工作关系的革命性变革。

工业时代工作的特点是组织化的、岗位化的，工作关系不仅与生活关系相分离，而且还局限在有限的时间和空间。程慕馨、刘子豪、丁嘉宇、余梦的工作都有明确的上下班时间，在一周7天和一天24小时之内，只有上班时间关联的关系（如人与岗位的关系、岗位之间的关系等）才是工作关系。不仅如此，程慕馨、刘子豪、丁嘉宇、余梦的工作还有明确的空间，程慕馨的是她的柜台，刘子豪的是派出所和辖区，丁嘉宇的是地铁驾驶室，余梦的则是办公桌。不过，他们每个人的工作关系都只限于完成岗位任务的时间和空间，具有限时单点性。

数字时代的组织岗位与岗位任务的对应性正在发生变化，促使工作的特点和工作关系也在发生革命性变革。程慕馨依然站在柜台前，工作关系却不再只限于服务那些进进出出的各色顾客，而是把它延伸到了柜台之外，甚至还突破了传统零售岗位关系，把岗位承担者与上游的采购部门、组织之外的设计团队等连接起来，形成了围绕程慕馨销售活动的关系网络，使传统的限时（上班期间）单点（柜台）工作关系转变为不限时的多重空间关系。相同或相似的工作关系变革也发生在刘子豪和丁嘉宇身上。刘子豪的工作关系也因派出所数字办公系统上线而突破了传统的限时单点性。丁嘉宇的工作关系也因集团上线的小程序而突破了限时单点性，甚至在组织内部突破了岗位结构和轮班时限的约束，让非岗位任务融进岗位任务。余梦的岗位工作原本已不再是传统（如流水线）意义上的岗位工作，尽管她一再努力想把工作和生活分开，可数字连接却反而将限时单点关系嬗变为社交化泛在的工作关系。

无论是政府还是企业组织，岗位结构曾经是组织化工作的核心。现如今，岗位结构仍在，以岗位为核心的工作关系却不再限于岗位关系，而是突破岗位工作的限时单点性，拓展到了岗位之外，包括岗位承担者围绕完成岗位任务形成的社会关系。由此带来的后果之一是，岗位任务由曾经附着于岗位的工作转化为附着于岗位承担者的任务。岗位依然由人来承担，可岗位承担者不再只是岗位技能的代名词，而变成了完成岗位任务的能动行动者。

农业时代的工作关系是基于人的，是基于人的家庭的，在经历了200多年的工业化的限时单点工作之后，工业时代的岗位结构还在，可工作关系却再次从岗位回到了人，也因此展开一幅新的工作关系画卷。

数字工作的本质

马克思在《哲学的贫困》里说："社会关系和生产力密切相联。随着新生产力的获得，人们改变自己的生产方式，随着生产方式即谋生的方式的改变，人们也就会改变自己的一切社会关系。"要理解数字工作的本质，先要理解支撑工作岗位化和岗位任务化的技术发展与迭代，进而理解数字技术给岗位工作带来的革命性变革。纵观人类的技术发展，能被称为革命性的技术变革只有三次，即农业、工业和数字技术变革。一些人误以为数字技术是工业技术发展的第四阶段，即以蒸汽机动力的广泛使用为标志的第一次，以电气动力的广泛使用为标志的第二次，以电子技术的广泛使用为标志的第三次，以及以数字技术的广泛使用为标志的第四次。我们认为，与之前的工业技术迭代比较，至少在工作的本质上，数字技术并非之前工业技术的延续和发展，而是对之前工业工作的革命。

蒸汽机技术的广泛使用建构了组织化岗位工作的基础格局，把由个体或家庭决定的工作改变为由组织决定的工作，是人类经济活动的一场真正革命。蒸汽动力支撑了工厂制，工厂制实践了劳动分工，劳动分工把个体或家庭安排的工作变革为工厂的岗位工作，建构了工作的岗位化和岗位的任务化。从此，人类的工作从主动变为被动，由人决定的工作关系也变成了由岗位决定的工作关系，工作的人也从主体变成了客体。与此同时，工作岗位化还带来了两个革命性的改变：第一，改变了人们评价工作的标准，把对人综合能力的评价改变为对人专项技能的评价，把对人专项技能的评价改变为对专项技能与岗位技能要求适配度的评价，工作的本质从人尽其能变成人尽一能；第二，改变了工作的人际关系性质，把人与人之间的合作改变为技能竞争、产量竞争、质量竞争、绩效竞争，工作的本质也从合作性变成了竞争性。

随后，电气技术的迭代拓展了工作岗位化和岗位任务化的格局，如拓展了人类技能发挥的工作范围和物理空间，甚至延展了时间，工作人口的流动也因动力技术的改进而从地方性转变为全球性。与此同时，工作范围、空间和时间的拓展也加剧了工作岗位化和岗位任务化的竞争格局，如，从工厂内的竞争拓展到产业和行业的竞争，进而将技术创新体系映射或转化为世界范围内的产业分工与竞争体系。可是，组织化的岗位工作、人尽一能的岗位实践、岗位之间竞争的本质却没有改变。

表面上，数字技术变革与工业革命的前三个阶段一样，也是拓展了工作岗位化和岗位任务化的某个格局，可在表象背后，正在发生和呈现的却是影响更加深远的革命性变革。与传统工作比较，数字工作的本质似可以归纳如下。

第一，岗位是形式的，任务是实质的。在泰勒设置科学管理原则时，他想象的是承担岗位工作的人只需完成岗位设定的工作便可以达成岗位结构化预期的组织效率，也让岗位承担者从工作中获得物质和精神的满足。岗位不仅是形式的，也是本质的，岗位是满足岗位承担者和组织双方期待的基石。即使霍桑实验证明泰勒的科学管理原理只是一个理想，形式上完美的岗位结构却在本质上忽略了岗位承担者的社会性，可在100多年后，当下的组织依然有岗位结构，也有岗位承担者，如余梦。人们在参加工作之初甚至依然相信，自己只要做好岗位工作就可以了。

数字连接让人们发现岗位工作的限时单点性其实是工厂制的一个社会后果，是岗位承担者不得不承受的一个代价。当然，人是社会性的，无论如何还是愿意回到社会中，觉得最好在社交中把岗位任务也给完成了。当数字连接让人们不再因为上班而承受时空隔离时，岗位的形式化局限开始显现，岗位的任务化本质也一跃出现在工作关系的前台。公司的岗位结构依旧，柜台还是程慕馨的工作岗位,却不再是完成岗位任务的唯一时空。围绕岗位任务而缔结的工作关系超越了公司的岗位结构,甚至纳入了程慕馨的社会关系。同理,刘子豪和他的父亲一样,依然是社区民警,工作岗位也没有本质变化,可岗位任务却不再只是挂在派出所任务表上的事项,数字技术让刘子豪把岗位任务"随身携带",呈现在每一项具体治安行动中。丁嘉宇的岗位原本非常单纯,可数字技术却把岗位任务拓展到了驾驶室之外。数字技术带来的革命在于,岗位不再与任务合一。岗位更多地成了组织结构的存在,而任务却上升为与岗位承担者合一的第一本质。

第二,岗位是组织(organization)的,任务是个体的。克罗齐耶在《科层现象》里讲过一个案例:20世纪50年代在法国巴黎的一家卷烟厂,车间生产不仅取决于工人对卷烟机的操作,还取决于卷烟机的机械状态。一旦卷烟机出现故障,还取决于修理工让机器恢复正常的修理过程。这个故事说明,生产岗位是车间设置的,生产任务的达成不仅需要卷烟机操作工付出努力,还需要不同岗位承担者的协同,因此,岗位任务也是组织的。即使实施计件工资制,梅奥在霍桑工厂的实验也证明,岗位任务依然是组织的。

数字连接除了让人们发现工厂制带来的岗位工作的限时单点性代价之外,还有原本组织化的岗位任务忽然间却变成了岗位承担者的任务。数字技术赋能组织不再特别限制岗位承担者的岗位行动,岗位承担者也因此有了岗位工作的自主和自由，作为交换，岗位承担者被加载了原本由组织提供的完成岗位任务必需的环境，岗位任务变成岗位承担者无论如何都要完成的任务，也因此成为岗位承担者自主且自觉的任务。程慕馨的岗位任务不再是卖多少件衣服，而是无论如何都要完成多少销售额；刘子豪的岗位任务不再是处理多少纠纷，而是无论如何都要确保社区平安；丁嘉宇的岗位任务不再是完成一个地铁驾驶轮班，而是还要把自己和同事的工作传播给其他班次的同事们；余梦的工作不再是在工作时间与供应链上下游进行协同，而是无论如何都要确保与上下游保持协同。在数字工作中，岗位的设置与取消还是由组织决定，可岗位任务的完成却不再依靠组织，更多的是靠岗位承担者自己。

第三，岗位是个体的，任务是组织（organizing）的。从蒸汽时代到电子时代，人类经济活动的一项努力是不断创新组织机制以匹配技术发展，目的在于提高生产绩效。斯密的劳动分工理论，在韦伯那里被刻画为科层制组织机制，在泰勒那里被工程化为科学管理原理，在福特那里被实践为流水线生产。1913年，当第一辆利用流水线生产方式完成总装的福特汽车下线时，工作岗位与岗位任务之间实现了完美协同。不过，实现协同的主体不是岗位承担者，而是组织。即使人们认为岗位承担者发挥了重要作用，也只不过是其因为承担着岗位职责而被动地发挥作用而已，岗位承担者不过是组织实现工作岗位与岗位任务协同的工具。

　　数字连接除了让人们发现限时单点性的工作岗位可以被转化为岗位任务而突破岗位结构关系，还让人们发现福特制式的岗位任务可以脱离岗位而变成附着于岗位承担者的任务，进一步使人们发现，任务还可以不依赖岗位结构而成为纯粹的任务，其不只是岗位承担者可以完成的任务，而且是任何愿意接受任务的行动者都可以承担进而实现产品生产和服务送达的任务。由此，斯密的劳动分工理论有了另一种实践逻辑，一种与传统工厂制的实践逻辑截然相反的实践逻辑，那就是既不依赖于工厂制岗位结构，也不依赖于依然盛行的岗位承担者，而是依赖于产品和服务的任务结构，让岗位任务不只是在组织里也可以在社会中完成的实践逻辑。其实，自跨国公司诞生起，从岗位结构向任务结构的转型便已悄然展开。在世界范围内逐步形成的产业分工，人们耳熟能详的产品与服务供应链等，可以被认为是任务结构的早期表现形式。

　　之所以被认为是早期形式，在于供应链通常是组织化的，即B2B的，而不是C2B（个体对组织）的。B2B意味着任务在组织间分配与承担，底层还残留着传统工业化批量生产的逻辑与痕迹，不属于我们讨论的范围。尽管如此，它依然是我们理解数字工作本质的前置关系。在给定技术环境下，当组织生产效率不再基于岗位结构而是基于任务结构，便意味着对完成任务而言，组织岗位变成了一个空壳，任务承担者也可以完全蜕去岗位承担者之壳，让站在岗位上的人回归生产性与社会性的统一，或许人真的在社交中就把任务给完成了。如果一定要把如此变化放在传统的岗位与任务框架中理解，那就意味着回归社会的人可以既是岗位设置者，也是任务完成者。由此看来，如今的"内卷"不过是迈向自设岗位的过渡阶段而已。程慕馨、刘子豪、丁嘉宇、余梦、舒云，他们都处在迈向岗位自由的征途上，且只需往前迈出关键一步。

第四，岗位是个体的，任务是个体的。将时间倒回二三十年前，如果程慕馨辞职，她将失去工资、奖金、养老保险、医疗保险、失业保险、工伤保险、生育保险、住房公积金等一切附着于岗位的权利与收益，并且没有其他补偿路径。现如今，如果程慕馨真的从公司辞职，以自我为岗位，设置岗位任务，或者更激进一些，随心所欲自己爱做什么就做什么，她会失去什么呢？当然，她同样会失去之前可能失去的一切。不同的是，她有了补偿的路径，那就是从自我设置的工作岗位和岗位任务或做的任何工作中获得收益的补偿，以及从自我价值的实现中获得精神的补偿。

即使依然从事柜台销售员的岗位工作，程慕馨可以运用的也不再只是与进出商场的顾客打交道的技能，还可以运用她与服装销售相关的每一项天赋与技能。基于此，假设程慕馨辞职，她自己可以设置的岗位就不再只是商场的销售员，还可以是服装设计咨询师、服装穿戴搭配咨询师、服装流行分析师等。其实，即使不辞掉商场销售员的工作，程慕馨同样可以为自己设置类似岗位。同理，丁嘉宇不辞掉地铁司机的工作，也可以自我设置与媒体相关的工作岗位和岗位任务；无论余梦辞不辞供应链协调的岗位，她都可以自我设置供应链相关的工作岗位和岗位任务。只有舒云和刘子豪的情形略有不同。

舒云的工作原本就是数字的，且早已从传统工作岗位特征蜕壳。在舒云那里，上下班是社会性的。社会依然通行着上下班形式，组织也不得不遵循上下班形式。其实，结构性工作岗位也是社会性的，社会依然通行组织岗位结构制，组织也不得不遵循岗位结构制。"不得不"意味着组织试图利用上下班时间和工作岗位获得制度合法性和社会合法性。不然，针对外卖员工作的争议便会覆盖舒云的企业。刘子豪的工作岗位其实也可以往前推进一步，只是他承担的是公共性工作岗位，也就是波兰尼说的完全由制度设定的岗位，这属于另一个需要专门讨论的议题，这里暂且不论。

人类工作的理想形态在本质上可以被理解为基于工作承担者志愿的社会合作，只是实现合作需要一系列条件。在工作形态的历史演进中，家庭和工厂曾是组织条件，家庭建构了人类合作的自然形态，工厂建构了人类合作的强制形态。如今，作为工作组织的家庭还在，工厂也还在，数字技术却赋予了工作承担者基于自由意志进行社会性合作的条件，工作的本质正从组织化强制的岗位任务转向自愿承担的社会性工作任务。如果一定要在比较中凸显数字工作的本质，那就是，人不仅可以突破限时单点性的岗位工作而实现一身多岗，且不属于任何单一的组织，还可以像组织一样成为社会性工作任务的设计者和承担者。

工作关系的重构

如果只是观察岗位与岗位承担者之间的关系，数字工作在形式上似乎回归了工业革命之前的工作自主与自觉，在本质上，却与前工业时代的工作完全不同。一如波兰尼指出的，前工业时代的工作是由社会制度规定的，而不是人遵从自由意志的选择。可人是具有自由意志的能动的行动者，制度怎么就能约束人的自由意志和工作选择呢？

荀子或许为我们提供了最朴素却也是最直接的答案。《荀子·王制》说到人时有云："力不若牛，走不若马，而牛马为用，何也？曰：人能群，彼不能群也。人何以能群？"单数人的能力限度构筑了约束个体自由意志和工作选择的自然基础，也奠定了复数人合作共生的社会基础。《荀子·王制》曰："故义以分则和，和则一，一则多力，多力则强，强则胜物。……故序四时，裁万物，兼利天下。"用自己的工作去交换他人的工作，以满足自己特定的需要，是人类工作的自然本质。

如何实践合作呢？纵观农业时代、工业时代和数字时代人的交换，人与人相互连接的范围直接影响了交换的实践性，进而影响了人的工作的社会本质。甚至可以说，有怎样的连接技术便有怎样的人类交换，有怎样的人类交换便有怎样的人类工作。

农业时代，除了人与人的面对面，跨村寨的连接技术只有交通技术。农业生产的同质性让跨村寨工作交换失去意义，让跨村寨的物产交换成为运用交通技术的主要交换活动，也因此形塑了农业生产特定的工作形态——村寨内部的互助。无论是中国的小农生产还是西方的庄园生产，越是交通阻塞的地区，因内部互助性的推动，一人多能的格局越普遍，工作与生活的重叠度也越高。更加普遍的情形是，人们并不区分工作与生活，工作就是生活，生活就是工作，更没有岗位分工。特定的岗位往往是应对特定需求的，如医疗和教育。人类学家对初民社会的研究丰富地呈现了农业时代原初的工作关系，即在有限的区域内部形成自给自足的物质与精神供需平衡，如马林诺夫斯基的《西太平洋上的航海者》《珊瑚园艺及其巫术》等。

区域之间的交通意味着来自区域外部的输入和区域向外的输出，打破的是区域内部物质与精神的供需平衡，应对输入与输出便成了一类新的工作，也因此突破了原有的工作结构，只是还不足以促成工作关系的本质性重构。14世纪开始流行的跨海贸易一直延续到18世纪,直到工业革命之前,人类依然生活在农业时代,也沿袭着农业社会的工作关系。

工业生产带来了与农业生产完全不同的工作,极大地扩展了可交换的范围和类型,给人类的工作交换提供了新的选择,交通技术的进一步发展给物质交换之外的工作交换提供了实现的可能性,人类的工作在工作异质性和交通连接的交互影响下实现了重构:工厂塑造了集约工作的空间,岗位形塑了集约工作的结构,管理建构了集约工作的形制。重构的后果是,原本可以用多种能力进行交换的人,在工厂制工作模式里却只能选取一能。岗位承担者只能用岗位设定的技能换取薪酬,再用薪酬换取能满足自己需要的物质与精神产品。其中,薪酬的介入甚至改变了工作的主要目标,把从前只为满足自己物质与精神需要的交换重构为财富积累,进而改变了工作关系的方向,围绕工作合理合法地形成了可以普遍交换的市场,进一步也实现了工作关系本质的重构——竞争。

工业时代工作交换的另一个发展是,与局限于村寨比较,工作的范围有了近乎无限的拓展。具有特殊技能的人,在理论上可以去到任何对该能力有需要的空间。这也意味着,工作关系的重构不再局限于有限范围,而是拓展到了人类工作空间,进而重构了工作关系的另一重格局:工作技能的同质性越强,工作的范围也越大,工作市场的竞争性也越强,实现工作交换的风险也越小;工作技能的异质性越强，工作的范围也越小，工作市场的竞争性越弱，实现工作交换的风险也越大。

工业时代的工作交换之所以受限于限时单点性，主要约束还在于代表生产力的技术是组织的，不是个体的。技术的组织性创新与应用制造了岗位对专业技能的需求，进而塑造了岗位供需之间的非对称性。企业依靠生产技术的创新与应用不仅在同行之间制造竞争优势，也在工作市场形塑工作关系。岗位承担者之所以无力设置自己的工作岗位，关键在于影响工作岗位设置的技术创新和应用不仅有风险，更有成本，不是打工人可以承受的。在大多数情况下，只有组织才有能力承受其中的风险和成本。

技术创新与应用的风险和成本约束了个体对岗位的设置，交通技术仅限于连接物质和人力约束了个体能力应用的范围，两者的交互让能力有限的个体"找工作"成了缔结工作关系的常态。改变其中的任何一个状态进而解除交互，或许是工作关系重构的又一个机会。有能力承担技术创新与应用的风险和成本，便有机会设置工作岗位，进而重构工作关系；同理，有机会突破交通技术连接的局限，也有机会重构工作关系。

数字连接突破的正是交通技术连接的局限，且带来了两个乘数效应。第一，范围乘数效应。六度分隔理论证明，给定连接技术可用，任意两个陌生人之间的关系建构只需经过五个中间人。这意味着，伴随数字连接泛在的实现，能力有限的个体可以在人类范围内搜寻需求，一旦匹配到需求且跨过需求传播的临界点，则需求传播也将以乘数动态覆盖人类范围。从在村寨范围内传播到在人类范围内传播，正是范围乘数效应。第二，差异乘数效应。个体能力的异质性是人类技能的本质。理论上，任何技能都有潜在需求，当对某个技能（如 A）的需求稀少时，便无法获得 A 技能的规模效应，A 技能也因此变成了沉默技能。对技能的需求又与遍历的范围有关，需求遍历的范围越大，某种技能需求可类型化的概率也越大，当遍历范围扩大到人类时，则一定存在可类型化的 A 技能需求，因此 A 技能便获得了加入社会性任务的机会。

两个乘数效应暗示了数字时代工作关系重构的路径。数字时代的工作关系重构取决于人们的选择。第一，工业时代技能与劳动力市场关系的规律依然存在。如果人们依旧希望从事组织工作，在组织中建构工作关系，工业时代重构的工作关系依然可以是人们的选择。简言之，只要人类经济活动的组织机制还在，工作岗位化和岗位任务化的模式至少在形式上不会改变。第二，数字连接为人们提供了另一种选择，那就是自我设置工作岗位和岗位任务，进而缔结工作关系。由此带来的则是完全场景化的工作关系而不是之前岗位化的工作关系。场景化的工作关系意指，作为能动的行动者，人们可以依照自己的某一项技能缔结一类工作关系，前提是，得有技能，且每一项技能都服从工业时代技能与劳动力市场关系的规律。每一类工作关系都是基于个体的自有技能，且在个体自愿的前提下，为社会提供产品与服务，其覆盖范围可以遍及人类，也可以仅覆盖自己选择的范围。如此，工作关系的缔结不再受制于岗位的强制性，也不再受制于范围的有限性，唯一的限度来自行动者的自由意志与技能特征。

向何处去

格兰诺维特（Mark Granovetter）指出，既往对经济与社会关系的认识存在两种错觉：新古典主义经济学的观点认为，经济活动可以独立于社会和文化；根植于传统社会学的观点则认为，经济活动只是社会活动的一个子集。现实是，经济活动既有自己的独特性如理性选择，也受到社会和文化的影响。人们既不可能脱离社会而开展经济活动，也不会把经济活动等同于一般社会活动。有目的的经济活动植根于社会文化却不完全受制于社会文化。

尽管波兰尼和格兰诺维特二者的理论方向不同，结论也有差异，可对经济与社会之间关系的认识方向却是一致的，即经济与社会有着千丝万缕的复杂关系。我们甚至希望强调，社会是一切人类行动的底色，既对人类的政治活动和经济活动产生直接影响，又在人类的政治和经济活动中发展及变迁。人说到底，还是社会性的。工作只要还是由人承担，作为人的经济活动的一种形态，始终不会失去社会指向。

农业时代的工作受制于交通技术的局限，也受制于农业生产的同质性，人尽管可以在互助性工作中发挥多种才能，可有限人群对异质性技能的需求终究是有限的，人的创造性也因此受到约束。工业时代的工作尽管对技能的需求是多样的，可对技能的利用是唯一的，岗位工作的限时单点性在人的多样性技能之间制造排他性，对一项技能的运用制度性地压制着其他技能，进而埋没了其他技能。

数字时代为每一个愿意工作的人提供了多种选择，人们可以选择组织化的岗位工作，也可以选择非组织化的自由工作。事实上，从20世纪80年代起，发达国家从事自由工作的人口数量在不断上升，英美两国超过50%就业人口的工作具有自由工作的性质。随着人工智能和产业机器人的广泛应用，一个曾经的概念——零工工作焕发新意，它曾经是人类工作的普遍形态，如今则以新的形态重新出现在世人面前，一个由数字平台支撑的、在人类可控范围内进行技能、产品、服务、创意供需匹配的工作关系正在蓬勃发展之中。

在人类漫长的经济生活中，依靠组织从事工作不仅是最近的现象，也是一段短暂的现象。人类终于进入了经济生活的自由意志阶段。剩下的问题是：在工作关系的建构中，人们希望"内卷""躺平"，还是创新与数字工作相适应的，人尽其力、人尽其才、人尽其能的工作关系？程慕馨、刘子豪、丁嘉宇、余梦、舒云等都在摸索中，我们每个人也在摸索中。

05

第五章　数字生活关系

　　生活关系是人的一切社会关系的起点，也是终点，凝聚了人的生命价值和意义。人，从诞生的那一刻起就进入了生活，在逝去的那一刻才离开生活。以生物性特征为判断依据的生命，其存在的价值和意义，正是在与他人和社会的生活关系中获取和呈现的。生活关系是家庭关系、朋友关系、工作关系的集合，却又不止于此。生活关系还有人与自我的关系，一切社会关系最终都要回到自我对生活的体验与感受，转化为人面向他人和社会的心灵。

　　社会发展在人面对的基本关系中影响最直接的是生活关系，无论是对家庭、朋友还是工作的影响，最后都会汇集到人的生活里。而生活的直接形态便是个体的生活关系，即与他人和社会的关系，还有与自我的关系。或许正是生活的综合性和其对生命价值与意义的关键性吸引了从古至今各路人等对它的不断探索。我们想强调的是，不管人们从何种视角入手以及如何探讨生活关系，社会学家希望始终秉持社会的立场观察人们的日常生活。面向数字技术带来的革命性变革，我们选择了典型的四种场景，探讨数字连接环境里生活关系的重构。

案例：慢速焦虑

离开大城市回到老家后，叶欣欣感觉生活瞬间从 2 倍速变成了 0.5 倍速。

大学毕业后，叶欣欣进入一家互联网企业成了产品经理，那是当时最热门的岗位。叶欣欣本科和研究生的专业都是中文相关，当初选这个专业就是觉得它是文科专业里的"万金油"，将来就业面广。

读研的时候，叶欣欣就已经把就业目标锁定在了互联网行业。行业前景好，发展蒸蒸日上，专业包容度高，产品经理的岗位不限文理，对于文科生来说，这是进入这个行业核心板块最好的路径。

研究生阶段做了两次产品经理岗位的长期实习后，叶欣欣如愿以偿拿到了一个正式 offer，虽然只是个中"腰部"的公司，但发展前景和福利待遇都不错，公司上市指日可待。

中文专业虽然是"万金油"，但高薪的岗位并不好找，叶欣欣算是杀出重围的典型。成功的喜悦并没有持续太久，叶欣欣逐渐发现，自己的生活迅速被工作蚕食。互联网行业像一场无限游戏，处于高速发展期的公司要不断往前跑才能获得更多生存机会。行业如此，公司如此，员工也是如此。叶欣欣很快就意识到，一个专业包容度高的岗位，势必会有更多竞争者，所以她也要不断往前跑。

几年下来，叶欣欣逐渐感到疲惫。看着留在老家的朋友们接二连三结婚生子，自己工作的城市房价水涨船高，架不住父母的催婚压力，叶欣欣决定换一种生活。她辞掉工作，回到家乡，在一所高校找了份工作。依靠前些年攒的钱和父母的资助，叶欣欣很快就在当地全款买了套小房子。虽然工资比以前大幅缩水，但生活质量显著提升。朋友们都开玩笑说她成功上岸，提前享受田园生活。

但叶欣欣很快就发现，待在这个"岸"并不舒适。老家的工作几乎从不加班，朝九晚五，准时上下班。但是，在上班时段里，工作却并不轻松，叶欣欣不仅要处理学生相关的各类工作，还要协助学院的老师做很多事务性工作，经常要为各种会议做会务。院里的行政人员少，叶欣欣经常忙到一上午连水都顾不上喝一口。

日常基本都是琐碎的流程性工作，凭借多年的产品经理经验，叶欣欣很快就找到了可以提效的关键点，但当她跟领导以及其他同事沟通，提出改善的建议时，却大多被否定了。对学校来说，科研和教学才是核心工作，大家对行政工作的烦琐习以为常，没有太多改进动力。

叶欣欣感觉有些沮丧,她习以为常的"发现问题—解决问题—快速迭代"式的工作模式,在这里并不适用,而她眼中的问题,不过是体系里已经被默认存在的一部分,久而久之,她反倒更像是"问题"。同事也不太理解她,在大家看来,"一张单据流转一个月很正常,为什么非要改变流程,一周就处理好?一个月和一周明明没什么差别"。

同事们普遍觉得,行政只是个辅助性工作,不出错就行,没必要不断地优化提效。这种"边缘感"让叶欣欣很难受,但她也尝试说服自己,不要把所有的精力都放在工作上,毕竟她就是为了拥有生活才回家乡的。

看到女儿的苦恼,叶父叶母觉得,女儿前两年在大城市奋斗着了魔,满脑子都是工作,应该赶紧结婚生孩子,才能走上正轨。

叶欣欣开始积极地相亲,相亲对象的家庭和工作条件都不错,与她的爱好也很相似,运动、美剧、综艺,时下热点事件双方也都能聊上几句。叶欣欣几乎可以预见,结婚之后,未来10年甚至20年的生活是什么样子,但她又总觉得哪里不太对。

离开互联网行业的平静生活被一篇文章打破。一天,有人在离职群里转发了一篇爆款文章《我在"下沉市场"生活的一个月》,知道叶欣欣回老家的同事纷纷@她,问她是否了解下沉市场。

叶欣欣当初在互联网行业做的就是O2O（Online To Offline，线上到线下）相关的产品，那时候，大家的目标市场还是一、二线城市。仅仅几年时间，情形巨变，一线城市获客成本居高不下，流量红利见顶，"下沉市场"转而成为新宠儿。

听着前同事们的讨论，叶欣欣突然发现，自己离开互联网行业才2年，竟然已经跟不上大家的讨论节奏了。她有点恐慌，虽然当初选择回老家，已经打定主意换一种生活，但当她意识到，那种曾经赋予她成就感的生活正在彻底远去时，她心里仍然无法接受。

叶欣欣主动提出帮前同事们调研下沉市场，她利用周中的下班时间，在城市里四处走访，周末则开车去周边的县城调研，借助父母和自己的人脉，叶欣欣的调研开展得很顺利。她把调研手记更新在自己的公众号上，转发给前同事们传阅。

忙于调研的日子，叶欣欣又回到互联网式的生活节奏，但这种"加班"不仅没让她感到疲惫，反而带来了许久没有的成就感。相亲对象含蓄地对她表达了不满，觉得两人应该多一些相处时间。叶欣欣感觉有些抱歉，但心里却隐隐觉得，这不是她想要的生活。

叶欣欣的调研手记引来一个前同事的关注，对方跳槽到一家做社区团购的创业公司做高层，公司创始人看到了叶欣欣的文章，很欣赏她的洞察力与判断力，公司正缺一个有互联网产品经验又懂下沉市场的人，因此邀请她加入。

作为互联网行业的"过来人",叶欣欣很清楚创业公司的工作强度,如果选择回去,工作强度只会比之前更大,工作和生活可能更难以平衡。她有点纠结,决定找一直在互联网行业工作的朋友聊聊。

"你怎么看待现在这份工作?"朋友问道。

"枯燥、边缘、成就感低,上班时间工作很饱和,但不用加班。"

"不加班对你来说很重要吗?"朋友接着问。

"好像也不是那么重要,我更想要成就感,享受那种快速迭代和成长的状态。"

"那你已经有答案了呀!"朋友笑道。

叶欣欣不得不承认,老家的生活不适合她,虽然工作上不用加班,她有了更多个人的时间,可这些时间在老家无法转化成更有成就感的事情。相比于工作和生活的不平衡,她更害怕被那种"快速成长模式"彻底抛弃,对她来说,生活的舒适度跟信息与成长的密度成正比。

反复思考之后,叶欣欣决定回到互联网行业。她觉得,由快入慢容易,由慢再入快的机会并不多。她辞掉了老家的工作,告别了相亲对象,接受了社区团购公司的offer,重返曾经的战场。

"再战斗几年吧!"她对自己说。

难舍永远在线的工作成就

从工作的城市回到家乡小城，再从家乡小城回到工作的城市。形式上，叶欣欣只是经历了工作节奏变化的不同体验，以及面对不同体验做出的选择。可背后，却是人类正在经历的生活与工作关系的历史性和革命性变革。

一个尚未远去的普遍场景是，在中国乡村，人们依然日出而作、日落而息。生活的圈子维系在一天步行或车马可以往返的距离内。在学术文献里，人们很容易找到对如此场景的多维度研究；在影视作品里，人们也很容易看到对如此场景的具象刻画，或令人神往或催人泪下。直到当下，如此场景其实也没有完全消失。

在如此场景里，工作和生活是一体的、相互交融的。农业时代，生活的地域性几乎约定了人们工作与生活关系的一切内容。工作是季节性的，春耕夏种秋收冬藏皆与地域性的气候和土壤决定的可种植农作物及养殖牲畜类型相关；生活则是节庆性的，如春节、中秋节、重阳节以及各地的地方性节庆，总是出现在农活相对少的季节。在如此场景里，工作是生活的一部分，生活也是工作的一部分，工作与生活是人们生命意义体验的一体两面，自由且自主。顺应岁时节令变化的工作与生活，甚至会塑造非常不同的社会文化。塔尔海姆（Thomas Talhelm）等人对中国稻作区和麦作区的比较研究表明，稻作和麦作对岁时节令的遵循形塑了两种不同的合作文化，稻作区的工作更加强调合作与相互依存，而麦作区的工作则更加强调独立与自主。

工业化重构了农业时代的工作和生活，工作和生活是分离的，甚至是彼此冲突的。以工厂制为代表的岗位工作制把人的工作从生活中剥离出来，将其变成了为生活而获取物质资源的谋生活动，也把人类从一个无论如何都可以活着的时代带到了一个只有工作才有生活的时代。工作变成了为生活提供一切的前提，工作的差异不仅建构了人类的社会经济地位结构，也重构了社会结构分层的生活，进而将工作与生活的一体两面重构为只有通过工作及取得工作成就而获取生活价值，且通过让生活获取价值而赋予生命以意义的两个递进阶段。

不过，这一切并非自动发生的，其背后的文化形塑甚至扮演着更加重要的角色。韦伯的研究指出，新教伦理与资本主义精神相契合，让追求工作成就成了工业时代的社会共识。韦伯认为，习得的内在品质决定了人对职业的选择，而习得的内在品质却受到个人成长和教育的影响，进一步，个人成长和教育还受到个人故乡和父母的宗教氛围的影响。顺着这个逻辑，韦伯还指出，加尔文教的天职（Beruf）观是赋予工作价值的源泉。当人们把工作作为上帝交办的任务时，工作便不再只是为了谋生，同时也是在完成上帝交办的任务。人们因出色地完成上帝交办的任务而为上帝增光，工作成就也因此获得了使命之义。这也暗示，赚钱不是工作的唯一目标，获得工作成就本身就是工作的价值所在。

与工业时代西方文化对工作成就的强调不同，中国传统更加强调工作本身，这既是历史性的，也是一以贯之的。《左传·宣公十二年》有"民生在勤，勤则不匮"。在民间，"人勤地不懒"也是耳熟能详的俗语。不过，如果据此认为中国传统仅将工作与物质生产联系在一起，便是一种误读。其实，在中国传统里，"勤"始终被作为一种道德在提倡。《尚书》里讲"祗勤于德""惟德之勤"，明确地把工作与道德联系在一起。直到今天，勤劳依然是中国社会倡导的一种美德。

比较而言，道德对工作的约束是内在的、自觉的，而天职对工作的约束则是外在的、强制的；强调工作还是强调工作成就的差异也形塑了人们对待工作与生活的观念底色。中国传统把勤劳作为一种美德，强调的是生产性工作自身的价值；新教伦理把生产性工作作为天职，强调的是工作成就的社会价值，成就感也因此进入工业时代的社会价值观，并随着工业化的扩散而传播到其他地域与文化之中。强调工作成就感带来的影响之一是，不从事生产性工作成为社会不赞同的行为，甚至低工作成就也成为社会不赞同的行为。

社会对工作成就的倡导，迫使人们把一切都与工作联系在一起。休闲也被有闲阶级赋予了工作成就的价值。凡勃伦（Thorstein B. Veblen）在《有闲阶级论》里刻画的有闲阶级拥有足够的财富支持他们肆意地生活，完全无须从事生产性工作。可是，没有工作成就又不符合社会期待。于是，炫耀性消费进入了有闲阶级的视野，"买"成了他们最重要的一项工作，且被赋予了与生产性工作相同的价值。埃利亚斯在《宫廷社会》里还刻画了另一种比拟生产性工作的工作，即宫廷礼仪。在上流社会，运用得体的礼仪不仅是一项工作，还是一项需要通过学习而从事的工作。如此，只要肢体与大脑开动，便都意味着工作。工作成就也因此从生产性拓展到消费性、礼仪性领域，进而让有闲阶级的生命获得了意义。

伴随工业化而流行的新教伦理让消费性工作和礼仪性工作与生产性工作并列，赋予了社会对生产性工作和工作成就景仰的合法性，尽管中国传统对工作自身的强调没有丧失，但在中国的工业化进程中，生产性工作成就依然成为社会积极面向的符号和象征，且让有工作成就的人的工作模式变成了人们竞相学习和追逐的对象。一个直接的证据是，努力工作成为各类成功者故事里不可或缺的关键元素，甚至是华彩乐章。渐渐地，高工作成就直接被等同为忙碌和工作的快节奏，低工作成就则被等同为悠闲和工作的慢节奏。

高成就与快节奏工作的绑定，只是叶欣欣在家乡城市与工作城市之间"荡秋千"的背景。认为快节奏工作能带来成就感不是叶欣欣独有的体悟，而是在工业时代已经形成的共识。叶欣欣经历的特别之处在于，由工业时代继承而来的工作与生活关系模式在数字时代再一次重构。

工作与生活的分离意味着在给定生命时间常量的条件下，工作与生活的时间分配是零和的，时间用于工作，就不能用于生活。不仅如此，岗位工作模式还决定了工作和生活的时间分配是以块状形态切割的，上班的8小时是从生活中被整块切割出去的。在如此时间格局里，工作忙碌意味着被需要，被需要意味着影响范围和影响力大，进而带来工作成就。叶欣欣在家乡城市的大学里体会的低成就感或许正是来自按部就班的悠闲。对于内化了工作成就观念的叶欣欣而言，工作悠闲意味着浪费生命，当然是不能接受的。

叶欣欣的错觉或许在于，她体验过数字工作的忙碌，却错把家乡城市岗位工作的忙碌等同于数字工作的忙碌。其实，数字工作的忙碌非常不同。

数字时代的工作因为连接泛在又重新与生活融为一体了，尤其是在时间上。第四章的每一个案例都呈现了忙碌的数字工作万千气象的一种：程慕馨的忙碌是除了柜台工作还需要做柜台以外的工作；刘子豪的忙碌是没有了上下班的时间界限，上班要在岗，即使下班了，社区有状况还得马上处理；丁嘉宇承担的是典型的工业时代的岗位工作，下班后做的工作，既是业余爱好，却也与工作紧密相连；余梦的岗位工作则在数字化进程中彻底地从工作与生活两分走向了工作与生活一体。可是，其又都有一个公因子，那就是在时间维度上，工作与生活重新融为一体。而叶欣欣的第一份工作是数字工作，体验的则是另一种气象，即数字工作从一开始便没有与生活分离。当叶欣欣回到家乡小城，体验到工作与生活分离之后，才突然发现，工作之外可以有如此多的富余时间。

于是，在叶欣欣的"折腾"中，快节奏便有了第二种含义，即工作与生活一体的忙碌。数字连接意味着忙碌。数字连接的范围越大，忙碌的概率也越大。其背后的逻辑是自己的可及性因为连接数量的增加而增大，与此同时，连接的范围越大，连接带来的异质性就越大，而异质性越大，异质性聚合的概率就越大，被需要的概率也越大。

问题是：又是什么影响了数字连接的范围？叶欣欣的经历已经给予了很好的回答，即岗位工作的主体（动）性及其关联的数字连接。在家乡的工作之所以闲，不只是叶欣欣的工作连接关系少，还在于工作是被动的。叶欣欣曾经试图用数字工作模式提高工作效率却应者寥寥。不是因为大家不想提高效率，而是因为每一个岗位承担者的工作都是被动的。人在工作中的主体（动）性被掩盖在了工作的被动性中。管理学有一个子研究领域叫"工作自主性"，一个达成共识的结论是提高工作自主性有助于提高人的工作效能感，即获得工作的意义。可提高人的工作自主性又与岗位工作的规定性逻辑相悖，工作自主性自然也被扔进了自由的牢笼。其实，"自主"背后的假设是，岗位工作具有不自主性。跳出管理学的假设，影响自主性的除了岗位设置带来的被动性，更重要的是人在工作中的主体（动）性。

与叶欣欣在家乡城市工作中的主体（动）性被掩盖相反，任何数字工作都给予了工作承担者以主体（动）性。数字工作的主体（动）性在于，数字工作的岗位已经名存实亡，更加重要的不再是岗位工作，而是工作任务。如此，岗位不再是岗位承担者工作的约束，如前所述，工作任务凸显为岗位工作的核心，岗位承担者无论如何都要完成工作任务。在这个逻辑下，任务承担者无论是运用个人资源还是通过工作拓展个人资源，在完成任务的进程中，都难以区分工作与生活。无法区分的不只有时间，如果完成任务需要，还有从存量资源到创意资源几乎所有的个人资源。人因资源的全方位投入而在工作中赢得了主体（动）性逆转，从主体（动）性掩盖中突围，实现了主体（动）性彰显。换句话说，曾经，组织是工作的主体；如今，个体变成了任务的主体。

主体（动）性逆转让叶欣欣的成就感不再只是来源于工作成就，而是来自工作与生活重新融合的成就，是主体（动）性体验的成就。此番融合也不是农业时代的地域性融合，而是数字连接泛在的融合，是基于人类整体范围的融合。同时，也不是农业时代一体两面的融合，而是生命整体的融合，是生活与工作的完整交融，工作不再只是为了谋生，生活也不再只是为了活着。正如马克思预料的那样，物质生产的极大丰富在让越来越多人的工作不再像从前那样受到土地、时令节气、灾害的胁迫，也不再受到工作岗位化和岗位任务化的强迫。工作变成了人们的自我选择，也因此在悄然之中成为人们的生活本身。

生活转向工作化，即工作与生活的界限不再清晰，工作就是生活，生活就是工作。叶欣欣的两次选择只是众多选择中的两次尝试而已。永远在线，看起来是工作，实际上已经变成了生活。成就感是工作的，也是生活的。

案例：同侪压力

结婚的时候，齐薇就跟老公刘原达成共识，未来绝不"鸡娃"。

两人是大学同学，恋爱谈了很多年，但晚婚又晚育，赶在齐薇35岁前完成了生育"大业"。齐薇和刘原都是被父母放养大的孩子，从小疯玩到大，高中才开始努力学习，但都顺利考上了重点大学。

齐薇觉得，"鸡娃"只是为了满足家长的安全感，与其押宝各种补习班，还不如相信自己的基因：孩子有天赋的事情，水到渠成就能做好；没天赋的事，上 100 个补习班也没用。

"等你有了孩子就不这么想了。"听到齐薇的想法，一个已经生育的闺蜜这么说。

生完孩子的前几年，齐薇一直秉持着放养思路，没给孩子报任何兴趣班，连幼儿园都是在家附近随便挑了一所。唯一称得上"鸡娃"的行为就是每周带着孩子一块看英文版《小猪佩奇》，给孩子培养些英文语感，她觉得这样足够了，毕竟，自己和老公当年都是上了小学才开始学英语的。

齐薇的"躺平"策略很快遭到来自现实的打击。有一天，小区的妈妈群里，有个妈妈发来一段自己孩子跟英语外教的对话视频，那孩子比齐薇家儿子还小一岁，但英语表达流畅，发音标准，跟外教有问有答，毫不怯场。视频发出之后，群里的妈妈们纷纷留言称赞。有人称赞完，还顺手放出自己孩子背古文的视频，"英语得学好，古文也得跟上，这些考的都是童子功"。齐薇点开一看，视频里的小女孩背的竟然是《过秦论》。

"那可是高中语文的背诵篇章啊！咋现在幼儿园小孩都开始背了？也太'卷'了。"齐薇在闺蜜群里吐槽道。

"这你就不懂了，古文古诗其实都是童子功，小孩子记性好，现在看不懂没关系，长大才是见功底的时候。当父母的，要为孩子考虑得远一点。你现在不逼他,他就会输在起跑线上。小孩子现在不懂事、爱玩,将来他自己也会后悔,搞不好还会怨你呢!"闺蜜劈头盖脸对她一通数落。

齐薇有点蒙,虽然多年来形成的观念没有轻易被击碎,但怀疑的种子却种下了。晚上,她跟刘原转述了这番话,遭到了丈夫的嘲笑:"你的意志也太不坚定了!你妈小时候也逼你学过钢琴,结果呢?考完了级这辈子都不想再碰了吧?我们可以给孩子多创造一些条件,接触不同的东西,如果他自己有了兴趣,我们就支持,没必要把我们认为好的强加给他。不过,英语是通用技能,我看儿子也挺喜欢跟人聊天,咱们也找个一对一的外教让儿子练练口语吧。"

外教的作用很快就显现出来,几个月的课上下来,齐薇儿子的发音标准多了。在幼儿园的一次活动上,小家伙还朗诵了一首英文诗歌。视频转到家长群里,引来一众羡慕声,好多家长询问齐薇口语怎么提高。

闺蜜们知道后,一致夸她终于开窍了。"但你可不能掉以轻心,英语口语只是加分项,数学才是生命线。"一个闺蜜说。

小学生"厮杀"奥数的激烈程度齐薇早就有所耳闻,她也不排斥儿子学奥数,但仍然觉得没必要在幼儿园阶段就如此紧张。

转眼儿子就到了升小学的年纪,齐薇和刘原当年买房子时都不过分迷信学区房,房子对口的小学只是一所区重点,齐薇觉得这就足够了。但是，当她在公司的妈妈群里提到自家孩子准备去上的学校时，却引来了一片担忧声。

"那个学校这几年的升学率年年下滑，听说老师也流失了不少。"

"学习环境对孩子很重要，如果其他孩子都不学习，你家孩子也会很容易松懈。这个学校最近几年生源不太好，你要三思啊！"

听到同事们都这么说，齐薇有些忐忑。事关孩子的未来，她觉得就算不"鸡娃"，也不能掉以轻心。

齐薇跟刘原分头去找周围的朋友咨询，一圈聊下来，两人的心一沉，不得不承认之前的确对这类资讯疏于了解。眼看升学的日子越来越近，两人四处奔走，终于给儿子报上一个私立小学的入学考试。一番突击之后，儿子很争气，顺利考上这所升学率和风评都不错的学校，代价是高昂的学费和每天一个小时的通勤成本。

"娃上了小学，可一步都不能走错了。咱们当年读书是从高中才开始掐尖，高中再学也不晚。现在的孩子都是从小学就开始掐尖，一步错，步步错。"闺蜜们作为"鸡娃"界的前辈，听到齐薇儿子波折的升学路之后，纷纷跑来劝她。这样的话听多了，齐薇也不敢再大意，趁着儿子假期，自己亲自上阵，给儿子辅导入门奥数。

孩子升入小学，齐薇也新加了许多群。家校群里，家长们格外积极。老师发布信息之后，有一批家长几乎总能秒回信息。"这些家长都这么闲吗?"齐薇有时忍不住嘀咕道。几乎每天晚上,都有家长在群里晒孩子的作业,有的家长甚至周末都会在群里发照片和视频,展示孩子的课外活动。齐薇和刘原是少数的"潜水党",她觉得这些是过度沟通,"卷"得毫无必要,孩子的成绩好坏终究要靠自身的硬实力。虽然她也在孩子的教育上花了很多时间,但很少参与群里的社交。

入学后第一次期末考试,齐薇儿子考了全班第五。家长会后,班主任主动找她聊天,询问孩子的学习、生活情况。听完齐薇的介绍,老师说:"原来你们家也挺重视孩子的教育和整体发展的呀!"

听到这话,齐薇一惊,赶忙追问:"我家孩子在学校里是不是不太听话?"

"没有,你家孩子很听话也很优秀,就是很少看见你们在家校群里发言,还以为你们不怎么关注孩子。"老师回道。

齐薇没太明白,把老师的话转述在闺蜜群,向朋友们请教。

"家校群本质上是个向老师展示对孩子重视程度的窗口,家长如果都不重视孩子,人家老师为什么要重视?你可以不那么积极,但也不能完全潜水,得适时发些内容,或者找些别的机会跟老师建立些私交,让老师看到你们对孩子的重视。"一个闺蜜说。

在闺蜜的点拨下,齐薇挑了一些一家三口一块登山露营的视频和照片发在群里,显示自己对孩子的"高质量陪伴"。结果引发了一众家长的探讨,最后连老师也参与进来。

齐薇发现,自己已经不知不觉走上了"鸡娃"的道路,她感觉有点疲惫。她不禁想到:如果当初不知道家对面那所区重点小学的负面信息,孩子直接就去读了,或许也挺好?

这次,丈夫先想通了。"或许时代真的变了,以前家家放养,竞争水平也低。现在家家精养,竞争水平提高了,咱们不争,不就落后了?咱们也不用超前,跟大众保持统一步调就行了。"刘原安慰道。

深入日常细节的群体参照

人们可以设想一个场景:假设齐薇不在居住社区的妈妈群,也不在儿子小学的家长群,齐薇和丈夫还会给儿子请外教吗?也许很多人会对这个问题嗤之以鼻,甚至回怼:生了娃,怎么可能没有妈妈群?孩子上学,怎么可能没有家长群呢?

其实,齐薇在生娃之前就不知道有妈妈群,在孩子上学之前也不知道有家长群。的确,就在十几年前,哪有什么妈妈群、家长群?如果没有这些群,齐薇或许真的就按照自己与丈夫的设想,像他们的父母养育他们那样,把儿子放养了。正是齐薇生娃后的妈妈群和孩子上学后的家长群改变了齐薇和丈夫教养儿子的方式。

那么,妈妈群和家长群有怎样的魔力,又如何改变了齐薇和她丈夫对待儿子的教养方式呢?社会学的研究发现,人总是在跟别人比较的。没有加入妈妈群时,齐薇也在比较,回想自己父母是如何养育自己的,这意味着将自己作为妈妈和自己的妈妈进行比较。加入妈妈群之后,齐薇在跟妈妈群里的其他妈妈教养孩子的方式进行比较。孩子上学之后,齐薇又在跟其家长群里的其他家长参与学校教育的形式和程度做比较。不只是齐薇和她的丈夫如此,妈妈群里的妈妈,家长群里的家长,每一位都在和其他的妈妈、其他的家长比较。我们可以回想自己的日常生活,都是如此。每一个人,想任何问题,做任何事,都是在比较中进行的。

社会学家把人们在思考和行动中的比较,称为参照;把比较的对象,叫作参照群体。参照群体理论是默顿在前人一系列研究基础上归纳的。默顿认为,人们会将与自己的思考和行动有关系的人根据关系深浅划分为三类:与自己有实际交往、具有稳定社会联系的人;大致处在相同地位或同一社会类型的人;以及处在不同地位或者社会类型的人。将三种类型简化,便构成了容易理解的两类参照群体,即自己属于的一类和自己不属于的一类。前者被称为隶属参照群体,后者被称为非隶属参照群体。

默顿认为,隶属参照群体对人们的思考和行为具有更大的影响,可以构成人们期待达成的目标、自我评价的标准。人们甚至用参照群体来评估自己的成就、失败、价值、态度。当人们的行为、态度甚至愿望与隶属参照群体的标准不一致时,还会引发人们内心的混乱。借助参照群体,人们也很容易观察到自己与他人的不同。默顿认为,尽管人们之间存在差异,即使是非隶属参照群体,也依然会对人们的思考、态度、行为产生重要影响。

听起来,参照群体理论聚焦于人们静止的参照行为。其实,并不完全是,库利克(Carol T. Kulik)和安布罗斯(Maureen L. Ambrose)认为,人们对参照群体的运用是多样且动态的。在时间维度上,人们通常会区分过去、现在、未来;在参照对象上,人们通常也会区分为自己、隶属群体、非隶属群体、整体性群体;在实践中,人们运用参照群体的行动是时间与对象交叉构成的12种行动类型中的一种或多种。

齐薇在生孩子之前,将自己的父母作为参照群体;加入妈妈群后,将群里的其他妈妈作为参照群体;加入家长群后,将同班的家长作为参照群体。不仅如此,齐薇还将其他孩子作为自己孩子的参照群体。在本质上,是因为孩子上幼儿园、上小学而有了同伴群体作为参照群体,齐薇和丈夫才被动地将妈妈们、家长们作为自己的参照群体。不然,齐薇会保持在一种与自己父母比较的想象状态中。

参照行为是由自己与参照对象的特征相似开始的。结婚了,齐薇与自己的父母有了相似经历，便会不自觉回想自己父母的彼此对待，用以指导自己的家庭生活。有了孩子，齐薇还会不自觉地回想父母对待自己的方式。当孩子开始上幼儿园，便与自己的童年有了相似。齐薇和丈夫回想父母对自己的教养，是在拿自己的孩子跟过去的自己做比较，也是在拿自己与父母做比较。想着自己是被父母放养大的，上了小学才开始学英语，这是把孩子的生活场景挪到了父母养育自己的童年时代。

社会学的研究还证明，参照对象特征的相似不意味着参照行动可以实现。古德曼（Paul S. Goodman）认为，人们的参照行动主要受两个因素的影响，参照对象的相关性和信息可获得性。齐薇养孩子与父母养自己的差别也在其中。父母养自己的时代，养孩子是各家的事儿。在齐薇上幼儿园和小学的阶段，父母大都是送完孩子就上班，接上孩子就回家。尽管家长们因孩子们的同学关系和同校关系而自然地组成隶属参照群体，也有参照对象之间的相似性，可是那个时代，没有互联网，一些孩子的家里还没有电话，父母们没有途径也没有机会联系。每学期有限的几次家长会算是父母们得以见面的机会了，可大家也没有时间相互认识和交流，参照行动无法实现。

到了齐薇养孩子的时代，数字连接一举改变了子女养育的传统模式，养育孩子不再只是各家自己的事儿了。尽管齐薇的孩子跟齐薇小时候一样，与其他孩子同在一所幼儿园、小学，妈妈们、家长们也自然地组成了隶属群体；可与父母养育齐薇不同的是，数字连接还把妈妈们、家长们拉进了一个群，组成了真正的隶属群体，为妈妈们、家长们彼此之间的参照行动提供了参照对象，更提供了相互交流的网络，参照行动在妈妈群或家长群建立的刹那，有了实现的条件。只是，齐薇后知后觉，在看到别人家孩子用英语交流的视频时，才幡然醒悟而已。

当然，齐薇和丈夫可以坚持自己的主张，像父母放养自己那样放养孩子。换句话说，即使有了实现参照的条件，参照主体依然具有自主的选择权。问题在于，在人们的日常生活中，直到当下，中国依然是一个家庭主义社会。家庭主义的表现之一在于，孩子的前程是父母最关注的生活目标，任何影响孩子前程的家庭安排在道德和伦理上都是社会所不赞许的。父母宁可让自己受委屈，也不愿意让孩子受苦，更不愿意因为自己的选择而影响孩子的前程。为孩子的前程而努力是中国父母的标准化行动。"不能让孩子输在起跑线上"只是标准化行动的一个变体而已。齐薇和丈夫的改变，也不过是因为参照群体发生效用而修正了自己曾经出现"偏差"的对子女的教养而已。

如果我们以为妈妈群或家长群只限于妈妈之间或家长之间，便低估了数字连接对参照群体范围和规模的影响。形式上，齐薇参与的妈妈群或家长群的规模和范围的确有限。妈妈群限于在居住社区上幼儿园孩子的妈妈们，家长群也局限于孩子小学同班的家长们。可每一位妈妈、每一位家长并不只是孩子的妈妈或家长，还是数字世界的一员，而数字世界又连接了妈妈们或家长们连接的每一个人，且连接还是动态的。齐薇有自己的父母、有从幼儿园到大学每一个受教育阶段的同学，有同事，有日常生活和工作中接触且建立了联系的人。形式上，齐薇对孩子的教养只是受到了妈妈们或家长们的影响；事实上，齐薇是把来自各方的影响汇聚到了对妈妈们或家长们影响的反馈上而已，妈妈们或家长们作为参照群体，只是齐薇受到影响的形式化载体。

理论上，凡齐薇和丈夫接触到的、有孩子且与他们孩子同辈的，都是他们养育孩子的参照群体。依据六度分隔理论，只要齐薇愿意，参照群体的规模可以是一个覆盖前面两个条件交集的整体，也因此突破了传统参照群体选择理论的约束。传统参照群体理论认为，人们选择参照群体会受社会结构、人口特征、认知因素、社会距离、可观察性、主观意愿等六个因素的影响。齐薇和丈夫养娃行动的改变告诉我们，社会结构和人口特征定义参照群体选择的相似性，尽管其主观意愿依然受到文化因素的影响，可曾经影响传统参照群体选择之信息可获得性的认知因素、社会距离、可观察性等因素，都因数字连接而被解除。

如此，齐薇和丈夫的养娃行动不再只是自己家里的事儿，而是数字连接范围内同辈群体生活在齐薇家的呈现，纵使有一万个不愿意，齐薇还是顺应了时代的潮流。

案例：残而不缺

每次进入直播间，打开语音，白彩凤都觉得自己与"正常人"一样。每次直播，她都会穿上27岁生日时定做的那件旗袍，暗红色的底绸绣着亮色花朵。她喜欢在直播间唱歌，每次直播都会有人夸她音色好，时不时还会有人打赏。

直播镜头里的白彩凤漂亮自信，而镜头以外，是她从小就残疾的左臂。

左臂残疾是娘胎里带来的，在白彩凤生活的村子里，这一度被视作不祥。她小时候，常有人在背后说白家上辈子没积德，报应在女儿身上。

白彩凤很早就意识到自己和别人不一样，小伙伴轻而易举就能完成的动作，她却做不到。读书时，经常有同学嘲笑她。刚开始，她还有些难过；时间久了，自卑深入骨髓，她也慢慢麻木，习惯了被人用异样的眼光审视。

高中毕业后，白彩凤没有继续读书。家里有几亩地，养了几只鸡，父亲有做鞋的手艺，父母一边务农一边卖鞋。白彩凤还有个哥哥，他高中毕业后就南下打工，每年都会寄钱回来。一家人的生活还算可以。

白彩凤不能干重活，家里的事帮不上太多忙，她心里一直很愧疚。

"只要平平安安就好，家里养得起你。"父母常常如此安慰她。

就在白彩凤以为生活会一直这样继续下去时，改变发生了。改变是江鹏带来的，他是她的"直播培训"老师。

江鹏是一家本地三农电商MCN的讲师，专门面向村镇做视频号直播培训。

"微信的社交属性很强大。如果你和我有一个共同的朋友，他给我的作品点了赞，你的潜意识里也会对我产生信任，这时候就容易促成订单。"这是江鹏培训时最常说的话。

培训班开到白彩凤的村子时，村支书第一时间就为她报了名。大家都知道她的情况，总想帮帮她。

第一堂课，江鹏就关注到了白彩凤。江鹏鼓励她用直播这种方式展现自己："不在镜头里露出左胳膊，大家就不会注意到你的残疾……直播里你就聊聊天，唱唱歌。不要有压力，多播几次就好了……视频号是靠熟人传播的，能进你直播间的人，多多少少都和你有点人际联系，不会嘲笑你的。"

在一个月的课程后，白彩凤终于鼓足勇气做了人生第一场直播。最开始，她很紧张，为了缓解紧张，她拿父亲的手机放背景音乐，唱林忆莲的《至少还有你》。一首歌唱完，直播间里开始有人留言，夸她唱得好，问她是不是专门学过唱歌。

白彩凤认真地读了每条留言并逐一回复，跟网友沟通的过程中，她紧张的情绪很快得到缓解。她惊喜地发现，在直播间里，没人提及她的残疾，没有嘲笑声，也没有善意却刻意的回避。她第一次感受到自己"被当作正常人"对待。

直播逐渐成为白彩凤生活的一部分，她每天都要播半个小时，虽然有时候只有几十人在线，但只要有人留言，白彩凤就很开心。

江鹏教白彩凤开通"视频号小店"，白彩凤直播介绍父亲做的手工鞋时，就会挂上小商店的链接，虽然销量不高，但只要能卖出去一双，她就很开心。有一次，哥哥在朋友圈转了她的直播链接，被一个工厂的老板看到，对方一次性买了四双鞋，白彩凤兴奋得一夜未眠，她感觉自己终于"有用了"。

在"生而不完美"这件事上，15岁的裴子欣跟白彩凤有很强的共鸣。

因为天生双眼眼球萎缩，裴子欣从出生起就失明。虽然不必经历拥有后再失去的剥夺感，但她从未见过世界的样子。所以，父母从来不敢让她单独出门，怕她受到伤害。妈妈全职在家照顾她，竭尽全力想让她拥有一些跟视力正常的人一样的体验。

跟白彩凤不同，裴子欣没有被排挤和孤立的经历。在她的成长过程中，"朋友"始终是缺失的，虽然在爸爸妈妈那边得到了许多爱和保护，但她仍然渴望朋友。她常常想：其他15岁的女生，过的都是什么样的生活呢？

因为长期缺乏运动，裴子欣比同龄人瘦小很多，同龄的女生大多比她高。看着日渐赢弱的女儿，裴爸觉得，得让她多出门、多社交。

多方打听之后，裴爸找到了心目影院，一个每周给盲人"讲"电影的机构。通过志愿者的口头讲述，让盲人也能体会到电影的乐趣。

裴子欣很快就爱上了这个地方，跟常去的听众们打成一片，虽然这里没有另一个15岁女孩，但有学播音主持的大姐姐，有会钢琴调音的大哥哥，有和蔼可亲的叔叔伯伯，还有许多见多识广的志愿者。每次电影讲解结束，她都要再拉着志愿者聊上一会儿，听他们讲最近的有趣经历。

《寻梦环游记》是裴子欣最喜欢的一部电影，她希望自己也能被世界记住。

在心目影院这个小世界里，她的心愿已经实现了，工作人员和志愿者们都很喜欢这个小女孩。每周六，裴子欣一出现，人们听到她欢快的声音就知道她来了。

电影给裴子欣带来社交和朋友，疫情暴发打乱了她的新生活。受到疫情影响，心目影院暂时停止。父母担心她的身体，一步也不让她出门。

在家里憋久了，裴子欣身上的活力以肉眼可见的速度在减少。正当裴爸裴妈焦虑时，心目影院的工作人员发来信息说，心目影院在线上重新开放了。工作人员把裴子欣拉入了一个企业微信的社群，每周在社群里准时开讲。

加入了社群，裴子欣感觉开启了新世界的大门。以前，在线下听电影的盲人大多来自同一个城市，是固定的几十人，裴子欣几乎可以背下每个人的名字，而社群里有天南海北的盲人和志愿者们。其他城市的盲人很早就知道心目影院，但因为地理条件限制很难线下参与，有了线上直播之后，大家都十分兴奋，每次电影放映结束，都会在社群里再聊一两个小时。

因为社群，裴子欣终于认识了另一个15岁的女孩雅秋。为了跟雅秋聊天，裴子欣专门注册了微信，以前她都用妈妈的微信。有了朋友之后，裴子欣想拥有一个属于自己的微信。

不能出门的日子里，裴子欣每天都跟雅秋发语音聊天。雅秋生活在南方，生活方式和环境跟从小生活在北方的子欣完全不同。从雅秋那里，她第一次知道什么叫"回南天"。

"墙壁上、地板上一直都是湿漉漉的，我妈怕我看不见滑倒，每天都要铺一层报纸吸水。你知道吗？回南天是不能通风的，一定要紧闭门窗。"雅秋第一次发现竟然还有人对她的日常生活这么感兴趣，每次聊起来都热情满满，恨不得把每个细节都告诉裴子欣。

看到女儿因为拥有了同龄朋友而雀跃，裴爸裴妈既心酸又高兴。有一天，裴爸在新闻里看到，国外有人在研究脑机接口设备，他又燃起了一些希望：技术发展这么快，或许有一天，类似脑机接口的技术投入民用，能让女儿用另一种方式看见光明呢！

构筑部分完美的生活世界

白彩凤生来便是孤独的，因为她肢体残障。一个小村，人口规模不过千人左右，依白彩凤的年纪，同龄群体不过一二十人。在现有医疗卫生保障条件下，有一个人残障已属于稀有事件。白彩凤想在身边找到身体残障的同伴群体，通常是不可能的。

可人天生又是群体性的。亚里士多德甚至说：从本质上讲，人是一种社会性动物。那些生来离群索居的个体，要么不值得我们关注，要么不是人类。白彩凤是活生生的人，当然值得我们关注。可问题是，物以类聚，人以群分，即使白彩凤没有主观意愿离群索居，却也不得不离群索居。

找不到同类社群的人是痛苦的。社会学的群体理论认为，人之所以需要与人接触，不只是出于功利性目的，在本质上还基于心理的迫切需要。有鉴于此，《日内瓦公约》甚至认为，把一个人单独监禁30天以上是一种残忍的折磨。借此，我们可以想象，白彩凤在家乡小村的生活是多么艰难。

不仅白彩凤是艰难的，白彩凤的家庭也是艰难的。血缘伦理是中国传统社会的根基之一，也是中国社会家庭化的根基之一。随着现代化的发展，个体化的趋势虽然日益清晰，可直到当下，小村社会的家庭化格局依然普遍。我们的实证研究也证明中国还是家庭化的社会。在家庭化的小村，以家庭为单位的社会生活是普遍的形式，在家庭之间制造区隔也是常见的现象。萨姆纳（William G. Sumner）认为，任何社会群体都会给自己和他人划出一条明确的界限，将界限之外的人划入另一个群体，即外群体。白彩凤的肢体残障是一条自然界限，借助世俗社会的习俗，人们很容易把混合了多种信仰或知识的因果逻辑套到白彩凤家，从而认为白彩凤生来的残疾是其先辈们前世作孽的报应。一方面，这无疑给白彩凤家带来了巨大的社会压力；另一方面，也让人们对白彩凤及其家庭的歧视获得了社会合法性。

无论白彩凤及其家庭是否勇敢且坚定，白彩凤的肢体残障现实地为小村构筑社会结构提供了基底，形成了将白彩凤及其家庭外群体化的依据，白彩凤和她的家庭自然地处在小村社会结构底层。只要没有奇迹发生（如白彩凤的父母在社会和经济领域取得巨大成就，或者白彩凤突破小村的生活世界），白彩凤就不得不一辈子忍受肢体残障带来的影响，白彩凤家也不得不始终处于小村社会的底层。这便是费孝通在《乡土中国》里讲的礼俗社会的逻辑，小村自有小村的社会逻辑，且不以外部世界的变化为转移。其实，礼俗社会不只是中国有，其他社会也有。滕尼斯（Ferdinand Tönnies）从生活共同体出发系统地讨论过礼俗社会与法理社会。在滕尼斯那里，礼俗社会指的正是白彩凤生活的小村社会。

　　如果不是遇到了数字带来的革命性变革，或许白彩凤会跟她之前每一名在小村生活的残障人士一样，在孤独中度过自己的一生。幸运的是，白彩凤生在可以重构自己生活世界的时代。

　　社会学的现象学传统继承了哲学家胡塞尔（Edmund Husserl）对生活世界的探讨和分析，在哈贝马斯（Jürgen Habermas）那里，生活世界被拓展成了与系统世界相对应的、推动社会整合进化的文化的、社会的、个人的世界。我们无须将一个深奥的哲学概念世俗化，却可以把生活世界理解为人们日常生活在其中的世界。曾经，小村是白彩凤出生以来体验过的唯一生活世界；当下，在线直播则是白彩凤为自己重构的另一个生活世界。

其实，现实生活中的每个人，只要面对他人，都可以被理解为在做直播。在这个意义上，白彩凤的年纪有多大，她就在小村里直播了多少年。与在线直播不同的是，小村里每个人的直播，观众不仅是相对固定的，还是带着各自价值判断的。人们甚至因价值判断的遮蔽而对白彩凤的部分完美视而不见。此外，在小村的直播还是粗暴的，主播不可以选择自己的观众，观众也不可以选择自己的主播。渐渐地，每个人的直播累积成他人头脑里的价值判断和刻板印象。这便是小村生活的世俗性，也是白彩凤及其家庭遭受歧视的社会合法性来源。

为了摆脱世俗性的压制，人们惯常的做法是换一个场景，重新开始。社会学家认为，更换场景意味着改变物理空间和社会空间，也意味着改变互动对象，从零开始，重新建构彼此的刻板印象。在数字技术进入大众化应用之前，生活世界的物理空间与社会空间是同构的，人们不可能只更换社会空间而不更换物理空间，改变社会空间是改变物理空间的后果。白彩凤的幸运在于，数字社交没有更换白彩凤的物理空间，她依然生活在小村，却给了她更换自己社会空间的机会。

白彩凤用在线直播遮蔽自己的肢体残障。在小村之外，用自己特有的音色呈现了自己的部分完美，用部分完美赢得观众与自己自愿的交流，用与观众的不断交流，建构了自己的社会生活世界，进而从亚里士多德式的离群索居中走出来，在小村社会的外群体之外，重构了自己的内群体，也因默顿说的"内群体的德"（in-group virtues），不仅获得了归属感，还在归属感中尝试了新的生计。

与白彩凤不同，裴子欣的视觉缺失给了她一个"无视"的机会。一方面，"无视"带给了裴子欣心里的纯净；可另一方面，一如裴爸观察到的，除了身体羸弱，"无视"也让裴子欣的生活世界孤弱。如果说白彩凤的困扰在于摆脱小村人的刻板印象，裴子欣的困扰则在于连需要摆脱的刻板印象都没有。裴子欣要的不是重构生活世界，而是建立生活世界。

视障群体的生活世界是不同的。视障让他们没有视觉感知能力，只能依靠听觉和/或触觉感知能力。而人对现实世界的空间感知主要是依靠视觉的。因此，对视障群体而言，没有物理空间和社会空间之分，只有想象空间。把视觉感知转化为听觉感知进而转化为想象，是视障群体建构生活世界的主要路径。

这也意味着，人们想象的生活世界也是在人际互动中建构的。没有社会互动，便没有想象的基础和可用的素材。心目影院是一个伟大的创意，它将视觉感知转化为丰富的听觉资源，为视障群体运用想象力建构生活世界提供了广阔的机会。影视内容对人类生活的覆盖把不同地域、不同文化、不同时代的生活场景带到眼前，使人们不得不插上想象力的翅膀,这也类似于白彩凤的在线直播,拦不住任何有兴趣的人与白彩凤交流。

不过,初始的心目影院显然陷在物理空间与社会空间同构的困境里。为了听心目影院,裴子欣不得不离开家庭到举办心目影院的场地去。还有,场地化的心目影院,听众规模也是有限的,裴子欣寻不到一个与自己同龄的听众,也就缺失了同龄群体的同伴交流,因而失去了同伴社会化的机会。对于依然处在初级群体社会化阶段的裴子欣而言,不能不说是缺憾。

线上心目影院则打开了通往想象生活世界的另一扇门。社群化的生活让裴子欣有了真正的生活世界,也因此有了同龄的伙伴。有了同龄的伙伴,尽管雅秋在南方,却也让裴子欣有了初级群体社会化的机会。裴子欣因为听影视而想象世界,也因为与雅秋聊天而想象南方,当她把不同来源的素材整合在一起的时候,她也因此有了自己的生活世界,一个在想象中建构的生活世界。

每个降临到人间的生灵,都应该有一个属于自己的生活世界。如果不能是身边的,也应该是想象的。对白彩凤和裴子欣而言,有一个自己的生活世界,曾经只是幻想,可在数字时代,她们已经拥有,不管是重构的,还是建构的。

案例：何以为乡

看到老友们纷纷换了国旗头像，还在朋友圈发出一起观看阅兵式的照片，马卫国的心情很复杂——有点羡慕，又有点儿酸。

"这帮老酒鬼，肯定又馋酒了，怕老婆念叨，才找这么个借口出来喝。"马卫国一边看手机，一边跟妻子吐槽道。

"你要是在国内，早就赶去了，吃不到葡萄说葡萄酸。"妻子笑道。

几年前，马卫国从单位退休。彼时，本科毕业后就赴美读研的女儿刚生孩子，小两口忙得不可开交。女儿、女婿是大学本科同学，都是高才生，谁也不愿意为孩子放弃事业。

为了给小两口搭把手，马卫国和妻子决定牺牲一下，过上了国际"老漂"的生活。

刚到美国时，马卫国觉得"倍儿有面子"，住着带花园的小别墅，出门有6座SUV代步，每周末去海边野餐，一家人还时不时去附近山里露营。女儿怕父母太累，还雇了保姆料理家务，老两口大多数时候只需要陪孩子玩，日子过得很惬意。马卫国逢人便夸女儿孝顺，虽说是请父母帮忙带孩子，其实就是接自己出来享福。

出国前，马卫国大半辈子都生活在一个内陆小城市，身边的老友不是同学就是同事，大家的日常生活都差不多。所以，每次马卫国在微信群和朋友圈晒在美国生活的照片时,都会引来一片艳羡。

"老马都开始玩海钓啦,厉害厉害!"

"你家这花园打理得真好,在自家花园就能遛娃,真方便。"

"美国超市的物价挺便宜啊!"

老友们还三五不时地请马卫国帮忙代购,如果谁家有孩子恰好到马卫国在的城市读书或者旅游,也会去马家吃个饭,甚至小住几日。

面对朋友们的帮忙恳求,马卫国几乎有求必应。那段时间,他觉得生活特别充实,含饴弄孙之余,帮国内朋友们研究美国啥便宜,怎么买。"我这里,就是你们的驻美办"成了他的口头禅。因为和老友们的频繁互动,马卫国和妻子很快就度过了国际"老漂"的适应期。

但是,几年"漂"下来,马卫国开始慢慢感觉到,找过来的需求在逐渐变少。以前,马卫国经常去线下的商场和超市溜达,给朋友们推荐性价比高的东西,随着国内各类"种草"平台的兴起,大家已经不需要马卫国的推荐,都是被"种草"后,直接请老马帮忙买。再后来,很多品牌都在网上和各种小程序开了旗舰店,价钱有时候甚至比美国还便宜。朋友们不再麻烦老马,相反,他反倒开始在国内的在线购物平台上买很多"中国制造"的耐用品,寄到朋友家,再拜托他们转运到美国。

与此同时,国内生活的新花样也越来越多,朋友们纷纷用上了手机支付,聚会之后开始搞群收款。"薅羊毛"流行开来,大家时常在群里发几条"砍一刀"、拼团的链接,马卫国越来越看不懂,但又不好意思总问。女同学纷纷开始报名上舞蹈课,在手机里就能上课,线下还参加演出,马卫国的妻子看着心痒。

庆祝中华人民共和国成立70周年阅兵式的时候,老友们在线下聚集一堂把酒言欢,马卫国心里不是滋味。在美国虽然也有些华人老年朋友,但那些人出来得早,早已习惯西式生活,各自关起门来过小日子。看着阅兵式里的飞机大炮,马卫国内心百感交集,自己年轻的时候一腔热血投入国家建设,如今祖国强大了,自己却成了游子。

眼看着外孙一天天长大,马卫国和妻子开始认真地筹划回国。在美国也挺好,但终究不是家。马卫国还建议女儿,每年让外孙回国住几个月。"中国心不能丢啊!"马卫国说。

新冠疫情暴发打断了马卫国的归国计划,看着国内疫情的蔓延,马卫国每天都要在群里问候朋友们,确定他们是否安全。退休的朋友们有的在社区做志愿者,协助防疫工作。看到大家忙碌的样子,马卫国也想参与其中。他向国内朋友们收集了防疫物资的紧缺清单,再组织华人同乡们捐款,想办法购买清单上的物品寄回国。

国内的疫情渐渐平稳,得知参与抗疫的朋友们全都无恙,马卫国这才放心。与此同时,美国的疫情却迎来了暴发,这下轮到朋友们担心马卫国,大家纷纷在群里跟他分享抗疫心得,建议他戴好口罩,少去人流密集的场所。

眼看美国的确诊人数不断增加,马卫国夙夜难寐,生怕家里有人被感染。最难熬的日子里,全靠好友们在群里的鼓励度日。他想着,总能熬过来的。"非典"那次,病毒来势更汹,最终还是人类获得了胜利。

但他等来的,却是特朗普的一纸行政令,宣布将在 45 天后正式封杀 TikTok 和微信两款 App。从女儿口中得知这个消息时,马卫国有点不敢相信自己的耳朵。当初他送女儿来美国留学,正是觉得这个国家开放、包容,他想不明白为什么顷刻之间就变了。

刚开始,在华人群里大家还比较乐观,不相信特朗普真的会封禁微信。"反正他说话不算话也不是一两次了。"有人如是说。但 42 天后,看到美国商务部发表的最新声明,群里的老人们陷入了恐慌,用惯了微信,很多人已经不知道国内亲人的电话号码。"抓紧时间问国内的手机号或者座机号"成了一些人最重要的日常。

马卫国的朋友们也在积极关注事件进展,大家甚至专门注册了 QQ 号,准备一旦微信被禁,就在 QQ 上重新建个群,继续陪他聊天。朋友们都知道,老马现在最需要的就是陪伴。看到朋友们的支持,马卫国很感动,但他仍然担心,朋友们的生活还是在微信群和朋友圈里,以后如果看不到这些,可能会跟国内越来越脱节。

还有人在为"马卫国们"努力，加利福尼亚州的律师朱可亮和另外四名律师自发组织了非营利机构美国微信用户联合会（美微联会），向北加州联邦地区法院正式起诉特朗普政府。

"有一点我们必须清醒地认识到，这份总统令针对的对象就是在美华人，因为微信主要是在美华人在使用。鉴于微信对于几百万在美华人的重要性和不可替代性，总统令的歧视性影响是毫无疑问的。在这个国家，所有的族裔都应该被平等对待，但该总统令却完全忽视了这一点。"朱可亮说。

在美微联会和其他人的努力下，特朗普的禁令最终没有被执行，马卫国松了口气。他觉得，接下来要跟女儿好好谈谈，讨论一下是否有必要全家回国了。

体验身体不在场的社会参与

马卫国是该回国了，如果他还希望回到自己熟悉的环境。再不回国，马卫国对国内的生活只会越来越缺少亲身体验。即使有微信、QQ等即时社交工具，对数字移民而言，在场和不在场始终是两种体验社会生活的途径，难以合一。

几年前马卫国就退休了。一般情况下，按中国男性满60周岁退休推算，马卫国大约出生在20世纪50年代的后期。当微信进入人们的日常生活时，马卫国已接近退休年龄。综合考虑，一个合理的预估是，在内陆小城市生活的马卫国，适应数字生活能力大致属于一般的水平。

换一个视角说，马卫国及其微信群友们大半辈子的日常生活，绝大部分时间是以身体在场的形式体验和感受的。在场（anwesen）是海德格尔（Martin Heidegger）希腊解释中最重要的概念。他指出，存在，意味着参与敞开及其敞开的状态。通俗地说，在海德格尔看来，人们对存在的体验和感受来自在场，在于无遮蔽地在场。在场，当然指的不只是精神或灵魂在场，也是指身体在场。这意味着身体直接参与是体验和感受存在的形式。

在马卫国不断帮群友们在美国采购的阶段，尽管彼此的身体相去万里，可他与群友们之间曾经的行动是相同的，收到的反馈也是相同的。马卫国认为这是在给身边朋友帮忙。反过来，当马卫国请群友们帮他把在国内采购的物品寄到美国时，他也亲身体验到了来自群友们的帮助。从海德格尔的观点出发，在场，意味着身体的直接参与。在马卫国那里，帮群友买东西或请群友寄物品，尽管与群友远隔重洋，都是亲身参与，也都体验到了在场与存在。

"你家这花园打理得真好，在自家花园就能遛娃，真方便。"当微信群友们发出如此的感叹时，是把马卫国微信照片里的花园"搬到了他原本生活的国内家乡小城进行比照,他们想象房子和院子就在自己身边,就在自己或马卫国要遛娃的时候。对群友而言,他们体验的是身体在场的城市、身边的生活以及可能马上要遛娃的时刻。他们无法体验身体不在场的美国,也无法体验在马卫国孩子的房子周边的其他人房子的院子和花园,更不知道美国人是不是也要遛娃。因此,群友们的感叹是值得怀疑的,甚至可以认为是群友们因错觉而发出的感叹。

群友们的感叹似乎验证了海德格尔的观点,即存在是人们亲身体验到的。可是,布迪厄却认为,我们有一切理由认为,那些实地体验和目睹的,即令人印象深刻的明证和戏剧性的经验,其本质应当从外部寻找,即在社会空间结构和物理空间结构之间建立严谨的关联。马卫国及其群友们的体验,或许正是社会空间结构与物理空间结构关联错位,即身体不在场带来的社会参与错觉。

群友们社会参与的错觉来自,当他们看到照片时,明明看到了不同的物理空间,却以为马卫国依然还在他们的社会空间里,马卫国只是去了他们期待却未能实践的物理空间,进而形成了一种错误的身体物理性在场的体验。群友们不知道的是,物理空间结构与社会空间结构是一致的。当马卫国的孩子在美国工作时,马卫国与他们就不在一个社会空间了,马卫国去孩子那里,不过是他的社会空间与物理空间的重叠而已。对马卫国物理空间结构地位的评估需要放在新的社会空间结构里来进行，参照系不再是他在国内家乡小城的群友们，而是孩子工作和生活的城市，是那里的老人们，是那里的人们的房子与花园。

马卫国社会参与的错觉则来自，当马卫国在微信群体验群收款、"薅羊毛"、"砍一刀"、拼团等国内小城群友们的生活时，也以为自己还处于国内群友的物理空间结构和社会空间结构之中，而为未能亲身体验到群友们的数字生活而遗憾。殊不知，当他的孩子在美国开始工作时，便已经为马卫国选择不同的社会空间和物理空间提供了机会，且不同的选择会带来不同的物理空间结构和社会空间结构位置，进而带来不同的社会参与体验。

如果选择留在国内家乡小城与群友们在一起，则是选择了物理空间结构位置不变而社会空间结构位置更高的组合。一旦到了美国，即使是给女儿带孩子，物理空间也改变了。物理空间的改变不仅给群友们带来错觉，也给马卫国自己带来了错觉。群友们把照片里的物理空间错置到了国内小城，马卫国则把已在美国的身体错置到了群友们身边。疫情防控期间，马卫国担心群友们，其实也是以为自己就在群友身边，而不只是出于朋友之谊。

马卫国与群友们由身体不在场形成的社会参与错觉只是数字时代社会参与体验的一个过渡阶段而已。这种错觉，形式上是社会空间结构与物理空间结构错位带来的，本质上则是社会化带来的惯习在数字时代的表现。

马卫国及其群友们大半辈子对世界的体验都是身体在场的体验，没有机会体验身体的不在场，也没有接受社会空间结构与物理空间结构关系的教育。从经验出发是马卫国及其群友们认识世界的自然模式。在社会空间结构和物理空间结构发生错位时，会产生体验错觉，再正常不过了。

只是，对于习惯了由亲身参与获得体验的人们而言，由两个空间结构错位而形成体验错觉原本只是个体性的，即只有在两个空间游走才会形成体验错觉。而游走于两个空间的机会对一辈子都去不了几次省城的马卫国及其群友们而言是稀少的。马卫国到美国帮女儿带孩子给马卫国及其群友们带来的体验错位原本不足以改变人们的体验习惯，却也因此呼应了传播学领域一个讨论已久的理论问题，即身体在场与事实体验。其实，身体不在场的社会参与体验已不再是传播学领域独有的问题，梅洛－庞蒂（Maurice Merleau-Ponty）的具身性理论也可以用来与更广泛的理论进行对话。群友们因马卫国的照片而形成体验错觉，马卫国因群友们的数字行动如拼团而形成体验错觉。数字技术带来的即时场景切换，给习惯了由身体在场形成体验的人们带来的体验错觉已经普遍化。

值得进一步追问的是：数字原住民们也有同样的体验吗？如果我们的理论假设是正确的，即如果人们有能力区分社会空间结构和物理空间结构及其之间的关系,在多个空间的游走便不会形成体验错觉。数字原住民们,从来到人间开始,在线和离线就不曾分开过,从来就没有区分身体在场或身体不在场的差异,更没有体验身体在场和身体不在场的不同。那么,数字原住民们会有体验错觉吗?或者根本会形成另一种对社会参与的体验体系吗?

不过,即使马卫国回国,也不是体验数字原住民们的社会参与,而只是回到自己曾经习惯的社会参与体验而已。

无形又有影的生活关系重构

生活关系的变迁

生活关系,是一切社会迄今为止最本质的社会关系。

本质,通常是哲学家喜用的判断。我们不是哲学家。说本质,是希望说生活关系对于人的生命意义具有本质性,并无将对生活关系的探讨带入哲学论辩之意。我们依然希望从人们对生活的体验和感受出发,阐述生活关系之于每个人的价值和意义,也探讨体验和感受背后的社会逻辑。

作为能动的社会行动者,生活是人的一切。生活是人社会行动的出发点，也是归属点。广义地说，人建构的一切关系包括与自然的关系，都可以被纳入生活关系。值得说明的是，我们讨论的生活关系，范围要小得多。在区分了家庭关系、朋友关系、工作关系之后，生活关系是三种关系之外的，人与自我的、人与人日常交往的、人与工作相对的、人与社会相连的日常实践关系。简单地说，我们讨论的生活关系是人与自己、人与他人和社会的世俗生活实践里的关系，是世俗生活里无形地承载着人的价值和意义又对人的社会行动产生关键影响的关系。

叶欣欣与家乡城市和工作城市的关系表面上是人与工作的关系，可叶欣欣关注的不是工作内容和工作收入，她关心的是工作带来的体验和感受。对叶欣欣而言，工作带来的体验和感受已经成为她生活体验和感受的一部分，也是生活关系。齐薇养娃与马卫国带外孙一样，原本只是家庭事务，却在形式上超出了家庭范围。马卫国住女儿美国的房子，让一些国内群友羡慕；齐薇带自己的孩子，却不得不感受或承受妈妈群、家长群带来的压力。白彩凤的直播表面上是工作，可实质上，白彩凤不是网红主播，带货只是她直播附带的内容。直播带给白彩凤的体验和感受、观众的反馈才是白彩凤在意的，是作为她生活价值和生命意义珍视的部分，体现的当然是生活关系。同样，对裴子欣而言，心目影院，她不只是在那儿听一场电影，而且可以显示自己的社会存在，甚至是赋予自己与社会进行交流的唯一场景。裴子欣把自己社会存在的一切都寄托在心目影院带来的体验与感受上，自然还是生活关系。马卫国与子女、与群友们的关系则是典型的生活关系。现如今，人的生活说起来是自己的，却把外面的世界带进了自我的体验与感受之中；说起来自己好像有选择的主动权，却又不得不接受他人和社会的关注及评价，也不得不接受社会这只无形之手的影响。

陶渊明曾经尝试过只有自己的生活。千百年来，一篇《桃花源记》带给人们无尽的遐想。每一个读过它的人，心里都有一个自己的桃花源。可不管有多少个桃花源，它们都有一个共同特点，那就是，自我主宰的生活。在桃花源里，生活关系只有两种，人与自然的关系和人与自己的关系。其中，人与自然的关系受自然因素（如土地、气候、水利、物种）的影响。表面上，每一种自然因素都会影响人与自然的关系；可实质上，只有一种因素会影响人与自然的关系，即人自己。自然因素是客观存在的，人利用自然因素的观念和方法才建构了真正的人与自然的关系。人利用的观念和方法受人的意愿和技能的影响，而技能又受人的创造性影响。如此，如果不断追问下去，人与自然的关系便又回到了人与人的关系。在每个人的桃花源里，人与自然的关系和人与自己的关系最终殊途同归，都归于如何与自己相处。

人，终归是社会的。桃花源不过是人厌烦了嘈杂生活的理想场景而已。即使是小国寡民,也还是老子幻想的安逸生活而已。不过,桃花源和小国寡民倒是为我们理解生活关系提供了参照场景。和与自己相处比较,小国寡民提供了与他人和社会相处的场景:"甘其食,美其服,安其居,乐其俗。邻国相望,鸡犬之声相闻,民至老死不相往来。"其中,食、服、居是人日常生活所必需的物质;俗,则是社会文化和规则。换句话说,即使国小民寡,人的生活也需要物质,需要与他人建立关系;也有文化和规则,需要与社会建立关系。说老子幻想,是因为他不交代物质的出处、文化和规则的出处。可我们知道,任何物质都是生产出来的,想要甘、美、安,是有条件的;文化和规则也不是自然产生的,而是社会建构的结果。不管是直接利用自然物质,还是运用自然物质生产新的物质,生产构成了与生活直接相关的人类活动,生产的社会性也因此形成了与生活私人性的关联。同样,文化和规则也构成了与生活直接相关的人类活动,文化和规则的共识性也因此形成了与生活私人性的关联。

　　人的生活是一个复杂的集合。作为生物体,人是物质实体,人的存在占据着物理空间;作为社会体,人是社会实体,人的存在占据着社会空间;作为自我体,人的存在还有心灵空间。如此,人的生活其实是活着的人的时间(生命)与空间(社会空间和心灵空间)的集合。如果把人的时间性和空间性映射到人的日常生活便会发现，时间具有矢量性，而空间具有多重性。夫子说："逝者如斯夫，不舍昼夜。"这意味着每一段时间对人的生命而言都是唯一的，都会一去不复返。与人的时间性截然不同的是，人的空间性却是多重的。其中，物理空间具有唯一性，老子的食、服、居是由物质实体的人生产的，也是由物质实体的人消费的；而社会空间却是多重的，老子的俗（文化规则）约定着人的社会空间，却也是人创造的社会空间。心灵空间又是个性的，老子的甘、美、安、乐是个体在日常生活中体验和感受的，也是随场景变动的。时间矢量性与空间多重性在生活中的不同组合，不仅建构了人的生活关系，也历史性地呈现着生活关系的变迁。

小国寡民带来的另一个启示是，即使有国，人的生活也可以"邻国相望，鸡犬之声相闻，民至老死不相往来"，只要"虽有舟舆，无所乘之"。乘舟坐车是建构生活空间的一种方式。社会学理论告诉我们，人的社会性是由人与他人和社会互动建构并实现的。互动的范围又受人所处的三重空间的约束。在农业时代，小国寡民貌似是一个极端场景，却也是一个典型场景。在阅读和游历还只是极少数人的幸运的时代，人的三重空间是重叠的、一体的。具身的人在哪里，互动范围就在哪里，心灵的范围也就在哪里。不用舟车，人的生活就永远被限定在小国，生活关系也在小国。

运用舟车可以突破小国范围，却不一定能改变人们的生活空间。人类交通发展的历史表明，交通的致远性是影响人生活空间的关键因素。施坚雅（G. William Skinner）对中国民国时期乡村市场的研究表明，人们的生活空间大致在舟车可以一天往返的半径之内。莱弗里（Brian Lavery）的研究则表明，航海技术曾经是影响人类把生活拓展到更广的空间的关键因素。航空技术则进一步把人可以到达的生活空间在时间维度上进行压缩，让人在更短的时间内可以到达更远的生活空间。不过，如果不是想象，而是回归日常生活，便可理解，长短途交通工具的组合的确可以将人传送至世界的各个角落，每个角落也的确是更广更远的生活空间，可那毕竟不是人的日常生活，也无法根本性地改变人的日常生活空间。

只要人的三重空间还是重叠的和一体的，人的生活便不得不局限于身体日常可及的物理空间。人可以到世界某个角落去旅行，旅行就是生活。人们也可以到世界的某个地区去工作，例如，葡萄牙人、西班牙人可以到达非洲、美洲进行贸易；荷兰人、英国人可以在亚洲建立贸易公司；郑和也可以到达非洲传播中华文明。如今，人们甚至一直在想象着自己可以进行星际旅行。可是，到达不同物理空间的人，依然生活在身体日常可及的物理空间。如，生活在印度的英国人只是把他们在英国身体可至的范围挪到了在印度身体可至的范围而已。

交通的发展虽然没有改变身体可至的物理空间，却改变了身体承载的社会空间和心灵空间,还改变了日常生活的物质,以及因物质生活改变而出现的社会空间和心灵空间的拓展。去遥远的地方旅行的确不是日常生活,却可以改变人的社会空间和心灵空间;到异国他乡去工作也不是日常生活,却在为改变生活的社会空间和心灵空间提供条件。除交通之外,影响人的社会空间尤其是心灵空间的关键因素还有阅读。交通带给人身临其境的观察和认识,阅读则汇聚了众人身临其境的观念和思想,让人的社会空间和心灵空间有了可资比较的参照。人们把对世界的观察、评价、想象以可阅读的形式进行表达,不只是自我梳理与反省,还是为其他人的社会空间和心灵空间变革提供参照。人们把自己生产的产品运输出去,不只是彼此的物质交流,还是为其他人的物质空间改变提供借鉴。阅读改变人的生活观念,贸易改变人生活的物质水平。工业时代,物质生产和内容生产的极大丰富让人们在有限的物理空间见识了无限的社会空间和心灵空间。只是,以关系结构为前提的人与人的互动依然受到身体可至物理空间的限制,社会空间和心灵空间在理论上虽可以无限,却依然只是自己与自己交互,尚没有与自己之外的他人的直接互动。如果我们依然认为人际互动才意味着人的社会性,才意味着生活关系,那么,工业时代由互动范围建构的人的社会性依然受限于身体可至的物理空间。

让人的社会空间和心灵空间突破身体可至物理空间的是数字连

接。马卫国身体在场的空间在美国，生活关系却加上了中国，他始终与家乡小城的群友进行着互动，维系着他们的社会空间，这也滋养着马卫国的心灵空间。叶欣欣的物理空间在家乡城市和工作城市之间流动，社会空间和心灵空间却横跨其间，混杂在对生活价值与生命意义的追求中。除了小村的生活关系，白彩凤的物理空间在白家，社会空间却纳入了在直播中建立的与他人和社会的关系，其心灵空间也不再只限于小村，而是混杂了在小村的和在线上的体验与感受。同样，裴子欣参与的心目影院，也把她的生活关系从身边拓展到了身体不至的与他人和社会的互动中。齐薇养娃，听起来是家里的事儿，却因为妈妈群、家长群，加上闺蜜、同事，竟然让众多其他人参与到了自己养娃中，甚至建构了一个自己的同龄群体和孩子的同龄群体之间交互的、互动范围近乎满足六度分隔理论的生活关系网络。

　　身体不至，心灵已动。数字连接把人类积累的丰富知识、形成的多样文明、实践的日常生活直接带到了数字世界里的每个人的面前，无论你愿意还是不愿意，就像齐薇养娃，人的生活关系已经顺着数字连接泛在拓展，承载生活关系的社会空间和心灵空间也因此突破具身此在的物理空间，进入整个人类社会。

数字生活的本质

早在若干年前,人机融合就已成为热点议题,如库兹韦尔(Ray Kurzweil)的《奇点临近:2045年,当计算机智能超越人类》、泰格马克(Max Tegmark)的《生命3.0:人工智能时代人类的进化与重生》等先锋文献探讨的场景或许距离我们还太远。而随着人工智能向日常生活的渗透,人们对人机社会的想象不断丰富,且不说科幻类作品和文献,仅是一部更加接近于生活现实的英剧《真相捕捉》或人工智能生成内容(AIGC,如ChatGPT)进入应用,便足以让人们不断思考数字技术给生活带来的影响。

如果纯粹从生物性出发,其实,人类早已不是纯粹的自然生物了。从应对疾病开始,人类就在运用物质的和非物质的工具干预人的生物性。以动物、植物、矿物作为药物是对人的生物性的干预,运用物理工具如手术器械或人工植体也是对人的生物性的干预。自从疫苗发明以来,每个人在出生之前都已经带着非生物的或人类加工的痕迹。不过,在人脑被置换或被彻底改造之前,生物性还是人类的基本属性。人类的生物性体现在每个人都会生老病死,每个人都有喜怒哀乐,且生老病死和喜怒哀乐都不是自然发生的,而是与衣食住行密切相关,进而与社会的发展变化密切相连的。我们认为,只要生物性还是人的物质主体性,衣食住行就会影响人的生老病死和喜怒哀乐，以生物性为载体的人的社会价值和意义就依然存在，日常生活对人的社会性和自我性就还有价值和意义。只要数字生活依然是生物人的日常生活，还没有跨过库兹韦尔说的奇点，那么，对每一个生活着的人而言，生活关系依然是人最本质的社会关系。

我们不断重复着社会学的观点，聚集人的社会性，是希望强调人处在社会关系之中。日常生活面对的关系，便是狭义的社会关系。表面上，一如开篇探讨的，关系是人自己建构的，也形成了帕特南（Robert D. Putnam）意义上的社会资本（因社会关系而形成的互惠和信任）；可本质上，围绕人的一切关系依然是社会性的。一个直接的证据是，人们建构任何生活关系都会受到社会文化和规则的约束。我们承认，人汇聚的关系也汇聚了异质性的文化和规则，且汇聚的关系越广，异质性的概率就越大。可值得注意的是，汇聚的即使是异质性的文化和规则也无法改变文化和规则的强制性。文化和规则是社会的共识，其强制性便是社会的强制性。波兰尼说，习俗、规则、法律是社会资本的约束因素，其实，它们也是生活关系的约束因素。追随波兰尼的研究者们甚至将人类的一切行动都与社会作为约束力量相关联，让人们以为，社会是决定生活关系的唯一力量。

我们认为，社会的确是生活关系的约束因素，却不总是唯一的决定性因素。理由是，社会也受其他因素影响，且因一些关键因素的影响而变迁，进而不断改变对生活关系的约束。在影响社会变迁的因素中，技术既是一类关键因素，也是一类触发因素，还是一类支撑因素。技术因其在技术结构中的位置不同，而对社会变迁产生不同的影响。越是处于底层的技术，越是人们生活于其中的具有环境意义的技术，就越是影响社会变迁的关键技术。如果说种植养殖技术是农业时代的关键技术，动力技术是工业时代的底层技术，那么如今，数字技术已经成为技术结构里的底层技术。数字技术的社会化应用不只是润物无声地改变着人的生活关系，也因人的生活关系对既有社会约束的突破而带来了生活关系的本质变迁。

不过，在我们看来，生活关系不是家庭关系、朋友关系、工作关系的剩余，而是集合了这三种关系而汇聚到人的日常的关系。换句话说，不是从家庭、朋友、工作出发的面向个体的关系，而是从个体出发的面向家庭、朋友、工作、日常生活的关系，是面向自我的关系。生活关系集合的家庭、朋友、工作的关系，最终都会指向自我。因此，生活关系才是人生命的价值和意义汇聚，才是自我认知的依据，才是心灵的归属。数字生活的本质，也意味着从自我出发，面向家庭、朋友、工作、自我的关系的本质。

第一，在家庭里，名分是家庭的，日常是自我的。在可知的人类生活里，家庭始终是人生活的出发点和归属点。可是，在不同关键技术的影响下，人的生活关系与家庭却有着本质差异。在儒家文化影响至深的中国社会，家庭之于人的生活关系也受关键技术变革的影响。农业时代，生产与生活的一体性约束了人的生活关系对家庭影响的突破。在农业村寨和牧养部落，人其实没有自我的生活关系。人的生活关系不仅从家庭出发，也回归家庭。围绕家庭的关系便是人的生活关系，其物理空间和社会空间是一体的，个体和家庭也是一体的。工业时代，生产与生活分离，一方面让工作关系从家庭关系中分离出去，另一方面让人把工作关系纳入个体生活关系，让个体在家庭之外部分地拥有了自我的、与围绕家庭关系不同的生活关系。之所以说是部分的，在于新纳入生活关系的同事/朋友关系是来自组织的工作关系，而不是个体在生活中额外建构的独立的生活关系。

形式上，家庭和工作影响着个体对自我生活关系的建构；本质上，个体却缺乏建构独立的生活关系的能力和机会，如与他人和社会建立独立的关系的能力和机会，其中，技术能力和技术环境是一个重要的约束因素。白彩凤会读、会写，只是缺了一只胳膊而已。会读，给了她认识世界的能力；会写，给了她发出邀请或接受邀请与他人建立关系的能力。可是，肢体残障却让她羞于出门。其实，不是说肢体残障的人没有能力出门，而是她具身此在的社会文化和规则约束了她出门。不出家门，她又能把邀请发给谁呢？同理，裴子欣虽然不能看，却依然能听会说。会听，就有能力接受信息、接受知识，就有机会认识世界；会说，就有与他人建立关系从而建构自己生活世界的能力。可跨不出家门，家庭对于她们就不只是名分的，也是实质的，就把她们的生活关系困在了家庭关系中，从而变成了建构个体生活关系的约束力量。

当数字技术让人突破具身此在的物理空间时，也突破了家庭社会空间的文化和规则约束，人因此有了拓展属于自己的社会空间和心灵空间的机会，进而也有了建构属于自己的生活关系的机会。白彩凤和裴子欣虽然还在家庭的庇护下，身体依然受到其所在的物理空间和社会空间的文化及规则的约束，可从家庭出发连接的外面的数字世界一下子给了她们建构自己生活世界的机会，也因此让她们有了自己的生活关系。在数字连接泛在的环境里，对每个人（不只是白彩凤和裴子欣）的衣食住行、生老病死等日常生活而言，家庭是名分的，也是实质的；可对每个人（包括白彩凤和裴子欣）的生活世界而言，家庭只是名分的，是具身此在的那个物理空间和社会空间的文化及规则约定的。除此以外，个体从生活关系里获得的体验和感受还涉及数字连接的生活世界（社会空间和心灵空间），白彩凤在直播里建构的生活世界是实质的，裴子欣在心目影院里建构的生活世界也是实质的。在数字连接的社会空间和心灵空间里，有她们想要的生活，至少是当下想要的，还有她们可以自主建构的也是家庭无法提供的生活关系。因此，数字生活的本质是个体的生活关系突破家庭关系而获得的独立。在从个体出发的生活关系里，个体与家庭的关系从实质的变成了部分的、名分的，个体建构的生活关系让衣食住行、生老病死依托的家庭与甘、美、安、乐的个体社会空间和心灵空间相互独立，却又不至于彼此隔离。

第二，在朋友中，圈子是朋友们的，体验是自我的。当人们从家庭走出来建构自己的生活世界时，像白彩凤和裴子欣那样，她们需要一些能听她们说的人，也需要一些能对她们说的人。社会学家认为，与他人和社会建立联系是人的社会性的初始行动。互动是一个抽象概念，纳入了人与他人和社会的一切相互行动。即使聚焦到一个关系类属如朋友关系，也有关系的亲疏远近等程度差异。俗话说：在家靠兄弟，出门靠朋友。不过，俗话说的朋友更多指的是农业时代和工业时代的朋友。农业村寨或牧养部落的朋友自不必说，他们之间存在彼此透彻了解的、在成长进程中就建立的生活关系。工作中的朋友也可以是在工作场所的合作或冲突中建立的生活关系。除此之外，在数字社会之前，人们虽有能力却大概极少有其他机会在具身此在的物理空间拓展自己的社会空间，更不用说建构自己的生活世界，更少有机会建构身体不在场的物理空间里的朋友关系。通俗地说，朋友是村寨或部落的，朋友是工作场所的。

朋友的村寨性或部落性和工作场所性，意味着建构朋友关系与人具身此在的时空实在性直接相关。与具身此在同步的时空是人们建构朋友关系的社会范围。当人们说发小时,至少有三层言下之意:一是彼此了解对方的社会化过程,分享着相似甚至相同的文化和规则,也因此建构了无须复杂交流便可相互理解的默会知识;二是彼此了解对方的生活环境和经历,虽有家庭关系的差异,却了解彼此面对不同场景的反应模式;三是彼此了解对方的选择偏好,也因此了解彼此面对各类事件的态度与行动。具身此在的社会空间的同质性支持了人们建立类似于发小的生活关系,同时,也限制了人们在村寨或部落和工作场所之外建立生活关系,让人的生活关系始终局限于具身此在的社会空间,形塑了承载地方文化或规则的自我,以及在面对异质性关系时的心灵空间。

与个体面对家庭关系的逻辑一致,当数字技术让人突破具身此在的物理空间时,也突破了朋友社会空间的文化和规则约束,人便有了拓展属于自己的社会空间和心灵空间的机会,进而也有了建构属于自己的生活关系的机会。虽然马卫国具身此在的物理空间在美国,或许也有与物理空间同构的社会空间,他却依然保持着自己在家乡小城的朋友关系。可是,如果把时间倒拨到数字社会之前,对马卫国而言,离开家乡小城十多年的时间,意味着切断了之前建立并维系的朋友关系,且不得不在具身此在的物理空间里重建自己的生活关系包括朋友关系。历史事实表明,在马卫国之前去国外生活的华人都是这样,世界各地的唐人街可以被理解为人们重建生活关系的作品。其实,不用说马卫国,在数字社会之前,任何离开自己具身此在的物理空间的人,都意味着要放弃之前建立并维系的朋友关系;任何来到新的物理空间的人,都意味着要建立并维系新的朋友关系。因此,数字连接带来的朋友关系变革不只有卡斯特(Manuel Castells)说的"流动"的社会;对具体的人而言,还有流动的生活关系。既可以像白彩凤和裴子欣那样围绕具身此在新建与遥远的陌生人之间的生活关系,还可以像马卫国那样围绕具身此在维系与遥远的家乡小城之间的生活关系。

第三,在工作中,产出是组织的,成就是自我的。当人们从家庭走出来建构自己的生活世界时,除了与他人和社会建立日常生活关系,同样重要甚至更加重要的还有支持日常生活的工作关系。自从工业化以来,人类的生计越来越多地依赖由组织提供的岗位工作,即使在数字社会已进入飞跃发展的阶段,虽然部分国家已经在试行全民基本收入(universal basic income)保障制度,可对世界上的绝大多数人而言,在组织场所的工作还是生计的第一来源。同时,工作场所也是人与他人和社会进行互动不可或缺的场景。我们甚至认为,工作才是人为世界创造的机会,为世界进行创造才是人在社会关系中的价值,人的社会价值才是人的一切关系包括生活关系的价值和意义所在。

涂尔干指出，由劳动分工带来的工作不只是个体的生计，还是维系社会存在与发展的基本纽带。如果把视角从个人转换为社会就会发现，工作关涉到一个社会的劳动分工体系，每个人的工作只是其中的一个分工节点，既是整体分工体系的一部分，也对整体分工体系产生影响。农业时代的分工是地方性的，可以形成相对完整的体系。以家庭为单位的人的工作接受家庭的指派，个体的生计也由家庭提供。家庭建构的生计关系覆盖了个体的生活关系。与之形成对照的是，工业时代的分工体系经历了从主权国家到人类世界的发展。以生产／服务组织为单位，人的工作受劳动力市场支配，大多数人的生计来自组织提供的岗位工作。工业社会形成的社会文化和规则规定，接受岗位工作的人必须身体离开家庭、离开个体的社会空间，从而占据岗位。岗位工作对具身此在的时空排他性使工作关系也成为人的生活关系的有机组成部分。人的生活关系建构也因此受到组织化岗位工作的约束。在工业社会的鼎盛时期，佩罗（Charles Perrow）说，"组织吸收了社会"，意指没有人不依靠组织而获得生计，每个人都是组织的人。

与个体面对家庭关系、面对朋友关系的逻辑一致，当数字技术让人突破具身此在的物理空间时，也突破了工作场所的社会空间的文化和规则约束，人因此有了拓展属于自己的社会空间和心灵空间的机会，进而也有了建构属于自己的生活关系的机会。对工作场所的第一个突破是针对岗位对具身此在的时空排他性的占据，人们可以接受，也可以不接受岗位工作对身体的占据，人们还可以接受岗位工作对具身此在的物理空间的占据，却让个体的社会空间获得自由，进而让生活关系离开岗位工作约束的关系，进入更加丰富的社会空间。叶欣欣从工作城市回到家乡小城，形式上是工作节奏的变化，本质上却是工作与生活关系的变化。在家乡小城工作，她同样处在数字时代，可数字技术并没有真正进入工作，也只部分地进入了日常生活。当叶欣欣希望提高工作效率的各种设想在同事那里遭受冷遇时，她以为是遭到了同事的抵制，其实是遭遇了传统组织岗位工作的抵御。如果我们区分工作的产出（outcome）与成就（performance），就会发现叶欣欣面对的困境所在。如果人的工作产出是组织的，成就也是组织的，换句话说，如果对人的成就认可不是来自人的工作产出，而是组织赋予的，不仅如此，如果具身此在于工作场所，时间却不受任何约束，那么，谁还有积极性去争取产出呢？这便是叶欣欣在家乡小城工作中遭遇到的困境，也是管理学里涉及岗位工作激励的焦点难题。

如果把岗位工作落实为每个人的任务，组织对具身此在的时空排他性也随之变得没有必要了。形式上，岗位依然是组织的，可岗位工作不再一定是岗位空间和工作时间的函数，而是被转化为明确的目标任务，一如叶欣欣在工作城市的工作。当下，刻画这类目标任务的是人们熟悉的关键绩效指标（KPI）。注意，KPI 不是岗位空间与工作时间的函数，而是工作产出目标，个人工作产出的数量和质量直接转化为工作成就。不仅如此，在任何工作场所，工作成就不再是组织赋予的，而是个体的工作获得。这是因为在这样的场景里，一如我们在讨论工作关系时讨论过的，工作与生活的关系不只是难以区分，而且是没有必要区分。工作便是生活，生活也是工作，在身体存续可以获得社会保障的前提下，工作也不再是个体甚或家庭生计的唯一支撑，个体的生活关系也因工作成就而发展变化。理解了这一点，便可以很容易地理解，叶欣欣挂念的其实不是工作城市的工作节奏快慢，而是从生活化的工作中获得的成就感。

第四，在生活中，自我是汇聚的，心灵是积累的。在人与他人和社会的关系史中，无论家庭关系、朋友关系、工作关系的形式怎样改变，其本质如何变迁，都会回到自我对生活的体验和感受，都会形成自我面向他人和社会的心灵。数字生活的本质在于，回到人体验和感受生活的形式发生了本质的改变，也因此影响了面向他人和社会的心灵建构。在数字连接将人带出家庭和具身此在的社会空间之前，生活关系从来都与具身此在的物理空间／社会空间紧密伴随，和与生俱来的关系结构紧密相连。白彩凤或裴子欣的生活关系不可能超越村寨或社群，甚至不可能超越家庭；叶欣欣的生活关系会随着具身此在的工作场所的变化而切换，不可能同时存在于两个不同的社会空间；马卫国的生活关系也会随着具身此在的生活空间的转移而更替，不可能跨越时空同时存在于两个不同国家的社会空间；齐薇养娃也只会是自家的事儿，而不可能让其他与家庭无关的人参与其中。

农业时代的生活关系围绕着生存延展，哪里有支持人生存的资源，人就会流向哪里。葛剑雄团队对中国移民史的研究充分说明了农业社会的人口流动与生存资源之间的关系。而人口流入的物理空间，既是人与他人和社会的关系的范围，也是人建构生活关系的社会空间，还是人回到自我对生活体验和感受、建构心灵空间的物理空间和社会空间。

工业时代的生活关系则围绕着工作场所变动，哪里有支持人生计的工作机会，人口就会流向哪里，人类城市化的历史也充分证明了工业社会人口流动与工作机会之间的关系。同样，人口在城市的汇集，除了与人口在农业村寨和牧养部落的聚集对自我的体验和感受以及心灵建构具有同样影响之外，还是支持人从对家庭的依附转向对社会的依附，且在社会中独立自主的过程。值得注意的还有，个体从家庭的独立，带来了两个效应。一是让生活关系的基础从家庭降维到个体；二是维系了生活关系的同质性。城市的生计同质性和农业村寨或牧养部落的生存同质性一样，即使人们走出了家庭，也没有走出与具身此在的物理空间重叠的社会空间的同质性，生活关系也依然陷落在同质化的与他人和社会的关系之中，即使有范围的拓展，也只是在重复相似甚至相同的生活关系，对人的生活体验和感受没有改变。

数字连接的改变在于，在以个体为单位建构生活关系的基础上，通过对具身此在的与物理空间重叠的社会空间的突破，将人与他人和社会的关系带入了更大的异质性空间，让人们对生活的体验和感受回到自我，而不再是重复相似或相同的社会空间。如果说在数字连接之前，自我面对的是一个由具身此在的物理空间给定的社会空间，也是不得不接受的社会空间，就像叶欣欣在家乡小城工作便不得不接受小城的文化与规则一样，那么，数字连接带来的生活关系，在本质上就不再是一个给定的社会空间，而是个体选择的甚或汇聚的社会空间，就像白彩凤、裴子欣、马卫国、齐薇所面临的，其实，叶欣欣回到之前工作的城市，便也有了自己可以选择的社会空间。当然，具身此在的社会空间依然存在，但它与个体可以选择的社会空间比较，其对人们生活的体验和感受而言，不再唯一，甚至不再那么重要。

生活关系的重构

一如开篇讨论的，人在面对自我时，给个体提供选择的机会彻底改变了人的生活关系。当个体面对的不再是社会赋予或强加的生活关系,而是由个体自主选择而汇聚的生活关系时,人对与他人和社会关系的体验和感受,也从社会强制的后果变成了个体选择的后果,自我对心灵的建构不仅有了更加多样化的关系来源,也有了更大的自主性,一如白彩凤的直播,裴子欣的心目影院,齐薇的妈妈群、家长群,叶欣欣的工作场所,还有马卫国的小城故交。

可是,个体依然生活在社会中,依然需要处理与他人和社会的关系,包括与自己的关系。其中,底层的关系依然是个体与家庭、朋友、工作的关系,当然,还有与自我的关系。这些关系依然是生活关系的内核,是衍生其他一切关系的关系。只是,人的生活关系在数字时代也在重构。

个体与家庭的关系越来越不确定。一个普遍的事实是,世界各国随着经济发展水平的提高,在制度上为人的生存提供的保障越来越丰富,家庭对人的生存保障的影响力却越来越被社会的制度化安排所替代。从人出生之前到进入坟墓,越来越多的社会在提供近乎一切生活支持的保障。最新的发展,一如之前提到的,便是全民基本收入保障制度。这种制度不仅提供医疗、教育,让人的身体健康,有能力工作;还给人提供零花钱,即使不工作,也能安心地甚至有乐趣地活着。由此带来的影响是:一方面,当人只有生命来自父母,其他一切都由社会提供保障时,人对家庭的责任便不再有合法性,也没有了回报父母的理由;另一方面,如果父母只是带给人生命，却从子女那里得不到任何回报，父母也失去了坚守十月怀胎和担负养育责任的理由。读者或许会问：齐薇不是处在数字时代吗？她为什么养育子女呢？其实，不只是在数字时代，从工业时代后期开始，在社会保障制度越来越多地覆盖人的生老病死、衣食住行时，婚姻和生养便已经变成人的自主选择。齐薇养育子女，不是文化和规则强制的后果，而是自我选择的后果。

数字技术只是将个体与家庭的关系带入了一个新的格局。越来越多的人选择不婚和越来越多的夫妻选择不育已经成为一个不可忽视的社会事实。世界各国尤其是经济发达的国家，在婚人口占比不断下降、生育率不断降低说明了，个体面对的其与家庭的关系也越来越多地失去了社会强制性，越来越多地表现为个体选择的社会后果，家庭存在的确定性也变得越来越弱，家庭在个体社会关系中的份额也变得越来越小。当数字技术与生物技术融合，让生养不再完全依靠两性结合，家庭的初始社会意义即丧失殆尽，稳定的两性关系也将失去社会合法性，个体因此获得了实现自我完全独立的机会，家庭作为最基本的初级关系的基础也随之消失。简单地说，在人的生活关系中，在经历了完全依附家庭、部分依附家庭之后，个体将可以不再依附家庭，即可以不再有家庭关系。是否建立家庭也不再是社会的制度安排，而是个体自由意志的选择，以自我为中心的生活关系由此展开。

个体与朋友的关系越来越不稳定。人的流动性增强也是工业社会就有的社会现象。一如前述，人为了追寻工作机会，会随着工作机会的变动而流动，在物理空间意义上，人们从局部性流动开始，向跨地区的流动发展，进一步发展为跨国流动，最终形成了一个基于世界分工结构体系的、具有时间结构和空间结构的混合流动结构体系。人口流动结构的复杂化，在工业时代给生活关系带来的是具身此在的社会空间的流动性。人，不再只有一辈子的朋友关系，而是会有复杂的朋友关系。复杂性的来源是具身此在的物理空间的同质性和异质性的混合。其实，如果具身此在的流动性让自我面对的与他人和社会的关系缺乏稳定的参照系，那么这就意味着每一个具身此在的社会空间相对于其他社会空间而言同时具有同质性和异质性，自我对于他人和社会关系的体验与感受也便不再具有稳定性。当然，这是极端的场景。在工业社会，人的确在为了工作而奔波，却也不曾让多数人的大多数时间都花在奔波的路上。大多数人具身此在的物理空间依然相对稳定，生活关系依赖的生活空间也相对稳定。数字技术却把已然存在的人的流动性从具身此在的物理空间带进了连接泛在且身体不在场的社会空间，将个体与朋友的关系也带入了一个新的姿态。

数字社会空间是一个有高度流动性的空间，不是因为身体不在场，而是因为数字社会空间的人的复杂性。人的思维是活跃的，人的思考和判断是动态的,甚至人的偏好与选择也会随场景的变动而发生改变,从时装到社会思潮,都有力地证明了人自我的非稳定性以及面对与他人和社会关系的态度的非稳定性。俗话说,人的想法总是在变的。这也是明证。其实,人的想法从来都是变动的,只是在数字时代之前被封印在了具身此在的社会空间而没有机会得到释放。数字技术带来的质变正是给了人的想法以释放的社会空间。变动的想法或变动的偏好恰因数字社会空间的异质性而获得了落实的机会,一如之前讨论到的,个体有了依据场景偏好选择朋友的机会,朋友关系不可能再稳定,生活关系里的朋友关系也变得流动起来。

个体与工作的关系越来越不恒定。岗位工作的任务化是泰勒主义发展的必然后果,而数字连接的拓展,让任务离开工作场所,变成了无须岗位的社会化工作,零工工作正是在这个逻辑中从工业时代的星星之火发展到数字时代的燎原之势。助推这一发展趋势的,还有人工智能的发展。我们其实可以在头脑中构建一幅画面:典型的福特制。在福特汽车工厂,工人们站在流水线岗位上,每一个工时都在从事同样的劳动。其实,如果岗位工作是一个稳定的动作组合,相对于机器,人并非承担岗位工作的最佳选择。因为人的体力和精力的非稳定性会带来动作组合非稳定性,进而造成岗位工作质量的波动性,而机器不会。历史事实是,泰勒制的原理已经蕴含了机器换人的逻辑;从福特制开始,机器换人的进程就在不断加快,直到人工智能与人类智慧比拼,才凸显出机器换人的现实。人工智能生成内容如 ChatGPT 的应用,让人们意识到,胜任岗位工作不是人类独有的能力,机器在诸多领域已经远远超过人类。一如前述,当岗位工作不再是人生计的唯一来源,那么,因岗位工作衍生的生活关系也将消失。

给定人的生存已经获得保障,工作便只是人建立与他人和社会的关系的一种方式;再给定组织的岗位工作在向社会化的任务转变,人建立与他人和社会的关系也就不再会受到岗位工作时空排他性的约束,也意味着人从组织化的体系中获得了脱离的机会,还意味着人多了一个选择,那就是,回到社会,做回独立的个体。由工业化带来的组织对社会的吸收也因此逆转,其中的一个影响是人与工作的关系从组织选择员工在向人选择任务逆转。其中,蕴含着工作与生活关系的重构。劳动力市场依然存在,可与组织的关系,因生计来源的多元性而让原本的个体对单一组织的依附关系转向合作关系。个体独立性的增强和技能复合性的释放,也让个体有机会与诸多组织建立基于任务的合作关系,一如前述,也因此进一步增强了个体的独立性。以个体技能为中心的工作关系便是重构的一种后果。相对于工业时代一辈子只做一项工作而言,在数字时代不仅人与组织的关系是变动的,社会提供的工作任务同样是变动的。如此,因工作而建立的生活关系也会不断重构,其中的核心不是岗位，而是个体为社会提供的工作技能，是机器不能替代的技能。

个体与自我的关系越来越不连贯。的确，无论与家庭、朋友、工作的关系如何变迁，以及与之关联的生活关系怎样变化，人，如果还是库兹韦尔奇点之前的人，就依然还有自我，还有心灵。只是，人的自我和心灵正越来越多基于社会空间的异质性而非数字社会之前的同质性，越来越多地依靠个体的自主性和独立性而非数字社会之前的社会性。在数字社会之前，自我的形塑常常会透过个体参与的组织，经由组织信誉的保障而获得社会的认可，反过来，经由社会的认可，进一步形塑个体在生活关系中的自我，即人们通常说的"我看人看我"，把与他人和社会的关系作为自我的一面镜子，从镜子中观察自我，且以此为依据，再透过文化和规则的滤镜，形塑自我面向他人和社会的心灵。费孝通、邱泽奇等的研究系统地探讨了中国传统文化熏陶里社会对自我和心灵的形塑。不过，他们的探讨有一个前提，那就是，个体面对的与他人和社会的关系是相对连续的，如个体成长的物理空间是相对连续的，个体学习和接受社会化的社会空间是相对连续的，连续的物理空间和社会空间不仅形塑了个体的生活习惯，也形塑了个体认识自我的路径和方式，因此形成了自我对与他人和社会的关系的相对连续的认知。

人的流动性破坏了人所处的物理空间和社会空间的相对连续性，对人的自我认知构成重要影响。这一现象在工业时代劳动力快速流动的阶段就已经出现,直到当下,我们仍然可以观察到不断流动对自我形塑以及对人与自我的关系建构带来的影响。如,乡村流动人口的自我认知,随父母流动的子女因不断流动而产生的自我认知障碍等。大量对流动与身份认同、流动与自我认知的研究都是明证。不过,既有研究关注更多的还是具身此在的物理空间变动带来的社会空间的非连续性。数字连接带来的则是超越具身此在的物理空间的社会空间的非连续性,如白彩凤的直播空间、裴子欣的心目影院空间等。白彩凤线上直播的社会空间是变动的、不连续的;对白彩凤而言,或许直播也是暂时的。同样,裴子欣的心目影院的社会空间也是变动的、不连续的;对裴子欣而言,或许心目影院只是她建构自己社会空间的场景形式。在数字社会里,人与自我的关系不得不随技术迭代和场景切换而不断转换。每一次转换,都难以保证与上一场关系具有连续性,场景化的关系不再只是出现在与他人和社会之间,也会出现在与自我之间。不过,场景化不一定是碎片化。碎片是相对于整体而言的,数字社会的人与自我的关系原本就没有整体,又何来碎片?其实,有的只是从一个场景切换到另一个场景。

向何处去

生活无非是人生的日常,一天接着一天。生活的价值和生命的意义也隐藏在 7×24 小时的日常之中。阿奎那（Thomas Aquinas）在《神学大全》中说出了和亚里士多德一样的观点，人生的意义在于追求永恒的幸福。与亚里士多德不同的是，阿奎那认为，人类在本质上是有缺陷的，只有通过与神的结合，才能获得完全的幸福和满足；而亚里士多德在《尼各马可伦理学》中认为，只有通过追求理性的生活，才能达到真正的幸福。不过在我们看来，理性是追求人生价值和意义的手段，与神的结合则是获得人生价值和意义的赋予。如果进一步述及西方思想的历史，比如笛卡尔、尼采、弗洛伊德等，在那里，我们只能看到脱离了真实场景的个人有如一个个孤独的个体。

社会学家是现实的。他们的观察是，个体的生活关系在个体追求日常生活价值和生命意义的进程中，会为个体带来不同的机会和影响。不仅如此，他们还观察到，生活关系是变化的，随关系的同质性和异质性结构而变化，随文化和规则的变化而变化。无论是经典社会学家们的文化探索、分工探索，还是当代对关系结构的探索，都证明了人生的价值和意义赋予来自个体的生活关系，来自个体与他人和社会的关系结构以及基于关系结构的互动。马卫国对生活价值和生命意义的体验来自家庭的子孙绕膝，也来自远方朋友的八卦闲聊。白彩凤和裴子欣对生活价值和生命意义的体验则来自只在画面和声音里出现的同伴或追随者。齐薇对生活价值和生命意义的体验不同，来自妈妈们在分享育儿经验时给齐薇带来的信息、对她育儿行动的确认和确信。叶欣欣的生活关系则提醒我们,生活关系不是一成不变的。两个工作场景的切换会带来非常不同的对生活价值和生命意义的体验。由此反观,马卫国、白彩凤、裴子欣、齐薇,他们在当下场景里体验的不过是暂时的生活关系。

到这里,我们似乎是检验了西方思想里对个体孤独的预设。从家庭里走出来的生活,在经历了工作场所的同事群体之后,人类的日常终于迈向了个体的孤独,迈向了对汇聚于个体的生活关系的独自体验,就像是一个人的成长,从婴儿期的被养育、青春期的被教育,到成年期的各自独立。社会制度保障个体的日常生活,为生物性生命的维系提供支撑;数字技术又赋予了个体连接任意陌生人的机会;剩下的便取决于个体期望建构怎样的生活关系,又期待生活关系给自我带来怎样的体验,进而成就一个怎样的心灵。在这个意义上,个体其实不是孤独的,而是有机会闹热的、温暖的。是否真的闹热和温暖则完全取决于个体的自我选择。

对生活关系的重构,不是奔向自由与独立的欣喜,而是形塑人类新生活的机会。在一个让个体完全有机会也有能力"为所欲为"的时代,在孤独的另一面,人们需要考量的可能不一定是个体面对的社会空间有多大,于己有利的异质性有多强,而是在面对无限的可能和无法积累的生活关系里,需要有一个怎样的心灵空间才能获得幸福。建构生活关系的积极性和包容性或许是这个问题的简单答案。